Pascale Hugues
Deutsches Glück

Pascale Hugues

Deutsches Glück

Aus dem Französischen
von Anja Nattefort

Deutsche Verlags-Anstalt
Stuttgart

Die Originalausgabe erschien 1998 unter dem Titel
»Le bonheur allemand«
bei Éditions du Seuil, Paris

Die Deutsche Bibliothek – CIP-Einheitsaufnahme

Hugues, Pascale:
Deutsches Glück / Pascale Hugues.
Aus dem Franz. von Anja Nattefort. –
Stuttgart : Deutsche Verlags-Anstalt, 1999
Einheitssacht.: Le bonheur allemand <dt.>
ISBN 3-421-05270-0

© 1998 Éditions du Seuil
© 1999 Deutsche Verlags-Anstalt
Alle Rechte vorbehalten
Typografische Gestaltung: Günter Saur
Satz: Stone Serif (QuarkXPress) im Verlag
Druck und Bindearbeit:
Friedrich Pustet, Regensburg
Diese Ausgabe wurde auf chlor- und säurefrei gebleichtem,
alterungsbeständigem Papier gedruckt.
Printed in Germany
ISBN 3-421-05270-0

Inhalt

Vorwort

Ist Deutschland ein Land des Glücks? - eine provokante Frage. Seine Einwohner klammern sich an ihren materiellen Wohlstand, sind ordentlich und diszipliniert, extrem umweltbewußt, besserwisserisch, folkloristisch, humorlos, todlangweilig, trinken Bier und werden entweder von ihrer Vergangenheit gequält oder schicken sich schamvoll an, sie schnell zu verdrängen ... So ungefähr sieht das Bild aus, daß viele Franzosen von Deutschland haben. Und auch die Deutschen würden nicht unbedingt das Wort »Glück« wählen, um ihr Selbstportrait zu zeichnen, sie, die stets selbstkritisch sind und es gern anderen überlassen, das Leben zu genießen.

Glück beflügelt Träume. Aber Deutschland ist ein undankbares Objekt für die Träume seiner Nachbarn. Engländer sind rührend. Italiener werden bewundert. Amerikaner sind faszinierend. Russen machen neugierig. Alle haben ihre eigene Anziehungskraft. Doch die Deutschen sind prinzipiell und per Definition unbeliebt. Im besten Fall finden die Franzosen sie langweilig. Im schlimmsten beunruhigend. »Muß man sich vor Deutschland fürchten?« titeln die französischen Zeitungen mit zuverlässiger Regelmäßigkeit. Zu mächtig, zu reich, zu instabil, zu zahlreich, haben sie den Drang, im Alleingang Richtung Osten abzudriften, und machen mit ihren Zinssätzen den Verbündeten im Westen zu schaffen – immer wieder werden den Deutschen die bösesten Absichten unterstellt.

Trotz enthusiastischer Glaubensbekenntnisse im Rahmen der reich gefeierten deutsch-französischen Freundschaft und bei aller europäischen Annäherung bleiben die *boches* eben doch *boches*. Das Deutschland von heute erregt in Frankreich wenig unvoreingenommene, freundschaftliche, alltägliche Neugier jenseits von negativen Vorurteilen und Schreckensvorstellungen. »Versuch Deutschland als exotisches Land zu betrachten, und alles wird gut!« riet mir ein ziemlich beschwipster dänischer Kollege, als ich noch nicht lange in Deutschland und ziemlich deprimiert war. Damals hielt ich das für einen Scherz. Doch der Rat sollte noch sehr wertvoll für mich sein. Deutschland hat mich nicht eine Sekunde gelangweilt. Sicher, die Geschichte hat ein bißchen nachgeholfen und sich auf meine Seite geschlagen. Die Berliner Mauer fiel – was nicht vorhersehbar war –, als ich gerade zwei Monate in Deutschland war. Ein Ereignis, wie es die Franzosen lieben: spektakulär, geschichtsträchtig und sehr emotionsgeladen. Natürlich stellte das agonisierende Ostdeutschland eine noch völlig unberührte Entdeckungslandschaft dar, und es war eine einzigartige, zugleich spannende und bizzare Erfahrung, die schmerzhafte Verschmelzung der beiden Teile Deutschlands hautnah mitzuerleben. Zwar mögen einige Deutsche dem wenig schmeichelhaften Bild entsprechen, das in der französischen Vorstellung schlummert, doch sie sind auch verletzlich und lustig, Genießer, überzeugte Demokraten, warmherzig, vielschichtig und folglich spannend zu erforschen.

Sind sie glücklich? Wenn ich ihrem Leben zuschaue, habe ich den Eindruck, sie sind es auf ihre Art.

Glücklich in ihrem Engagement gegen die Atomkraft, gegen das Vergessen der Opfer des Nationalsozialismus. Glücklich, das Leben in ihrem Viertel und das Leben ihrer Kinder mit viel Bedacht mitzugestalten. Glücklich über den materiellen Wohlstand und den sozialen Frieden, der trotz aller Schwierigkeiten noch bei ihnen herrscht. Glücklich in ihrer verlorenen – oder wiedergefundenen – Heimat.

Vielleicht wagen die Deutschen im nächsten Jahrhundert etwas mehr Glück.

Berlin, den 26. Juli 1998

Die Vergessenen

(für Kaspar)

Irgend etwas stimmt hier nicht, etwas, was ich nicht genau identifizieren kann. Als Olgas Auto mit heulendem Motor in die Karl-Marx-Kolchose einbiegt, merke ich gleich, daß etwas Fremdes über die mittelasiatische Kulisse gestülpt wurde, das nicht hierhergehört. Mein Blick schweift haltlos über den dreckig-gelben Horizont der Steppe, die nur hier und da von den blaßgrünen Büscheln einer rachitischen Vegetation gesprenkelt ist. Eine Reihe Zwergbirken kreuzt im rechten Winkel eine Linie Telegrafenmaste. Am unteren Zipfel Sibiriens beginnt Kasachstan, eine der am meisten von Feuersbrünsten heimgesuchten Republiken der Sowjetunion.

Minus fünfzehn Grad. Die Sonne leuchtet weiß. Ihre Strahlen wärmen nicht. Trotz der Kälte hat es noch nicht geschneit. Die Häuser der Karl-Marx-Kolchose sehen aus wie ein in die Landschaft geworfener Schmutzfleck, auf den der Blick von der glatten Ebene erleichtert fällt. Einstöckige Bauernhäuser, die jedes Jahr neu gestrichen werden, stehen in unregelmäßigen Abständen zu beiden Seiten der breiten, schnurgeraden Straße. Rund um die hellblaue Holzverkleidung der Fassaden zieht sich ein Margeritenornament. In den Höfen das Backhäuschen. Hinter dem Haus der von einem Bretterzaun eingekreiste Gemüse- und Obstgarten. Die Karl-Marx-Kolchose hat zwar nicht die malerische Geschlossenheit eines Schwarzwalddorfes, aber trotzdem setzt sie sich ganz deutlich von dem Durcheinander russischer und kasachischer Dörfer ab. Hier ist alles etwas symmetrischer und »adretter«. Auf dem zentralen Platz, zwischen der Schule und den Verwaltungsgebäuden der Kolchose, starren Lenins Büste und Marx' Statue einander an, letzterer mit den Füssen im Schlamm. Die Autos in den Höfen der Bauernhäuser tragen stolz eine selbstklebende Plakette mit einem »D« auf der Motorhaube. Wer es sich nicht leisten kann, in Deutschland einen gebrauchten BMW zu kaufen, klebt sich zum Trost das berühmte Abzeichen auf den Wagen. »D« wie »Deutschland«. Das macht schließlich mehr her als das »KZ« für »Kazakhstan«.

Schon seit zwei Stunden starrt Nikolaj, hinter das Lenkrad geklemmt, vor sich hin, die *chapka* tief in die Stirn gedrückt, obwohl die Autoheizung einen muffeligen Hitzeschwall ausströmt. Er gibt sich Mühe, den Schlaglöchern im aufgesprengten Asphalt auszuweichen. Er hat den Mund noch nicht aufgemacht. Er hat kein einziges Mal gelächelt. Er hat mich nicht mal angeschaut. Olga hat ihn mir nicht sofort vorgestellt, als ich auf die Rückbank des Wagens geklettert bin. Eine ganze Zeitlang hielt ich ihn für den Fahrer der Behörde, bei der Olga arbeitet. Ich habe mich sogar gefragt, ob er vielleicht etwas dümmlich oder betrunken ist. In seiner voluminösen Daunenjacke kann ich den niedergedrückten Bogen seiner Schultern nur erahnen. Neben ihm erstrahlt Olga wie ein Akt von Rubens, eingehüllt in verschiedene Schichten Wollstoffe und Schals wie eine Moskauer Babuschka. Ihr üppiger Busen droht jeden Moment die goldfarbenen Knöpfe ihres Mantels mit einem erleichterten Knall wegzusprengen. Der Stoff betont die kleinen Fettwülste auf ihren Hüften, Beweis für die Zugehörigkeit zur wohlhabenden Klasse in diesem armen und kalten Land, in dem man abends mit einem ausgedehnten Essen die Zeit totschlägt.

Irgendwann mitten auf der Fahrt verkündet Olga nebenbei, daß Nikolaj ihr Ehemann ist, ein Russe aus der Ukraine. Im selben Moment sehe ich im Rückspiegel so etwas wie ein zustimmendes Zwinkern in Nikolajs Augen. Dann verfällt er wieder in seinen hypnotischen Zustand und starrt weiter auf die schlangengraue Straße. Hin und wieder vergewissert er sich mit einem Blick auf das Armaturenbrett, ob die kleine Nadel der Benzinanzeige noch nicht in den roten Bereich gesunken ist. Seit Wochen befindet sich in den Zapfsäulen Nord-Kasachstans kein Benzin mehr, und der Vorrat, den sich

Nikolaj angelegt hat, ist fast aufgebraucht. Er hat die mit Benzin gefüllten Kanister und Wodkaflaschen in dem Schuppen gelagert, der als Garage, Schreinerei, Kühlschrank für Olgas Konserven und Strohlager für die Katzen dient. Olga spricht kaum mit ihm. Von Zeit zu Zeit giftet sie ihn auf russisch an. Nikolaj versteht das gewundene Deutsch, das seine Frau mit mir spricht, nicht. Am Ende des Dorfes, kurz bevor die Straße das letzte Haus hinter sich läßt und wieder in der Steppe verschwindet, gibt ihm Olga einen barschen Befehl. Nikolaj bremst. Er biegt in den Hof eines Bauernhauses ein. Olga will ihre Mutter, Lydia Brumm, besuchen, die in der deutschen Karl-Marx-Kolchose wohnt.

Die Küche ist in Dunkelheit getaucht. Um Strom zu sparen, sperrt der Gemeindevorstand von Bolschaja Tschuvakovoka (der russische Name der Karl-Marx-Kolchose) viermal am Tag für eine Stunde den Strom. »Und zwar zu Zeiten, wo es sich lohnt«, lächelt Lydia Brumm, »das heißt, wenn es dunkel wird und man Licht braucht.« Sie zündet eine Öllampe an. Betrachtet im Lichtschein lange das Gesicht ihrer Tochter und entdeckt den bläulichen Schatten der Müdigkeit um ihre Augen. Olga arbeitet von fünf Uhr morgens, wenn sie aufsteht, bis um Mitternacht, wenn sie wieder schlafengeht. Sie verdient den Unterhalt für das Haus und die Familie: ihren Mann, ihre Tochter, ihren Bruder, ihren Sohn, ihre Schwiegertochter, deren Kind, zwei Hunde und drei Katzen. Sie fährt den epileptischen Bruder jeden Tag zum Krankenhaus und zurück. Die Ärzte schicken ihre Patienten abends nach Hause, weil nicht genug Geld da ist, um über Nacht zu heizen. Sie backt Brot und holt Trinkwasser aus dem Brunnen. Und am Abend setzt sie sich, in einen rotgeblümten Morgenmantel gehüllt und mit einem geflochtenen Zopf auf dem Rücken, hin und arbeitet an einer Untersuchung über die deutsche Minderheit in Kasachstan. Nikolaj ist arbeitslos. Er verbringt den Tag zwischen Gemüsegarten und Fernseher. Wenn er nicht auf der Suche nach einem Benzinkanister oder einem seltenen Ersatzteil für das Auto ist, wenn er nicht gerade mit seinem Enkelsohn durch die löchrigen Straßen von Kustanaj spaziert, einer Stadt in ungefähr hundert Kilometer Entfernung von Bolschaja Tschuvakovoka, dann spielt er den Fahrer für seine Frau.

Lydia Brumm setzt sich, legt ihre Hände flach auf das Wachstuch, und lächelt schief. Eine Kuh hat ihr eines Tages einen saftigen Tritt mitten ins Gesicht verpaßt. Ihre zerfetzte Lippe wurde nie ärztlich versorgt. »Deutsche werden hier nicht behandelt!« beschlossen die Russen damals. Die Wunde wurde nur notdürftig genäht. Seitdem trägt Lydia diese dunkelrote Narbe, die ihr halbes Kinn verschlingt, selbstbewußt, als sei sie etwas Schicksalhaftes. Sie ist winzig, trägt eine in der Taille geknotete Schürze und sieht aus wie eine sehr alte Frau mit einem schönen, hellen Gesicht, dabei ist sie erst 67 Jahre alt. Ein hartes Leben läßt einen schneller altern. Lydia Brumm wurde 1928 in Saratov geboren, in dem autonomen deutschen Gebiet, das Lenin 1918 an den Ufern der Wolga gründete. 1924 wurde es zur Autonomen Sozialistischen Sowjetrepublik der Wolgadeutschen und mußte die deutschen Siedler aufnehmen, die seit dem 18. Jahrhundert in Rußland lebten.

1763 lädt die russische Zarin Katharina II., eine als Sophie Friederike Prinzessin von Anhalt-Zerbst geborene Deutsche, in einem Erlaß deutsche Bauern, Viehzüchter und Handwerker ein, sich in ihrem Kaiserreich niederzulassen. Die Kolonisten kommen scharenweise aus Schwaben, Hessen, der Pfalz, Württemberg, dem Elsaß und Baden. Sie siedeln sich in der Ukraine an, rund um Odessa und Kiew, in Sankt Petersburg und an der Wolga. Sie bauen sich auf dem fruchtbaren und menschenleeren Land dieses europäischen Teils Rußlands eine neue Existenz auf. Sie gründen blühende Gemeinden mit einem großen Zusammengehörigkeitsgefühl. Die Wolgarepublik hat eigene Zeitungen, ein eigenes Gymnasium, ein eigenes Nationaltheater und einen eigenen Verlag. Die offizielle Landessprache ist Deutsch. Lydia Brumm beschreibt das Dorf Neuschilling, in dem sie aufgewachsen ist und wo ihr Vater und ihr Großvater geboren sind, die nie in ihrem Leben in Deutschland waren. Ein deutsches Dorf mit einer Schule und einer Kirche. Ihr Vater baut Tabak an. Ihre Mutter ist Putzfrau in der Schule. Sie haben vier Felder, Äpfel und Erdbeeren. Sie sind glücklich.

Doch am 22. Juni 1941 findet Lydia Brumms Kindheit ein jähes Ende. Hitlers Truppen marschieren in Rußland ein. Stalin tobt vor Wut und löst die Wolgarepublik, die gerade erst 23 Jahre besteht, in einem cholerischen Edikt auf, deportiert die Deutschen in die weiten Schneesteppen Sibiriens, nach Kasachstan und Kirgisien. Die Deutschen, diese Verräter, die Feinde, sind die Zielscheibe der großen Paranoia Stalins. Man wirft ihnen vor, für die Wehrmacht zu spionieren. Sie werden der Arbeitsarmee, der sogenannten *Trudarmija*, zugeteilt und in Lagern zusammengepfercht. Lydia Brumm erzählt von diesem grausamen Exil: »Am 1. September 1941 wollte ich mit meinen Freundinnen in die Schule gehen. Aber man ließ uns nicht hinein. Die Miliz war dort. Ein paar Tage später rief die Miliz das ganze Dorf zusammen. Wir bekamen den Befehl, uns für die Abreise fertigzumachen. Jeder durfte einen kleinen Koffer und Lebensmittel für eine Woche mitnehmen. Ich war 13, und sie haben Mama und mich auf einen Viehwaggon geladen. Wir haben zum letztenmal unsere Tiere gefüttert. Dann mußten wir unsere Kühe, Schweine und unser Haus verlassen. Und kamen nach Sibirien. Wir verstanden das alles nicht. Wir weinten. Wir wußten gar nicht, wie uns geschah. Wir hatten keine Ahnung, was uns bevorstand. Wir wußten nur, daß der Krieg begonnen hatte. Und daß die Deutschen von einem Tag auf den anderen Feinde waren. Dort war nur die Steppe. Sonst nichts. Und ich hatte solches Heimweh. Furchtbares Heimweh. Ich weiß, daß sie Neuschilling dem Erdboden gleichgemacht haben. Wir waren für sie keine menschlichen Wesen mehr, sondern ›Faschisten‹. So nannte man in Rußland die Deutschen bis zur Perestroika. Dabei hatten wir gar nichts getan. All das nur, weil wir Deutsche waren. Sie schlugen mich. Und ich konnte nicht sprechen. Ich konnte kein Russisch.« Lydia Brumm lernte im Arbeitslager Russisch. Sie spricht es heute, mit einem schneidenden deutschen Akzent, mit ihren Enkelkindern, die kein Deutsch können. Im ersten Jahr lebt sie in einer Lehmhütte, wo sie einen alten Russen versorgen muß. Danach arbeitet sie in einem Lager. 14 Stunden am Tag. »Die Arbeit war so hart. Die Kälte, der Regen, der Schnee, mangelhafte Ernährung, eiskalte Baracken, in denen wir auf Holzbänken schliefen wie in einem Konzentrationslager. Viele Deutsche starben vor Erschöpfung, aus Hunger und an Krankheiten. Hitler und Stalin, das ist ein- und dasselbe.« Von einem Tag auf den anderen verschwinden die blühenden Gemeinden der deutschen Siedler. Deutsche haben keine Rechte mehr. Berühmte deutsche Namen werden aus der »Sowjetischen Enzyklopädie« gestrichen.

Olga greift nach der Hand ihrer Mutter. »Mutter, Mutter«, murmelt sie. Lydia Brumm hört es nicht. Sie versinkt in ihren Erinnerungen: »Und eines Tages holten sie meine Mutter. Ich habe geschrien, gekratzt, um mich geschlagen. Ich habe mich an den Wagen geklammert, der sie fortfuhr. Aber sie rissen mich von ihm los und warfen mich zu Boden. Ich war 13 und lebte dann zehn Jahre lang allein, ohne die geringste Nachricht von meiner Mutter. In jeder Frau, die mir entgegenkam, glaubte ich meine Mutter wiederzuerkennen.« Heute weint Lydia nicht mehr. Sie erzählt, ist stark. Streicht ab und zu mit der Handfläche ihr samtweiches Gesicht glatt und überzeugt sich, daß der dünne Knoten in ihrem Nacken, ein kleines weißes Knäuel, noch richtig sitzt. »*Mer sen deitsch!*« beteuert sie spontan in einem runden süddeutschen Dialekt, der sich seit 200 Jahren nicht verändert hat. Ein etwas altmodisches Vokabular, ungewohnt verschachtelte Sätze, gespickt mit blumigen, übertrieben höflichen Formulierungen. Eine archaische Sprache, die – nur heimlich und in kleinen Enklaven benutzt – keiner Entwicklung unterlag. Lydia Brumm wundert sich, daß ihr Deutsch, das sie seit so vielen Jahren nicht mehr außer Haus gesprochen hat, noch verständlich ist. Sie ist nervös und fragt nach jedem Halbsatz: »Verstehen Sie denn? Verstehen Sie mich wirklich?« Mein französischer Akzent ist ihr nicht aufgefallen. Sie fürchtet, ich könnte pikiert die Augenbrauen hochziehen und ihre Grammatikfehler kritisieren. Und als hätte ich sie um einen überzeugenderen Beweis ihrer deutschen Wurzeln gebeten, türmt sie runde, schneckenförmig in sich verdrehte Hefeteilchen und Streuselkuchen auf meinen Teller. Auf dem Fensterbrett stehen eingemachte Birnen und große Töpfe Schweineschmalz, das man abends auf lange Brotscheiben schmiert. In der Küche mit der niedrigen Decke hängt der herb-süße Geruch von Hefe und Sirup. Lydia Brumm kennt noch all die traditionellen Rezepte, die man unterdessen im Deutschland der Brotfabriken und der faden internationalen Einheitsküche längst vergessen hat.

Sie heiratete einen kalmückischen Tierarzt, mit dem sie acht Kinder zeugte. Olga ist das vierte. Sie sieht schön aus im hellen Schein der Öllampe, mit ihrem breiten, vor Blässe schimmernden Gesicht und ihrem langen schwarzen Haar, das sie zu einem dicken, schweren Knoten gebunden hat, der sich an den Seiten regelmäßig auflöst. Sie hat das Kinn auf die Hand gestützt und hört ihrer Mutter zu, die weitererzählt: »Und dann, 1952, kam Mama zurück. Sie hatte die ganze Zeit in einer Waffenfabrik gearbeitet. Wir hatten keinen Brief bekommen, gar nichts. Ich war zu Hause, als sie von einem Brigadier gebracht wurde. Ich hatte Olga auf dem Arm. Mein Mann rief mir zu: ›Komm raus, Lydia, deine Mama ist wieder da!‹ Aber ich konnte nicht. Ich wollte nicht. Dreimal hat er nach mir gerufen. Dann ging ich raus. Ich habe sie nicht mal umarmt. Ich rannte davon und schrie den Leuten im ganzen Dorf entgegen: ›Meine Mama ist wieder da!‹ Sie war gekränkt, daß ich sie nicht umarmt hatte. Als ich zurückkam, hatte sie

Olga auf dem Arm und weinte. Da nahm ich sie in den Arm und sagte: ›Nicht weinen, Mama. Wir sind ja zusammen.‹ Mama hatte zehn Jahre lang in der *Trudarmija* gearbeitet, aber sie sprach kein Wort Russisch. Olga lernte von ihrer Großmutter Deutsch. Sie paßte auf die Kinder auf. Ich habe vierzig Jahre lang Milch verkauft. Ich habe immer gearbeitet, immer.«

Arbeitseifer ist für Lydia Brumm der Gradmesser fürs Deutschsein schlechthin. Sie benutzt das Verb »schaffen«, das zärtlich und vertraut klingt, aber gleichzeitig eine fast religiöse Ehrfurcht vor Strebsamkeit und Eifer ausdrückt. »Schaffen« beschreibt ein zupackendes und heiteres Tun, voller Sorgfalt und Würde. »Schaffen« heißt unermüdlich arbeiten und mit Lust und Liebe ans Werk gehen. Lydia Brumm fährt mit ihrer Erzählung fort. Olga bestätigt jede Episode, indem sie den Kopf hin und her wiegt. Eine Strähne löst sich aus ihrem Knoten. Sie wickelt sie um ihren Finger und steckt sie mit einer Haarnadel fest. Lydia Brumm verlangsamt den Laufschritt ihrer Erinnerungen: »Und eines Tages starb Mama. Sie hat mir nie von diesen 10 Jahren Internierung erzählt. Wir brachten sie ins Krankenhaus. Und dort lag sie auf dem Bett und sagte immer wieder: ›Ist gut! Ist gut!‹ Stundenlang. Ich habe nie herausgefunden, was sie damit meinte. ›Ist gut‹ ... «

Lydia Brumm heftet dicke, geräuschvolle Küsse auf die Wange ihres Enkelsohns, der die Männerversammlung im Nebenraum verlassen hat. Sie verwenden seit mindestens einer Stunde alle Mühe darauf, vor dem Fernseher auf einen hellen Bildschirm zu warten. Die Küche ist immer noch in Dunkelheit getaucht. Die jüngere Tochter, Louise, hat einen Russen geheiratet, der wie ein Deutscher arbeitet: Das Haus, das er gebaut hat, besitzt eine doppelte Eingangstür, Fenster, die schließen, und den ganzen Tag über warmes Wasser. Olga ist ein bißchen eifersüchtig. Ihr Nikolaj arbeitet wie ein Russe. Bei ihr zu Hause ist immer irgendwas nicht in Ordnung. Die

Wasserspülung ist undicht, der eisige Nordwind zieht unter der Tür durch, die Fenster muß sie im Winter mit nassem Zeitungspapier abdichten. Louise spricht kein Deutsch. Von dem ausführlichen Bericht ihrer Mutter versteht sie höchstens ein paar Wörter. Wenn sie ein bekanntes Wort aufschnappt, schüttelt sie freudig den Kopf. Während all dieser Jahre aufgezwungener Assimilation war es der deutschen Minderheit verboten, ihre Sprache zu benutzen. Wem in der Öffentlichkeit ein Wort entschlüpfte, lief Gefahr, als Verräter angezeigt zu werden. Lydia Brumm hat sich an ihre Muttersprache geklammert, um ihre durch dauernde Entwurzelungen und Deportationen bedrohte Identität zu bewahren: »Ich habe mir meine Sprache nicht nehmen lassen!« schwört sie. »Meine Kinder hatten immer Angst, deutsch zu sprechen. In der Schule rief man ihnen ›Fritz‹ hinterher. Und obwohl ich Christin bin, habe ich ihnen erlaubt, jedem, der sich über sie lustig machte, nur weil sie deutsch waren, eins auf die Nase zu geben. Wir Wolgadeutschen sind nicht dafür verantwortlich, was im Dritten Reich geschah. Wir haben doppelt darunter gelitten: unter Hitler und unter Stalin.« Bis zum Tod des Väterchens der Völker mußten sich die Deutschen in der UdSSR einmal wöchentlich in der Kommandantur melden. Wer nicht erschien, mußte mit Gefängnis rechnen. Sie durften ihr Dorf nicht verlassen, und die Ausübung mancher Berufe war ihnen prinzipiell untersagt. 1956 verbesserte sich ihre Situation nach dem ersten Moskaubesuch Adenauers geringfügig – wenigstens theoretisch. Sie wurden teilweise rehabilitiert und offiziell als vollwertige Sowjetbürger anerkannt, die aus Kasachstan Deportierten wurden jedoch weder entschädigt, noch bekamen sie die Erlaubnis, an die Wolga zurückzukehren.

Die gesamte Familie von Lydia Brumm hat einen Antrag gestellt, um nach Deutschland »zurückzukehren«. Der älteste Sohn, Peter, ist schon in Bayern. Jeden Samstag ruft er an. Immer noch keine Arbeit, aber die Kinder besuchen die deutsche

Schule, und seine Frau verdient Geld mit Putzen. Lydia Brumm hat ihr Haus für ein paar Rubel verkauft. Und während sich ihre Ersparnisse im Gleichschritt mit der rasenden Inflation in nichts auflösen, wohnt sie bei Louise.

Ihr Zimmer mit der hellgrün gestrichenen Tapete ist zu eng für die zwei Betten an den Wänden. Hier treffen Deutschland, Rußland und Asien aufeinander. Auf dem Bett liegt ein riesiges russisches Kopfkissen mit Spitzendecke. An der Wand hängt ein blutroter usbekischer Kelim neben einem blassen Bildnis der Heiligen Jungfrau. Auf Lydia Brumms Regalbrett steht die Bibel, in blauen geschwungenen Buchstaben kopiert von der frommen Hand eines alten Deutschen aus Bolschaja Tschuvakovoka, der unter Stalin dafür kämpfte, den lutherischen Glauben am Leben zu erhalten. Drei Neue Testamente, allesamt nagelneu, bekam sie von den Missionaren einer der Sekten geschenkt, die den evangelischen Glauben in dieser Gegend verbreiten wollen. Im Hause Brumm sagte man Gebete flüsternd und hinter verschlossenen Fensterläden auf, wie Diebe, um den Argwohn der Miliz und der Nachbarn nicht zu wecken. An jedem Abend ihres Lebens hat Lydia Brumm das Vaterunser aufgesagt. Als Beweis dafür, daß sie in den düsteren Zeiten ihre Identität bewahrt hat, zählt sie stotternd die deutschen Bräuche auf, die ihre Familie stets gepflegt hat: an Ostern bemalte Eier am Baum im Obstgarten, am 6. Dezember kam Nikolaus mit einer Belohnung für die braven Kinder, Weihnachten wurden die Wohnzimmervorhänge abgenommen, um dem Jesuskind, das die Geschenke unter den Christbaum legt, einen Mantel zu machen.

Lydia Brumm streichelt mit der flachen Hand zärtlich über eine bemalte Holzkiste neben dem Schrank: »Die kann ich einfach nicht weggeben. Denn die kommt aus meiner Heimat!« Diese Kiste war das einzige Gepäck, das Lydia und ihre Mutter damals aus Neuschilling mit nach Kasachstan nehmen durften. Lydia Brumm hat das zweite Bett der blinden Maria angeboten. In Bolschaja Tschuvakovoka leben die

Deutschen auf russische Art, mit der ganzen Familie, alle in einem winzigen Haus. Man hält zusammen, wie bei Olga. Maria und Lydia kennen sich noch aus Neuschilling, Maria hatte keine Eltern und war zu Lydias Mutter geflohen, die sie als Bauernmagd einstellte. Sie klammert sich mit ihren grauen Händen, deren Glieder geschwollen sind wie Ingwerknollen, an Lydias Ärmel und stöhnt. »Oh je, oh je«, wimmert sie, bevor sie zu sprechen beginnt.

Maria lebte allein in einem Bauernhaus am Dorfausgang, am Rande der Steppe. Sie hat ihren Mann 1989 verloren, zu der Zeit, als das russische Imperium zu bröckeln begann. Ein anständiger Mann, der zehn Jahre im Gulag verbrachte, weil er Deutscher war. »Obwohl er den Lenin-Orden trug.« Er trank nicht. Er konnte alle Gebete und Kirchenlieder auswendig. Maria schlürft an ihrem Tee und tunkt ihren Streuselkuchen hinein, um ihn aufzuweichen. Die Butterstreusel schmelzen und hinterlassen Fettaugen an der Oberfläche. Der Strom ist wieder da, und der Fernseher, treuer Kamerad in jedem russischen Haushalt, der nach dem Aufstehen ein- und vor dem Schlafengehen wieder ausgeschaltet wird, übertönt die Unterhaltung rücksichtslos. Nebenan strecken sich die Männer wohlig in ihren Sesseln aus. Sie zünden ihre zehnte Zigarette an, bei geschlossenen Fenstern und glühenden Heizöfen. Maria klagt japsend: »Oh je. Deutschland. Ich habe mein ganzes Leben gearbeitet wie ein Tier. Mein ganzes Leben in Armut und Elend. Jetzt muß es schnell gehen. Ich möchte Deutschland noch sehen. Und lange reicht mein Geld nicht mehr aus. Mein Haus kann ich nicht verkaufen. Wo bleiben bloß meine Papiere? Es ist jetzt zwei Jahre her, daß ich sie nach Deutschland geschickt habe. Kannst du da nichts machen, Olga? Wie lange müssen wir noch als Fritzen leben? Wann kann ich fort von hier? Ich fürchte mich nachts in meinem Haus am Rande der Steppe.«

Olga verspricht, beim deutschen Konsulat nachzufragen, und drückt das Mütterchen an ihre Brust. Maria bedeckt sie über und über mit feuchten Küssen, nennt sie »meene Kleene«, will ihren Arm gar nicht mehr loslassen. Ihre Augen sind vom grauen Star trüb und verklebt. Sie faltet flehend die Hände und sieht mit dem Wollschal um den Kopf aus wie eine alte Madonna in Ekstase. Sie wirft die Hände über den Kopf und seufzt: »Oh je ... Deutschland!«

»Oh je ... Deutschland!« Ich denke an all die Deutschen, die ich kenne und die alles dafür geben würden, ihre problematische Nationalität loszuwerden.

Die davon träumen, woanders geboren zu sein. Die froh über ihr schwarzes Haar und einen dunklen Teint sind, weil man sie so nicht gleich für ein blondes und bleiches Gretchen hält.

Die laut verkünden, daß einzig Paris ihre Hauptstadt sei und daß Bonn oder Berlin sie völlig kaltließe.

Die sich höchstens als Europäer betrachten, aber – großer Gott! – auf keinen Fall als Deutsche.

Die Westdeutschen, die jetzt, obwohl die Mauer sie nicht mehr davon abhält, nicht ein einziges Mal im Osten waren, weil sie beschlossen haben, daß ihr eigenes Land sie nicht interessiert und diese Art patriotische Exkursionen ihnen Brechreiz verursacht.

Die sich selbst als Kosmopoliten, mehr noch: als postmoderne Internationalisten bezeichnen, weil sie gern italienisch essen, sich französisch kleiden, ein Ferienhaus in der Provence ihr eigen nennen, auf das asiatische Kino schwören, sich mit chinesischer Medizin heilen und ihren Kindern komplizierte ausländische Namen geben.

Diese langweiligen »Weltbürger«.

Die sich (und um diese Nervensägen sollte man um jeden Preis einen großen Bogen machen) in langen und öden Rechtfertigungen ergehen, warum sie Deutschland gar nicht mögen können.

Die ein subtiles Vergnügen daran finden, wenn man ihr Land angreift, und hinzufügen: »Oh, ja! Du hast absolut recht, wir Deutsche haben überhaupt keinen Humor und können das Leben nicht genießen.«

Jedesmal, wenn ich etwas Kritisches anmerke, sage ich mir, daß ich diesmal etwas zu weit gegangen bin und mein Gegenüber verletzt habe. Aber man könnte meinen, sie seien alle masochistisch veranlagt. Sie sind nie beleidigt, außer man entgegnet ihnen, sie seien sehr deutsch. Sie mögen es, wenn Fremde die verborgensten Winkel ihrer komplizierten Psyche kommentieren und halten gern freiwillig als Untersuchungsobjekt der vielschichtigen deutschen Seele her: Kann man Stolz für sein Vaterland empfinden, ohne gleich ein gefährlicher Revisionist zu sein? Ich muß an diesen jungen Mann denken, den ich im Speisewagen des Intercity Frankfurt-Bonn kennenlernte. Ich bewunderte die Schönheit des Rheinverlaufs zwischen den Schieferfelsen der Lorelei und den sanften Hügeln der Weinberge. »Eine der schönsten Zugstrecken Europas«, schwärmte ich begeistert. Und mein junger Tischnachbar, unfähig, dieses an ihn gerichtete Kompliment anzunehmen, warf die Stirn in tiefe Falten, ließ im Geiste alle Bimmelbahnen Europas Revue passieren und erwiderte schließlich erleichtert, daß die Strecke an der Amalfiküste oder von Glasgow nach Oban noch viel schöner sei ... vor allem nicht so deutsch. Ich denke an die Frau, die mir erzählte, daß sie in ihrer Jugend auf den Reisen per Anhalter immer behauptete, deutschsprachige Schweizerin zu sein. »Aus Scham!« wie sie sagte. Ich denke an all die, die sich, genau wie diese Frau, winden, verstellen und verleugnen, um nicht das zu sein, was sie sind. Was heißt es, Deutscher zu sein?

Die Ankunft der neuen/alten Deutschen aus Rußland hat diese alte Frage, die sich die Deutschen, ob in Talkshows oder auf ökumenischen Seminaren, immer wieder stellen, neu belebt. Und von einer Klärung ist sie weit entfernt. Ein Türke, der in Deutschland geboren ist, Deutsch spricht und die deutsche Schule besucht hat, der aber nicht automatisch die deutsche Staatsangehörigkeit besitzt, weil seine Eltern Türken sind, ist der deswegen weniger deutsch als ein in der Steppe russifizierter Deutschstämmiger? In Kasachstan kennt man diese Identitätsprobleme nicht. Trotz jahrelanger Repressionen beharren die Deutschen in Kasachstan entschieden auf ihrem Deutschsein und haben ein klares Bild von sich. Für sie bedeutet Deutschsein, das alte und unveränderliche Lied glanzloser Tugenden herunterzuleiern, und das ohne die Spur eines inneren Konflikts: Ordnung, Disziplin, Fleiß, Sauberkeit, Pünktlichkeit, Ernsthaftigkeit, Sparsamkeit, Ehrlichkeit, Mäßigkeit, Zuverlässigkeit. In den Steppenkolchosen traf ich zum ersten Mal auf Deutsche, die gern deutsch waren. Wie Aleksander, dem Tränen in die Augen schießen, als ich ihm erkläre, daß er, wenn seine Vorfahren aus dem elsäßischen Wissembourg stammen, heute Franzose ist und kein Deutscher.

Auch für Lydia Brumm und die blinde Maria gab es nie den geringsten Zweifel. Sie sind Deutsche und wollen »heimkehren«. Maria hat eine neues Dokument in Olgas Handtasche gestopft, durch das sie nun endlich an ihre »Papiere« kommen will. »Meine letzte Hoffnung!« jammerte sie an der Türschwelle noch mal, als sie Olgas Auto vom Hof und in der tintenschwarzen Steppe verschwinden sieht. Am nächsten Tag hält Olga ihr Versprechen. Sie ist bekannt im Nemezkij Dom, dem deutschen Haus von Kustanaj, der Hauptstadt des *Rayons*, der sich über diesen entlegenen Winkel Nord-Kasachstans erstreckt. Sie hätte die Vorsitzende der Deutschen des Rayons werden können, wenn Youri ihr das Amt nicht vor der Nase weggeschnappt hätte.

Der ehemalige Kulturpalast der Bauarbeitergewerkschaft in Kustanaj wurde 1991 von der Russischen Föderation erworben und in eine Beratungsstelle für die deutsche Minderheit der Region umfunktioniert. 1989 lebten 107.000 im *Rayon* von Kustanaj. Und seit Kasachstan seine Unabhängigkeit erlangt hat, reisen immer mehr von ihnen aus. Mit seinem marmorierten PVC-Boden auf dem Gang, dem vorsorglich im Büro der Sekretärin verschlossenen Fotokopierer, dem durch Satellitenverbindung mit der Welt draußen verbundenen Faxgerät ist der Nemezkij Dom eine moderne und funktionierende deutsche Enklave am Rande der auseinanderbrechenden Sowjetunion. Er ist die einzige Anlegestelle des Westens in diesem unglaublich häßlichen Ort ohne Zentrum, Alleen, alte Mauern, Bäume, Geschäfte, Farben und Seele. Nur im Viertel der Neureichen ist man bemüht, die Häßlichkeit zu übertünchen. Am Stadtrand ist in viel zu kurzer Zeit ein wilder Haufen unproportionierter Schweizer Chalets und Riesenvillen aus dem Boden geschossen. Die meisten Fassaden sind unverputzt, und wo hinter den teuren schmiedeeisernen Toren der Garten sein sollte, ist vorerst nur Morast. Die Neureichen können sich keine Handwerker mehr leisten. In dem kleinen Park mitten in der Stadt erinnert das Denkmal des unbekannten Soldaten an den Sieg der Roten Armee über den Nationalsozialismus. Ein riesiger russischer Soldat zertritt mit seinem Absatz das Hakenkreuz. Ausgenommen Lenins Statue ist dies das einzige Denkmal in Kustanaj. Junge Brautpaare lassen sich nach der Trauung hier fotografieren und legen an ihrem Hochzeitstag Blumensträuße davor nieder, um ihren Ahnen dafür zu danken, daß sie die deutschen Bestien vernichtet haben.

Im neonbeleuchteten Gang des Nemezkij Dom warten Dutzende in dicke Wollmäntel gehüllte Menschen. Korpulente Frauen, deren Goldzähne für die Dauer eines Gähnens sichtbar werden, mit türkisblauem Lidschatten und bis auf ein schmales Komma weggezupften Augenbrauen. Aus Angst, in flagranti erwischt zu werden, sprechen sie im Flüsterton russisch. Die Frauen heißen Tatjana Finck, Olga Wilmer oder Wilda Wilmann. Alle warten auf ihre »Papiere«. Auf einer Tischkante sitzend, versuchen sie angestrengt, die dicht bedruckten Formulare auf ihrem Schoß auszufüllen, die man in Bonn ausgearbeitet hat. Manche haben, weil sie selber kein

Deutsch verstehen, eine Übersetzerin mitgebracht, eine Nachbarin oder eine alte Cousine. Wer ein bißchen besser Deutsch kann, macht ein lukratives Geschäft damit, anderen die Formulare auszufüllen, für ein paar Rubel oder einen Sack Kartoffeln aus dem Garten. Deutschland ist hier ein großer ferner Traum, die Aussicht auf Freiheit, Geld, elektrische Haushaltsgeräte, Medikamente und Anerkennung. Jeder versucht sein Glück. Ein böser Spruch besagt, eine russische Familie bräuchte nur einen deutschen Schäferhund zu besitzen, und schon würde die ganze Sippe Anspruch auf die deutsche Staatsbürgerschaft erheben. Selbst mit der Kirche kann man ein Geschäft machen. Als ich bei der Sonntagsmesse ganz gerührt bin von dem christlichen Glauben, den sich die Leute hier, ob jung oder alt, bewahren konnten, obwohl sie nie im Leben einen Pfarrer gesehen haben, flüstert mir Olga zu, daß Taufschein und Konfirmationsurkunde den Erhalt von Ausreisepapieren erheblich erleichtern.

Den deutschen Behörden bereitet es einiges Kopfzerbrechen, die wirklich deutschstämmigen Antragsteller von jenen zu unterscheiden, die, vom Westen angelockt, ihr Glück durch das Seitentürchen der Auswanderung versuchen wollen. Nach Artikel 116 des Grundgesetzes haben alle wegen des kalten Krieges außerhalb von Deutschland lebenden Deutschstämmigen automatisch das Recht auf einen deutschen Paß, wenn sie in die Bundesrepublik einreisen. Das in Deutschland geltende »Recht des Blutes« sieht vor, die »Zugehörigkeit zum deutschen Volk« durch »gemeinsame Kultur und Traditionen« zu bestimmen. Deutsch ist jeder, dessen Vorfahren deutsch sind. Wie aber entscheidet man zwei Jahrhunderte später, ob jemand noch deutsch ist oder es durch Vermischung und Sowjetisierung nicht mehr ist? Die Kriterien, die auf den Einreiseformularen aufgezählt werden, sind grotesk. In den meisten Fällen ist es schwer bis unmöglich, den Ursprung der Vorfahren zurückzuverfolgen. Wenn die Großeltern von der Wolga kamen, kann man fast sicher sein, daß die Nachkommen Deutsche sind. Anders sieht es da schon mit der Angabe »deutsche Staatsangehörigkeit« im sowjetischen Paß aus. Sie taugt kaum als Hinweis, da viele Deutsche aus Angst vor Schikanen ihre Identität verleugnet haben. Ferner gelten Religion und die Ausübung deutschen Brauchtums als Beweis. Eine andere Regelung besagt, daß all diejenigen, die sich mit dem System arrangiert haben, indem sie beispielsweise eine offizielle Funktion bei der Polizei oder im Parlament innehatten, nicht wirklich unter dem Regime gelitten haben und folglich das Recht auf die deutsche Staatsbürgerschaft verwirkt haben.

Die auf dem Gang sitzenden Menschen schauen auf, als Olga hocherhobenen Kopfes an ihnen vorüberstolziert wie eine orientalische Prinzessin und sich geschmeichelt von all diesen ehrerbietigen alten Herrschaften grüßen läßt. Für den Besuch im Nemezkij Dom hat sich Olga besonders fein gemacht. Am Morgen hat sie vor dem Flurspiegel den Spitzenjabot ihrer Bluse mit den Fingerspitzen zurechtgezupft und ihre hochhackigen Stiefeletten angezogen. Ein starker Duft nach Moschus und Maiglöckchen kündigt sie an. Ohne vorschriftsmäßig zu klopfen, tritt sie in Youris Büro und legt Marias Dokument auf den Schreibtisch der Sekretärin, die es auf der Stelle ins Nachbarzimmer bringt, wo stapelweise Ausreiseunterlagen schlummern. Seit Youri weiß, daß seine Vorfahren 1716 aus Bayern kamen, hängt in seinem Büro unter der Karte mit den 16 Bundesländern der rotweiße Wimpel des FC Bayern München. Youri hat kleine dunkle Augen, die hinter den Haarlocken unter seiner *chapka* unaufhörlich lachen. Der Vorsitzende der Deutschen von Kustanaj spricht nicht ein einziges Wort Deutsch. Er läd Olga auf einen Kaffee ein. Sie setzt sich. Sie sprechen mit gedämpfter Stimme. In der anderen Ecke des Zimmers fällt mein Blick auf einen Ingenieur vom Landwirtschaftsministerium in Bonn. Er sitzt hier im fernen Norden Kasachstans und versucht mit vielen Worten, einem deutschen Kolchosbauern ein paar Ratschläge mit auf den Weg zu geben, der nur spärliche Deutschkenntnisse besitzt. Der genervte Ingenieur macht große Anstrengungen, die Ruhe zu bewahren. Er möchte – so schwer kann das doch nun wirklich nicht sein! – lediglich etwas mehr über die Abläufe in der Schweinemästerei der Kolchose erfahren. Das Schwein: von der Produktion bis zur Weiterverarbeitung. Das Schwein: alle Glieder in der Kette. »Kurz, bitte! Ganz kurz!« schärft er dem Landarbeiter ein, der sich redlich Mühe gibt. Der in der Zwangslogik der Planwirtschaft gefangene Kolchosbauer fährt, zwischen einem »Mein großer Freund!« hier und einer Männerumarmung dort, mit seinem ungenauen, aber um so poetischeren Bericht fort. Als der unglückselige Bauer, in seiner Hilflosigkeit immerhin fest entschlossen, die Situation zu entschärfen, beginnt, die Wodkaflasche in seinem Korb aufzuschrauben, kann sich der Ministerialbeamte nicht mehr beherrschen. Er explodiert in seiner tannengrünen Jacke und Kniebundhose: »Es muß doch wenigstens einigermaßen korrekt vonstatten gehen! Korrekt!« Ich kann mir gut vorstellen, was er nach seiner Rückkehr in Bonn von seinem kasachischen Abenteuer erzählen wird. Ein Bericht, der nicht unbedingt der Völkerverständigung zuträglich sein wird. Der Ingenieur tupft sich die Stirn ab und wendet sich in seiner Verzweiflung hilfesuchend an mich: »Ich stehe unter einem immensen Druck. Wir haben in Deutschland vier Millionen Arbeitslose, diese Menschen können nicht alle zu uns kommen! Das geht doch nicht!« Der Ingenieur ist mit einer unmöglichen Mission beauftragt. Um die Deutschstämmigen in Kasachstan zum Bleiben zu bewegen, versucht die deutsche Regierung – mit Hilfe von Subventionen – die wirtschaftliche und soziale Lage vor Ort zu verbessern. Mit finanzieller und logistischer Unterstützung aus Bonn wurden kleine Unternehmen gegründet – Käsereien, Bäckereien und Metzgereien. Vereinzelte Hilfsaktionen, die den Exodus nicht verhindern können. Offiziell zeigt die deutsche Regierung Bereitschaft, ihre »Blutsverwandten« mit offenen Armen zu empfangen. In der Realität setzt man darauf, sie davon abzuhalten, nach Deutschland zu kommen. Mittlerweile ist die Sprache das entscheidende Auswahlkriterium. Die Kandidaten für die große Rückkehr müssen jetzt einen Sprachtest ablegen. Eine Prüfung, die nur wenige bestehen. »Und die sind ebenfalls drauf und dran, nach Deutschland abzuhauen«, warnt der Ingenieur mit gesenkter Stimme, als plaudere er ein brisantes Staatsgeheimnis aus. »Die sitzen schon auf ihren Koffern!«

Da stehen sie, die Koffer. Auf dem Boden der Flughafenhalle von Almaty, der düsteren Hauptstadt Kasachstans, die vor der Unabhängigkeitserklärung noch den ritterlichen Namen Alma Ata trug, sind in wenigen Stunden Beulen gewachsen. Ein bunter Haufen in meterlange Kordeln verschnürter Kartons, Nylonsäcke, deren strapazierte Nähte zu platzen drohen, Schachteln, unförmige Kleidersäcke, Reisetaschen, zu Würsten verknotete Decken, scheußliche Bündel. Aufeinandergetürmt, von Füssen getreten und von Hüften geschubst, vorwärtsbewegt von einem Gespann aus zwei Männern. Oben drauf sitzt auch noch jemand. Ein schlafendes Kind liegt mit offenem Mund auf einem Wäschesack. Eine alte Frau ist über ihrem Koffer zusammengesunken. Die Männer machen einen letzten Versuch, ihr schwankendes Gepäck reisetauglich zu machen. Das Klebeband, das sie nervös mit den Zähnen zerteilen, hallt knallend im ganzen Flughafen wider.

Früher kam noch mehr ins Reisegepäck. Es sind die einfachen Dinge, die man im Laufe seines Lebens liebgewonnen hat und von denen man sich, wie von treuen Gefährten, nicht trennen kann. Jede Familie durfte einen Container nach Deutschland schicken. Den bepackten sie mit Geschirr, Küchenmessern, der Waschmaschine, dem Fahrrad, Wäsche, einem Sack Mehl. Aus Angst, es könne ihnen später an irgendwas fehlen. In Deutschland angekommen, blendete sie der Glanz der modernen Warenwelt. Sie stellten voller Verwunderung fest, daß hier alles viel moderner und schöner war, und vergaßen darüber, ihren Container abzuholen. »Hier gibt es alles, was man braucht. Nehmt nur das Nötigste mit!« mahnten schließlich die schon übergesiedelten Familien. Aus Wut darüber, daß die Neuankömmlinge die Rangierbahnhöfe mit ihrem alten sowjetischen Plunder verstopften, schaffte die deutsche Regierung die Umzugsbeihilfe wieder ab. Heute lassen die Aussiedler alles stehen und liegen: Der Bauernhof wird für wenig Geld an Kasachen verkauft, ebenso wie der Garten, das Vieh, die Wohnzimmermöbel und das Geschirr. Sie bringen nur noch Bettwäsche, Kleider, einige Fotos, die Medaillen für jahrelange harte Arbeit in der Kolchose und die Bibel mit. Sie reisen mit leichtem Gepäck. Als führen sie in den Urlaub. Wenigsten einen kurzen Moment lang.

Um vier Uhr nachts leuchtet ein riesiger roter Mond über der Steppe. Das Flugzeug nach Hannover geht um acht Uhr morgens. Der Flieger, der die Russen nach Moskau bringt, startet zwei Stunden später. Das Flugzeug, das die Juden nach Israel zurückführt, ist am Tag zuvor abgeflogen. Das ist der gewaltige Exodus nach dem kalten Krieg. Die große Rückkehr der Entwurzelten, der durch den Eisernen Vorhang aus ihrer Heimat Vertriebenen. Die neuen Staaten schaffen bei sich Ordnung. Jeder macht sich auf den Weg dorthin, wo für ihn sein Zuhause ist und wo man in den meisten Fällen nicht gerade begeistert ist, ihn wiederzusehen. Kasachstan wird wegen all der Menschen, die hierher deportiert wurden – Deutsche, Koreaner, Tataren, Dissidenten –, auch »das Gefängnis der Völker« genannt.

»Wir gehen zurück in die Heimat!« sagen die Aussiedler schlicht, als hätten sie sie erst gestern verlassen. Und doch trübt sich so manchem der Blick, wenn er in der Ferne die Berge von Almaty sieht, die langsam im Morgengrauen sichtbar werden. In die »Heimat«, dieses zwergenhafte Deutschland, das (höchstens) ein Fünftel Kasachstans ausmacht und das sie dennoch respektvoll und ehrfürchtig das »Große

Deutschland« getauft haben. Vor 200 Jahren flohen ihre Vorfahren vor der Hungersnot und dem Elend. Heute machen sie die Reise aus demselben Grund in umgekehrter Richtung. Aber sie wissen, daß sie »Rußlanddeutsche« sind. Russische Deutsche oder deutsche Russen. Doppelköpfige, staatenlose Zwitterwesen. Werden sie mit ihren altmodischen Redewendungen, ihren Schneidezähnen aus Gold und Kinderscharen nicht zu drittklassigen Deutschen, noch weit hinter den Ostdeutschen, den Passagieren zweiter Klasse des vereinigten Deutschlands? Werden sie es schaffen, sich in der ihnen zugeteilten engen Sozialwohnung eine neue Existenz aufzubauen? Wird man sie in der Kleinstadt, die sie aufnehmen muß, nicht schief von der Seite ansehen? Werden sie sich, mit ihrem Glauben, Aberglauben und Familiensinn, nachdem sie soviel Russisches angenommen hatten, den konfusen Sitten in dem Land anpassen, das sich über die geblümten Kopftücher ihrer Großmütter lustig macht und die ultrareaktionären Ansichten dieser neuen Wählerschaft fürchtet? Werden sie dort, wo man sich um seine Arbeitslosenquote sorgt und um seinen Lebensstandard bangt, nicht wie Schmarotzer behandelt werden? Sie kommen ungelegen. Sie sind die Fremden. Die Vergessenen.

Doch heute ist in ihren Köpfen kein Platz für solche Ängste. Deutschland ist das Schlaraffenland. Auswandern lautet das Ziel. Koste es, was es wolle. Die Anweisung des Reisebüros war zwar klar und deutlich: keine Drängeleien, alle kommen mit. Doch darauf geben die Aussiedler nicht viel. Sie kennen ihr Rußland und ängstigen sich, daß in letzter Minute noch etwas dazwischenkommen könnte. Die Mütter packen die ersten Stullen aus, um ihre vor Müdigkeit jammernden Kinder zu beschäftigen. Die Familienväter geben sich den Anschein, als verhandelten sie mit den kasachischen Zollbeamten über das unvermeidliche Bakschisch in Deutschen Mark oder Dollar. Eine Stunde bürokratische Schikanen, Hin und Her zum Büro des obersten Zollbeamten, falsche Höflichkeiten, pingelig überprüfte Papiere, penible Befragungen. Und all das nur der Form halber. Die Familien geben schließlich auf und beugen sich. Der kasachische Zollbeamte stopft sich Devisen im vierfachen Wert seines mageren Monatslohns in die Taschen. Die anderen beobachten die Szene ohne Erstaunen. Draußen, hinter den undurchsichtigen Glaswänden der Schalterhalle sehe ich das aufgeregte Schattentheater der Zurückbleibenden, die ihre Nase an der Scheibe platt drücken bei dem Versuch, ihre Angehörigen noch ein letztes Mal zu sehen.

Das Flugzeug nach Hannover hat erst zwei, dann vier, dann sechs Stunden Verspätung. In der Schalterhalle des Flughafens verbreiten sich Gerüchte: Das Flugzeug sei abgestürzt, in Hannover gäbe es Nebel. Niemand kommt auf die Idee, mal nachzufragen. Sich erkundigen? Wo denn? Ihnen kommt nicht in den Sinn, sich zu beschweren. Sie stehen schweigend da und warten. Sie sind daran gewöhnt zu warten. »Etwas Schlimmeres als das, was wir hinter uns haben, kann uns nicht passieren.« Marta, 85 Jahre, versucht ihre Schwägerin Emilia, 89 Jahre, zu beruhigen. Die beiden Mütterchen haben sich auf den Boden gehockt, um ihre Beine ein wenig zu entlasten. Ich denke an Lydia Brumm und die blinde Maria, die immer noch in Bolschaja Tschuvakovoka auf ihre Papiere warten. Marta und Emilia haben keine Familie. Weder in Kasachstan noch in Deutschland. Und ihr einziges Ziel ist ein Altersheim in Deutschland und saubere Bettwäsche, wenn sie mal ins Krankenhaus müssen. »Ruhen und Gott dienen!« sagt Marta. Marta hat ein bißchen die Orientierung verloren. Nach drei Stunden Warterei im Flughafen erkundigt sie sich: »Sind wir bald da?« Sie dachte, sie säße schon im Flugzeug. Sie dachte, so würde eine »Maschine« halt aussehen, ein fast bedrohlich wirkendes Fahrzeug für so eine alte Dame. Eine riesige, menschengefüllte Halle von künstlichem Scheinwerferlicht erhellt. Acht Stunden Verspätung. Endlich setzt sich die Menge in Bewegung. Mit krummem Rücken und bleischweren Beinen schleppen sich die Mütterchen voran. Marta beginnt zu zittern. Kurze Anfälle, die mir angst machen. Sie wischt sich mit dem Taschentuch, das sie, ordentlich gefaltet, krampfhaft in der Hand hält, über die trockenen Augen. Die Flusen ihres Schultertuchs aus weißer Angorawolle verteilen weiche Flöckchen auf ihrem Kunstseidenmantel. Auf dem Ärmel ist ein Kaugummifleck eingetrocknet.

Kaum sitzen wir in der Kabine des Charterflugzeugs, holt Marta ein Brötchen und eine Tafel Schokolade aus ihrem Nylonbeutel und streckt sie mir entgegen: »Für Ihre Kinder!« Wenn Marta und Emilia Angst haben, essen sie. Eine Art Reflex. Sie tuscheln auf deutsch miteinander und merken gar nicht, daß das Flugzeug abhebt. Und als Marta freudig ruft: »Ich hatte solche Angst, daß meine Ohren auch abheben, und jetzt habe ich überhaupt nichts gemerkt«, befindet sich das Flugzeug über der Steppe. Die mürrische Stewardeß stellt einen kleinen wackeligen Tisch vor die beiden alten Damen und knallt darauf ein Tablett mit Essen. Sie hat ein zwergenhaftes Gesicht, das unter dem wie Zuckerwatte auftoupierten Pony noch kleiner wirkt, ganz im Stil der 50er Jahre. Das Menü besteht aus einem staubtrockenen Hähnchenschenkel und einem Schälchen Reis. »So viel für eine einzige Person. Wie schön. Schmeckt aber gut!« Marta ißt gierig, schiebt den Reis mit dem Finger auf den Plastiklöffel, seufzt entspannt und legt ihren Kopf auf meine Schulter, um sich ein bißchen auszuruhen. Blitzschnell verschwanden die Zuckertütchen und Orangensaftkartons, die sie ungern auf dem Tablett liegenlassen wollte, in ihrem Nylonbeutel. Marta und Emilia wissen noch nicht, wo sie leben werden. Man hat ihnen gesagt, daß das Klima in Süddeutschland mild sei. »Oh, ich danke Gott, daß er mich da rausgeholt hat«, sagt Marta, die 700 Mark zwischen den Seiten ihrer Bibel versteckt hat. Sie zeigt mir ihren Schatz, legt den Zeigefinger auf ihre Lippen und bittet mich, ihr Geheimnis nicht weiterzuerzählen.

Die Filmmusik von »Ein Mann und eine Frau« erfüllt die verschlafene Flugzeugkabine, schwebt über die zahnlosen Münder der dösenden Passagiere hinweg. Meine Nachbarn verbessern ihr Deutsch durch Übungen in großen Heften, die sie peinlich berührt verstecken, wenn mein Blick sie zu aufdringlich fixiert. Marta beugt sich zu mir: »Ich muß mal pinkeln!« Marta rückt in der nach sechs Stunden Flug und einer ausgedehnten Zwischenlandung in Sibirien ziemlich verdreckten Toilettenkabine ihre wohldurchdachten Lagen von Unterröcken aus Wolle, langen Flanellunterhosen, Strümpfen und Socken wieder zurecht. »Zu viele Hosen!« entschuldigt sie sich. »Es ist kalt. Das ist schön!« Genüßlich reibt sie sich das Gesicht mit der Seife ab, die sie, in ein Handtuch gewickelt, mitgenommen hat. Sie klopft sich Kölnisch Wasser auf ihre grauen Wangen: »Jetzt bin ich bereit für Deutschland!« Schon lange vor der Landung greift ein beißend süßer Parfümgeruch die Passagiere an. Die Frauen ziehen ihre gelben oder lilafarbenen Sonntagsblusen mit goldenen Knöpfen über ihre Hüften, schieben die Stäbchen ihrer Büstenhalter zurecht, die während des Schlafs verrutscht sind, streichen ihre Strümpfe glatt und lassen ihr Gummiband knallen. Das Gesicht dem kleinen Taschenspiegel spitz entgegengestreckt, schminken sie ihre Lippen, Wimpern, Lider und Wangen stark. Sie toupieren ihren Knoten auf, sprühen eine Wolke Haarlack darüber. Ziehen den kleinen Jungs die Socken hoch und stopfen ihre Pullover in die Hose, flechten den kleinen Mädchen Zöpfe und rücken die roten Tüllröschen zurecht.

Noch einmal ertönt die Musik, die seit dem Abflug in Almaty immer wieder gespielt wird. Zum vierten Mal rennen Anouk Aimée und Jean-Louis Trintignant aufgewühlt den normannischen Strand entlang. Das Flugzeug beginnt seinen Landeanflug auf Hannover. Allgemeines Schweigen. Wird das Land ihrer Träume mit ihren Vorstellungen übereinstimmen? Marta hat wieder angefangen zu zittern. Sie schaukelt auf ihrem Sitz vor und zurück, klammert sich mit geschlossenen

Augen an meinen Arm, zähneklappernd. Ich lege ihr wie einem Kind meinen Arm um die Schultern und drücke sie ganz fest. Ich rede leise auf sie ein, um sie zu beruhigen. Aber sie ist überhaupt nicht mehr sicher, ob sie aus dem Flugzeug steigen will. »Mein liebes Kind, glauben Sie wirklich, daß hier ein Platz für uns ist?« fragt sie zum zehnten Mal. Von außen öffnet ein Handgelenk die Kabinentür, und das »große« Deutschland stürzt herein: leuchtend, gut organisiert, hygienisch. Morgen ist Weihnachten. Das Land, von dem nur die Charterflugpassagiere aus Almaty träumen, zeigt sich von seiner besten Seite. Der Schlauch, der das Flugzeug mit der Ankunftshalle verbindet, ist mit Lametta und silbernen Kugeln geschmückt. Ein letztes Mal dringt die Musik aus den Lautsprechern. Die Passagiere stehen auf und kramen laut redend ihr Gepäck unter den Sitzen hervor. Das Diakonische Werk stellt den alten Mütterchen Rollstühle zur Verfügung. Ich habe die beklemmende Vorstellung, sie könnten sich erniedrigt fühlen. Sie, die sie noch am Tag zuvor Kühe gemolken, Holz gehackt und Schnee geschippt haben. Aber sie sind erschöpft, und Marta kann in ihren gefütterten Holzpantinen kaum noch aufrecht stehen. Zwei junge Burschen mit Flaum über dem Mund ziehen sich, wohlmeinend und den Anweisungen folgend, Plastikhandschuhe bis zu den Ellbogen, bevor sie die Mütterchen anfassen. Die sind so bewegt, daß sie diese beleidigende Vorsichtsmaßnahme nicht bemerken. Die Stewardessen des Hannoveraner Flughafens hatten mich am Tag des Abflugs freundlicherweise gewarnt: Wenn die Russen fliegen, stinkt der ganze Flughafen nach ranzigem Fett und Schmutz. Die Menge weicht zurück. Die Rollstühle graben eine Schneise in das Gedränge. Der Kontrast zwischen den vor Erstaunen aufgerissenen müden Augen der Deutschen aus Kasachstan und den mißtrauischen Blicken der Deutschen aus Deutschland, die diesen grotesken Zug armer Leute im Sonntagsstaat vorbeiziehen sehen, ist furchtbar. Marta hält immer noch das gefaltete Taschentuch fest in der Hand, seit dem Morgengrauen in Almaty. Ihr Rollstuhl kommt als erster zur Paßkontrolle. Der Zollbeamte heißt sie herzlich willkommen. Sie kommt zu sich. Das Lächeln des Zollbeamten und der Rollstuhl, der »so freundlich von den zwei lieben Kindern geschoben wird« ... Marta hat keine Angst mehr. Sie dreht sich um und ruft Emilia, die aus einem riesigen Nylonbeutel den neuen deutschen Paß fischt, zu: »Emilia, nie in unserem Leben, nie in unserem ganzen Leben haben wir so ein großes Glück verdient.«

Das deutsche Modell

»Sie wollen über die Firma Koehler schreiben?«

Die junge Frau richtet ihre kristallblauen Augen auf mich. Das muß ein Mißverständnis sein. Die Chefsekretärin der Firma Koehler hat die schwerblütige Behäbigkeit der Süddeutschen. Sie streckt sich hinter ihrem Computertisch. Dehnt ihren Nacken. Formt ihre Hand zu einem Fächer und drapiert mit gespreizten Fingern die zerfransten Locken ihrer Dauerwelle. Hängt ihren Gedanken nach. Versucht sie zu sortieren. Läßt sich Zeit. Versteht es nicht. Und kapituliert: »Aber über die Firma Koehler gibt es doch gar nichts zu schreiben!«

In der Tat gibt es über die Papierherstellungsfirma Koehler, die sich an einen der ersten tannengrünen weichen Hügel des Schwarzwaldes schmiegt, nicht viel zu sagen. Eine verglaste Brücke macht einen Sprung über die Bundesstraße nach Straßburg und verbindet die Verwaltung mit den Fabrikgebäuden. Der wichtigste Arbeitgeber der kleinen badischen Gemeinde Oberkirch. Spezialitäten: selbstklebendes und Thermopapier.

Nichts. Keine innerbetrieblichen Streitigkeiten. Kein Streik. Keine aufmüpfige Gewerkschaft. Kein Steuerhinterziehungsskandal und kein Bankrott. Keine geniale Erfindung. Kein Familiendrama. Kein Tratsch, der sich zu kolportieren lohnte. Die Kantine bietet vegetarisches Essen an, und die Geschäftsführung legt Wert auf Umweltschutz. Ein Kruzifix aus hellem Kirschholz hängt mahnend über dem Kiosk. Der Betriebspsychologe bietet jedem, der an seinen Maschinen abgestumpft ist und seine grauen Zellen trainieren möchte, ein »Gehirnjogging«-Seminar an. Koehler kümmert sich um seine Lehrlinge, garantiert seinen Angestellten Fortbildungsmaßnahmen und denkt an die Rentner. Die Gänge sind mit Schildern tapeziert: »Türe schließen!«, »Licht ausmachen!« Alles geht seinen Gang, seit der alte Koehler, ein Händler aus der Gegend, 1807 eine Papiermühle am Ufer der Rench kaufte, dem kleinen Flüßchen, das sich träge durch die Wiesen schlängelt. Otto, Emil, August, Werner ... sieben Erbengenerationen folgten einander an der Spitze des Unternehmens. Heute sind es Werners Neffen, Klaus und Wolfgang Furler, die den Fortbestand der Erbes gewährleisten. Nein, nichts Spannendes zu erzählen, auch kein Fehltritt während des Dritten Reiches. Die Firma Koehler stellte schwarzes Papier her, mit dem man während der Bombardierungen die Fenster abklebte. Aus Mangel an Personal und Material wurde die Produktion einige Wochen vor Kriegsende eingestellt. Der jüngere Sohn, Erich Koehler, ist in Rußland gefallen. Der ältere, Werner, hat überlebt. »Trotz vier Verletzungen kehrt er 1945 glücklich in seine Heimat zurück. Von dieser Zeit seines Lebens wird er nur den Hunger in Erinnerung behalten«, liest man in dem in gothischen Buchstaben gedruckten Goldenen Buch des Unternehmens. Als wäre Werner mit durchsiebtem Körper, ausgehöhltem Magen und einem Lächeln auf den Lippen von einer harmlosen Kämpferei zurückgekehrt, in die die Deutschen unschuldig hineingezogen worden waren. Dieses unangenehme Lebenskapitel des Chefs bereitete dem Chronisten Schwierigkeiten. Er zog sich aus der Affäre, indem er die dunkle Vergangenheit Deutschlands auf eine Anekdote reduzierte. Nach dem Tod seines Vaters erbt Werner die Fabrik. Die Produktion wird nach dem Krieg wieder mit voller Kraft aufgenommen. Koehler exportiert in die ganze Welt. Nach Frankreich und in die Vereinigten Staaten. Über Hongkong nach China und Singapur. Seit dem Fall der Mauer vorzugsweise in den Osten. Die Firma Koehler zählt zu den vorbildlichen mittelständischen Unternehmen mit internationalem Renommee, die den stabilen Kern der deutschen Wirtschaft bilden und nach dem Krieg für den Aufschwung sorgten. Ein ganz alltäglicher deutscher Aufstieg.

Schon auf dem Parkplatz ist alles darauf ausgerichtet, Konfrontationen im Keim zu ersticken. Jeder besitzt einen eigenen Platz vor dem funktionalen Gebäude der Verwaltung. Drei Parkplätze für die Geschäftsführung. Ein Dutzend Gästeparkplätze. Zwei Behindertenparkplätze. Ein auf dem frischen Rasen aufgestelltes Schild erinnert die Nutzer dieser Plätze nachdrücklich, daß sie bei einer Kontrolle die zugeteilte Identitäts-Nummer vorzuweisen haben. Nach einigem Nachsinnen über meine Identität lenke ich meine Pferdestärken in einen der mit »Gäste« markierten Ställe. Ein Wachmann hat mein Zögern registriert. Er beobachtet mich durch das Fenster seiner Loge und muß über meinen Besuch informiert worden sein, denn er will den Ausweis mit der Nummer, der mir nicht ausgehändigt wurde, nicht sehen. Drei Fahnen wehen im Wind und werben für den politisch korrekten internationalen Anspruch des Hauses: gelbe Sterne auf königsblauem Grund für Europa, Schwarz-Rot-Gold für Deutschland und die Trikolore des französischen Nachbarlandes anläßlich meines Besuchs.

Um Punkt zehn Uhr klopft die Sekretärin mit drei freundlichen kurzen Schlägen und öffnet müde die Tür zum Büro von Wolfgang Furler. Es war gar nicht so einfach, den Termin um acht Uhr morgens, den sie mir geben wollte, auf später zu verschieben. Auf dem niedrigen Tisch in der Mitte der halbkreisförmigen Sitzecke steht schon eine Thermoskanne mit heißem Filterkaffee, flankiert von einem Keksteller. Wolfgang Furler empfängt mich mit einer etwas aufgesetzten Lässigkeit. Das ganze Jahr vom Skifahren sonnengebräunt, im Frühling vom Mittelmeer und zweifellos von Solarien, trägt er eine kükengelbe ärmellose Weste und keine Krawatte. Diese kleine Formlosigkeit erlaubt er sich, weil ich kein Geschäftspartner bin. Sein braunes Tweedjackett hängt säuberlich auf einem Kleiderbügel an der Garderobe. Sie müssen sich vorher abgesprochen haben, denn seine Sekretärin trägt ebenfalls kein Kostüm und Pumps, sondern Jeans und flache

Mokassins. Wolfang Furler fragt mich »vorsichtig«, ob er mir meinen Mantel abnehmen darf. Der schwere Stoff gleitet von meinen Schultern und berührt kaum meine Arme, der Mantel scheint auf den Boden zu rutschen, aber – hopp!– erwischt Wolfgang Furler ihn mit einem geschickten Griff im Flug und hängt ihn auf einen Bügel. Dieser galante Kunstgriff läßt darauf schließen, daß der Chef von Koehler noch eine Erziehung der »alten Schule« genossen hat. Eine Sitte, die von Feministinnen zuweilen nicht gern gesehen wird, die – wie mir einige Männer anvertrauten, nachdem ich diese schöne, so geschmeidige und altmodische Geste bewundert hatte – den Kavalier zurechtweisen und ihm an den Kopf werfen: »Du denkst wohl, nur weil ich eine Frau bin, kann ich mir den Mantel nicht selber ausziehen?« Wolfgang Furler entschuldigt sich, daß er kein Französisch spricht: »Obwohl es von hier nicht weit zur Grenze ist ... Doch, doch, das ist mir schon peinlich.« Und fährt mit den Entschuldigungen fort: Sein Bruder Klaus, Präsident des Rotary Clubs und des Tennisvereins, ist zum Golfen nach Kalifornien geflogen. Auch er läßt sich von Wolfgang Furler entschuldigen, daß er unserem Gespräch nicht beiwohnen kann. Wolfgang Furler streicht seine Visitenkarte glatt und legt sie flach vor mir auf den Tisch. Der Ritus bedeutet, wir haben genug freundliche Belanglosigkeiten ausgetauscht und können nun zu den ernsten Angelegenheiten übergehen.

Während er sich über das Produktionsvolumen, den Dollarpreis des selbstklebenden Papiers und die Herstellungsweise von Thermopapier ausläßt, schaue ich aus dem großen hellen Fenster und knabbere an dem gezackten Rand eines Butterkekses mit Bitterschokolade. Die Temperatur im Innern der Firma ist identisch mit den lauen Lüftchen, die draußen den Frühling ankündigen. Die Umgebung ist ländlich: ein sanfter Berghügel im Mandelgrün der Rieslingreben. In der Ferne eine Kirche mit Hahn obendrauf. Helles Vogelgezwitscher. Wie soll man sich in einer so friedvollen Umgebung über irgend etwas aufregen? »In unserer Firma hat es noch keinen Streik gegeben«, bemerkt Wolfgang Furler. Das scheint für ihn so selbstverständlich zu sein, daß er sich gar nicht lange damit aufhält. Ich muß ihn unterbrechen, um weitere Erklärungen zu bekommen. Wolfgang Furler beschert es Vergnügen, sein Unternehmen anzupreisen: »Wir sind vor allem immer sehr darauf bedacht, ein gutes soziales Klima zu schaffen. Das ist natürlich nicht ganz billig, hat uns aber im Laufe der Jahre einiges erspart. Mein Bruder und ich bemühen uns, unseren Angestellten niemals eine Entscheidung autoritär aufzuzwingen. Wir halten gar nichts vom harten Kapitalismus einer Margaret Thatcher. In Deutschland will man die Gewerkschaften nicht hintergehen, und schon gar nicht auflösen. Wir arbeiten mit ihnen und dem Betriebsrat zusammen. Sollte ein Problem auftreten, analysieren wir die Angelegenheit gemeinsam. Das Wichtigste ist gegenseitiger Respekt. Natürlich verteidigt jeder seine eigenen Interessen. Die sich im übrigen gar nicht so sehr voneinander unterscheiden, denn letzten Endes können die Löhne nur gezahlt werden, wenn das Unternehmen erfolgreich ist. Wir legen höchsten Wert auf korrekte Gehälter und gute Arbeitsbedingungen. Gegenseitige Toleranz und Respekt vor jedem einzelnen Angestellten tragen auf lange Sicht mehr zu einem guten Betriebsklima bei als vage Provisionsversprechen.« Wolfgang Furler glaubt das, was er sagt, und lebt jeden Tag danach. Er kann nicht schwindeln. Er glaubt an die Tugenden der »Konfliktpartnerschaft«. Ich hebe skeptisch die Augenbraue. Wolfgang Furler sieht keinen Widerspruch in der von ihm verwendeten Formulierung. Die Konfliktpartnerschaft basiert auf einem sehr vorsichtigen Auspendeln zwischen Verständigung und produktiver Konfrontation. Weil man friedlich miteinander auskommen will, sagt man einander alles. Die Idee der Konfliktpartnerschaft steht im industriellen Kontext für das, was die »Streitkultur« in Liebesbeziehungen darstellt. Danach, so die Auffassung der Anhänger dieses Konfliktmodells, die ihre Paarprobleme lösen wollen, gibt es so etwas wie eine Kultur des Ehekrachs. Eine Möglichkeit, Tellerwerferei und Schimpfwortkaskaden in einen wachen Dialog umzuwandeln. »Die Krise zur Chance machen« – noch so ein Zen-Motto, dem Wolfgang Furler vertraut.

Zwar gehen die Angestellten nicht so weit, die Gebrüder Furler zu duzen, aber immerhin haben letztere das allzu förmliche »Herr Direktor« abgeschafft. Hin und wieder wird der Doktortitel benutzt, dieser pedantische zweite Vorname der Deutschen, der ehrfürchtig dem Namen eines jeden Diplomierten vorausgeschickt wird. Wolfgang Furler freut sich über den »saloppen« Umgang, den er mit seinen Beschäftigten pflegt. Wenn er durch die Gänge seiner Firma spaziert, und das tut er, um sein Interesse zu bekunden, recht oft, dann schenkt Wolfgang Furler jedem ein »Mahlzeit!« – den Mittagsgruß, den man in deutschen Unternehmen von zehn Uhr morgens bis zwei Uhr mittags austauscht. Er kennt jeden seiner Angestellten namentlich. Wolfgang Furler, der nach dem Abitur in Darmstadt Ingenieurwissenschaften, Spezialgebiet: »Papiertechnik«, studierte, ist kein Chef französischen Kalibers, der eine brillante Ausbildung in der Grande École genossen hat und mit Diplomen gespickt ist. Von diesen eingebildeten und redegewandten Intellektuellen, die ihre weißen Hände noch nie in Papiermasse getaucht haben, hält er gar nichts. Er selbst hat seinen Beruf vor Ort gelernt, im übermächtigen Schatten seines Onkels Werner. Er verurteilt das französische Hierarchiedenken. Ein Chef ist für ihn ein Mann zum Anfassen, der die Beschäftigten seiner Firma jeden Moment ihres Lebens begleitet. Das Wort »Firma« enthält für ihn die weitgespannte Skala von Gefühlsregungen, die den Arbeitnehmer an sein Unternehmen binden. Sie wird geliebt wie eine friedfertige und vertraute Mutter, die einen nährt. Loyalität für eine Gemeinschaft enger Zusammengehörigkeit, in der Respekt mit Furcht durchsetzt ist.

Die Firma Koehler besitzt eine eigene Blaskapelle und eine

Feuerwehrtruppe. Ihre Fußballmannschaft spielt in einem rotkarierten Trikot, der Farbe des Hauses. Die dreimonatlich erscheinende *Koehler-Rundschau* listet peinlich genau die Ergebnisse bestandener Prüfungen auf, informiert über abgeschlossenen Wehrdienst: »Nachdem er seinen Dienst bei der Bundeswehr beendet hat, kehrt Rainer Hodapp nun an seinen Arbeitsplatz zurück«, über Hochzeiten: »…die besten Wünsche für Stefan Schietze aus dem Verkauf und Renate Köhler«, Geburten: »Herzlichen Glückwunsch zur Geburt seines Sohnes Michael für Johannes Maier in der Produktion«, Geburtstage und Todesfälle. Zur Beerdigung eines treuen Angestellten erscheint ein Mitglied der Familie Koehler, um eine Rede zu halten und Beileid zu bekunden. Weihnachten schenkt die Geschäftsleitung den Kindern Teddybären. Wird einer der Beschäftigten in den Ruhestand entlassen, spendieren sie ihm zu Ehren einen Umtrunk. Die Familie Koehler-Furler beteiligt sich aktiv am Leben ihrer Gemeinde und ihrer Region. In Oberkirch gibt es eine August-Koehler-Straße. Der Vater Furler, Professor Doktor Hans Furler, war zwei Jahre lang Präsident des Europaparlaments und bis zu seinem Tode CDU-Abgeordneter im Bundestag. Klaus Furler ist der Vertreter des baden-württembergischen Arbeitgeberverbands der Papierindustrie. Die Gattinnen kümmern sich um die schönen Künste und die Wohltätigkeit.

Die Familie Koehler-Furler steht für die altmodische Behäbigkeit in der deutschen Provinz und das nach dem Krieg sehr schnell zu Geld gekommene vermögende Bürgertum. Die Damen Koehler-Furler haben komplizierte Frisuren, auftoupierte und mit Lack besprühte Helme. Sie tragen protzige Gürtel und Perlenketten, die in ihren tiefen Dekolletés verschwinden. Ihr Lächeln hat die Farbe von Edelweiß, ihre Nägel sind blutrot lackiert. Ob sie wohl regelmäßig die französischen und italienischen Designerboutiquen Straßburgs plündern? Ihre Gatten sind höflich, geschäftstüchtig, sportlich und musikbegeistert. Zum 60. Geburtstag von Werner

Koehler, der mit seinen 82 Jahren immer noch ein Büro in der Firma hat, brachte die *Koehler-Rundschau* eine Sonderausgabe heraus, in der noch einmal die großen Lebensabschnitte und die kleinen Marotten des Chefs vor Augen geführt wurden. Nachdem er als Schüler das angesehene Internat Salem am Bodensee besucht hatte, wurde Werner bei der Wehrmacht tapferer Oberleutnant der Gebirgsartillerie. Die Gazette zeigt ihn als Jäger, auf der Kante seines Geländewagens sitzend: Gewehr, Fernglas, weicher Hut. Als Golfer mit einem Geschäftsfreund. Als Dandy am Lenkrad der Sportwagen, die er sammelt. Als Gentleman, eifrig um den englischen Stil bemüht: Er zieht an einer Pfeife und trägt das dreieckige Abzeichen des Golfclubs an seinem Revers. Als Mann von Welt: mit Fliege und weißem Smoking. Er tanzt mit seiner Frau Kat Walzer.

Es ist sehr früh am Morgen. Im Betriebsrat der Firma spricht man Badisch miteinander. An die Stelle des scharfen »s« tritt ein sanftes »ch« aus dem Gaumenalkoven. Eine weiche, zischende Sprache ohne aufdringliche Laute, in der Groll und Zorn phonetisch nur schwer auszudrücken sind. Auf dem Schreibtisch von Roland Weck stehen dieselbe Thermoskanne mit Filterkaffee und derselbe Keksteller wie beim Chef. Auf dem Fensterbrett krächzt ein Radio. Ein deutscher Julio Iglesias begleitet seine Schmalztirade über die glückliche Liebe eines Schäfers und einer Schäferin auf den grünen Alpenwiesen auf dem Akkordeon. »Rudi, Rudi, noch einmal, es war so wunderschön ... «, bettelt die Melodie, die Roland Weck ganz in Gedanken leise vor sich hin pfeift. Wolfgang Furlers Sekretärin hat mir unter dem Siegel der Verschwiegenheit erzählt, daß die beiden Chefs Roland Weck den »blonden Neger« getauft haben – weil er ein rundes Gesicht, eine breite Nase und von einer Dauerwelle gelocktes, aschblondes Haar hat. Auf dem Gruppenfoto, das er mir zum besseren Kennenlernen entgegenstreckt, sieht er – umringt von den 15 Mitgliedern des Betriebsrates, allesamt in Hawaiihemden – vergnügt aus. Das Foto wurde im vergangenen Sommer aufgenommen, auf dem jährlichen Betriebsfest des Hauses Koehler. Roland hat die Volksschulzeit auf derselben Bank abgesessen wie Klaus Furler. Erst nach Schulschluß trennten sich ihre Wege. Während Klaus im Garten der Familienvilla mit Freunden seines Ranges spielte, streunte Roland mit seinen Kumpels an den Ufern des kleinen Flüßchens umher. Rolands Vater war Arbeiter bei Koehler, bis er 1942 an der russischen Front fiel. Roland Weck ist seit 1965 Mechaniker bei Koehler. Dieter Ruh, Papierfacharbeiter mit Jeans und langen Haaren, wurde 1980 eingestellt. Beide sind Arbeitnehmervertreter im Betriebsrat, Mitglieder der Gewerkschaft Chemie-Papier-Keramik und der Sozialdemokratischen Partei; Roland Weck ist daneben im Stadtrat, für die Opposition in der christdemokratischen Gemeinde Oberkirch. Die »Kollegen« machen beim Eintritt ins Büro alle denselben Scherz. »Mahlzeit! Na, werdet ihr wieder fürs Nichtstun bezahlt?« Als vollzeitbeschäftigte Betriebsratsmitglieder sind Roland Weck und Dieter Ruh von ihrer eigentlichen Tätigkeit in der Produktion befreit. Ihr vorgebliches Nichtstun bietet immer wieder Anlaß für Witzeleien, die auch die Aktenpyramiden und der gefüllte Terminkalender an der Wand nicht abwehren können. Arbeit ist eine Tugend, Streiken eine Schande. Der Gewerkschaftsriese IG Metall, der in den vergangenen Jahren einige Male zum Streik aufgerufen hat, gilt hier als roter Agitator und Verfechter des Klassenkampfes. Die IG Chemie-Papier-Keramik hat zum Glück eine sanftmütigere Gesinnung.

»Streik ist nur das allerletzte Mittel«, tadelt Roland Weck, der – Gott sei Dank! – noch nie in seinem Leben gestreikt hat. Roland Weck betont stolz, daß Deutschland, nach Österreich und der Schweiz, die Industrienation ist, in der die Arbeit am seltensten niedergelegt wird. Aber wenn es doch einmal soweit kommt, streiken die Deutschen genauso beflissen, wie sie sonst arbeiten. Mit Eifer, Methode und Disziplin. Das Gebot der preußischen Strenge, sei es auch ein Klischee, scheint sie bis in die seltenen Augenblicke des Ungehorsams zu verfolgen. In Deutschland zu streiken, heißt nicht, zu Hause die schönen Sommertage zu genießen, vor dem Tor des menschenleeren Betriebs ein Schwätzchen zu halten oder – der Gipfel der Unbotmäßigkeit – währenddessen woanders zu arbeiten. Die seltenen Protestbewegungen sind ziemlich laue Angelegenheiten, die ganz nach Vorschrift ablaufen. Ich habe hier nie die chaotische Kirmesatmosphäre französischer Demos erlebt. In Deutschland können solche Aktionen den Streikenden und ihren Chefs höchstens für ein paar Tage ein leises Gruseln einflößen. Der mächtige und wirkungsvolle Mechanismus gesellschaftlicher Konfliktlösung blockt jede Ausschweifung ab. Die Gewerkschaften diktieren ihren Mitgliedern strikte Anweisungen. Der Streikgrund darf auf keinen Fall ein politischer sein. Der Streik ist nur das allerletzte Mittel, wenn alle anderen Vermittlungsversuche gescheitert sind. Es gibt keine wilden Streiks, die spontan von einer kleinen Anzahl Unzufriedener entfacht werden. Wurde in demokratischer, geheimer Wahl für die Arbeitsniederlegung gestimmt, erscheinen die Streikenden pünktlich beim Streikposten. Sie erfüllen pflichtbewußt ihr Acht-Stunden-Pensum. Die Anwesenheitsliste wird auf einem großen Schild präsentiert. Es gilt Anwesenheitpflicht, denn die Gewerkschaft zahlt für die verlorenen Tage. Um Streikgeld zu bekommen, muß man – wie bei der Arbeit – an der Stechuhr vorbei. Denn die Gewerkschaften sind äußerst zurückhaltend, wenn es darum geht, aus ihrer »Kriegskasse« zu schöpfen, dessen Wert wie ein Staatsgeheimnis behandelt wird. Die Strategen des Gewerkschaftsbundes haben einen ausführlichen Kampfplan entwickelt, der eine wirtschaftliche Gleichung aufstellt: um so wenig wie möglich auszugeben, muß ein Minimum Streikender das Maximum störender Wirkung erzielen. Daher die wiederholten, gezielten Streikwellen und die nach strengem Kalkül aufgestellten Streikposten. Jeder Streikende bekommt einen blutroten Nylonkittel übergezogen, dessen weiße Beschriftung: »Ich streike!« jeden Zweifel ausräumt und ihn in seiner waghalsigen, aber zum Glück nur vorübergehenden Identität bestärkt. Vor der Fabrik wird ein funktionstüchtiges Camp eingerichtet. Der Toilettenwagen, die Kehrmaschine und die Kantine auf Rädern, die warme Mahlzeiten und alkoholfreie Getränke anbietet, bilden die obligatorische Karawane deutscher Sozialbewegungen.

Ich erinnere mich an einen Streik der IG Metall an einem grauen Frühlingstag in Nürnberg. Ein Vorarbeiter filmte seine Kollegen mit einer Videokamera. Dieses seltene Ereignis mußte unbedingt archiviert werden, schließlich war es der erste Streik in seinem Leben, wahrscheinlich auch der letzte. Ich stellte ihn mir ein paar Jahre später vor, wie er mit seiner Familie nach dem Abendbrot (Schmierwurst, Schnittkäse, Schwarzbrot und Gürkchen) auf dem Wohnzimmersofa sitzt und sich an diesen aufregenden Tag erinnert. Schon sehr bald werden Gespräche mit der Geschäftsleitung angeregt. Nicht selten kommt der Chef ab und zu in der Firma vorbei, um sich vor Ort ein Bild der Stimmung zu machen. Er plaudert freundlich mit den Streikenden. Ein Unternehmer trieb die Höflichkeit eines Tages soweit, die Streikenden zu einem üppigen Frühstück einzuladen, um die Lage bei Brötchen und Kaffee zu erörtern. Die Gewerkschaften reagieren. Man verhandelt. Diese höflichen Gepflogenheiten bemänteln die Machtprobe. Die Gewerkschaften sind in Deutschland viel mächtiger als in Frankreich. Die eiserne Organisation macht sich bezahlt. In den meisten Fällen wird den Lohnerhöhungen zugestimmt. Wurde ein Kompromiß ausgearbeitet, werden die Streikenden erneut befragt. Sind sie einverstanden, wird die Arbeit wieder aufgenommen. Und einige Tage später ist die ganze Angelegenheit erledigt. Alles geht seinen geregelten Gang. Deutschlands Funktionskraft ist wiederhergestellt.

In Oberkirch fürchtet man sich vor Streiks. »Wozu der ganze Zirkus?« sagt Roland Weck. »Die Mitglieder des Betriebsrates kennen die Zahlen der Firma. Wir wissen, wenn es nicht gut aussieht. Es würde überhaupt nichts nützen, in einer Krise durch die Oberkircher Straßen zu ziehen und ›Bonzenschweine‹ zu schreien!«

Ich gestehe Roland Weck, daß ich mir diese Situation nur schwer vorstellen kann. Ich muß lachen. Roland Weck ist darüber verwundert und weist mich zurecht. Es gibt Dinge, über die man nicht scherzt: »Wenn wir hier in Deutschland, das zum ersten Mal eine derart hohe Arbeitslosenquote hat, unsere Stellung nicht auch verlieren wollen, müssen wir lernen, vernünftig zu sein!« Aber 1992 erlebte auch die Firma Koehler eine Krise. Der Papierhandel stagnierte. Koehler schrieb rote Zahlen. Man mußte sparen. Also schnürten Gewerkschaften und Geschäftsleitung von Koehler getreu den ehedem vereinbarten Prinzipien umsichtig einen Solidaritätspakt. Eine Serie vorübergehender Maßnahmen, mit denen man die schwierige Situation meistern wollte. »Gab es Entlassungen?« frage ich. Roland Weck ist konsterniert, als hätte ich eine obszöne Äußerung gemacht. »Es war überhaupt nicht die Rede davon, irgend jemanden zu entlassen!« Die Personalkürzungen ergaben sich durch Pensionierungen und vorgezogenen Ruhestand. Darüber hinaus war jeder einzelne freiwillig bereit, auf verschiedene Elemente zu verzichten. Vom Lehrling bis zum Direktor saßen alle im selben Boot. Und im Handumdrehen war das Konzept umgesetzt. 1995 bekamen die Beschäftigten sogar eine Prämie, zur Belohnung für ihren guten Willen. Und mit der energischen Tatkraft, mit der die Deutschen jedem Unglück begegnen (Die Krise zur Chance machen!), mit erstaunlichem Optimismus resümiert Roland Weck fast begeistert: »Alles in allem war das gar nicht so schlecht. In guten Zeiten ruht man sich schnell auf seinen Lorbeeren aus. Die Krise von 1992 hat uns dazu gezwungen, unsere Strukturen neu zu überdenken. Heute arbeiten wir doppelt so schnell.«

In dem Gang, der zur Kantine führt, hängt ein Poster. Es zeigt ein halbes Dutzend angeseilte Männer, die unter folgendem Motto einen Berggipfel besteigen: »Erfolg = Anstrengung, Konzentration, Zusammenarbeit.«

Vor dem Fall der Mauer forderten, so Roland Weck, die Chefs von ihren Angestellten Kompromisse, indem sie ihnen drohten: »Wenn ihr Däumchen drehen wollt, geht doch besser gleich nach drüben!« Drüben war die andere Hälfte Deutschlands, die sich in weiter Ferne hinter der Mauer versteckte, grau und arm, bevölkert von arbeitsscheuen Bürgern, die während der Arbeitszeit zum Friseur gingen und sich hinten in ihren Werkstätten den lieben langen Tag nur Butterbrote schmierten. Heutzutage haben die Chefs ein noch schlagenderes Argument: »Wollt ihr, daß wir hier französische Verhältnisse bekommen?« Die Schlagzeilen in den Zeitungen (»Paris stürzt in den Abgrund!«, »Frankreich auf der Schwelle zum Bürgerkrieg!«), die er mit großer Sorge liest, wenn jenseits des Rheins der soziale Frieden ins Wanken gerät, vermitteln dem »blonden Neger« eine apokalyptische Vorstellung. Und doch, versteckt sich da nicht ein Fünkchen Faszination hinter der herablassend erschrockenen Miene von Roland Weck? Vielleicht ein bißchen Neid? Roland Weck vertreibt sich die Zeit in seinem Büro, in dem nie irgendwas passiert, damit, sich zu gruseln. Ich stelle mir vor, wie er sich als Gewerkschafts-Don Quichotte verkleidet und von wildem Aufruhr träumt, wobei er auf dem Bleistift kaut, mit dem er sonst Harmonie plant, organisiert und verwaltet. Mit trübem Blick betrachtet er die Holzfiguren, die auf seinem Fensterbrett hinter den Blumen Verstecken spielen. Ein dämlich dreinschauender Plüschpinguin ist das Maskottchen des Betriebsrates. Roland Wecks pummelige Tochter steht in einem Rahmen auf dem Regal. An der Wand, gut sichtbar neben der Tür, eingerahmt wie die Anordnungen für den Brandfall, werden die drei Gebote gepriesen, die für angenehme Harmonie im Haus sorgen: »1. Zufriedene Kunden und Angestellte, die mit Freude bei der Arbeit sind, sind die Pfeiler unseres Unternehmens. 2. Nur zufriedene und motivierte Angestellte, die sich mit ihrer Arbeit und den Sorgen ihrer Chefs identifizieren, können die Produktion steigern und damit die Kosten senken. 3. Respekt vor der Umwelt betrachten wir als eine Pflicht. Wir müssen die Zukunft unserer Kinder sichern.«

Die guten Vorsätze hängen in jedem Büro des Unternehmens. Eine rührende und beflissene Gewerkschafterwelt. Also gestattet er sich, wenigstens von einem Konflikt fern der Partnerschaft zu träumen. Einmal 10.000 Kämpfer die Hauptstraße von Oberkirch hinunterjagen ... Koehler wochenlang stillegen ... »Wer von uns«, fragt sich Roland Weck, immerhin beeindruckt von der Opferbereitschaft der Franzosen, »wer von uns wollte schon wegen eines Streiks auf sein Gehalt verzichten? Wer ist denn schon bereit, die Unannehmlichkeiten eines Streiks in Kauf zu nehmen: Chaos, Verkehrsstaus, Verspätungen?« Er ist fasziniert von dem französischen Überbleibsel revolutionären Anarchismus. Er ist neidisch auf soviel ungestümes Temperament. Diese Zivilcourage macht ihn schwermütig. Er geht sogar soweit, Frankreich zu idealisieren. Beschwert sich über die Schlaffheit seiner Landsleute. Das solide »deutsche Modell« funktioniert, sicher, aber irgendwie fehlt ihm der Pfeffer. Das Kompliment geben die Franzosen gern an Roland Weck zurück, schließlich träumen sie davon, soziale Konflikte so sanft in den Griff zu bekommen wie die Deutschen.

Das »deutsche Modell« ist ein mythisches Konstrukt, dessen wahre Bedeutung die Franzosen nicht genau kennen und das immer wieder von einfallslosen französischen Politikern heraufbeschworen wird. Wenn es Frankreich schlechtgeht, zitieren sie der Reihe nach das deutsche Ausbildungssystem, die Disziplin und den Zusammenhalt der Gewerkschaften als Vorbild. Sie wundern sich, daß Deutschland nach der Einverleibung der DDR eine soziale Katastrophe verhindern konnte. Man schreit nach dem »deutschen Modell« wie nach einem Zaubertrank, wenn es darum geht, die französischen Probleme zu lösen. Roland Weck fühlt sich geschmeichelt. Das ist seine Rehabilitierung. Ein kleiner Trost. Aber er bedauert: »Wir Deutschen sind nicht gerade die geborenen Revolutionäre. Wir haben noch keine Revolution zu einem guten Ende geführt. Nicht 1848, und auch 1989 nicht ... Wenn Dieter und ich heute zum Streik aufrufen würden, stünden wir ganz allein mit unseren roten Kitteln da, wie die letzten Trottel. Durch die Angst vor Arbeitslosigkeit hat der Kampfgeist der deutschen Angestellten noch weiter nachgelassen. Die Arbeitslosen und die Angestellten treten aus den Gewerkschaften aus, damit sie keine Beiträge mehr zahlen müssen. Koehler ist immer noch ein stabiler Arbeitgeber, aber es ist nicht mehr wie früher. Früher waren wir fast beamtet. Es gab Verträge auf Lebenszeit. Aber das ist auch eine Sache der Mentalität. Wir Deutschen legen größten Wert auf Ordnung und Gesetz. Das Unbekannte schreckt uns ab. Wir sind zu sehr an unseren Lebensstandard gewöhnt. Wir wollen die erreichten Vorteile behalten und haben Angst, uns zu engagieren. Deshalb ist es für die Gewerkschafen sehr schwer, Leute zu mobilisieren. Die Gewerkschaften fühlen sich allein gelassen. Unsere Mitglieder sind sehr passiv geworden. Sie sagen sich, daß sie ihren Beitrag zahlen, damit Dieter und ich uns für sie schlagen. Sie treten der Gewerkschaft bei wie einem Verein.«

Kann es sein, daß die Deutschen, eingelullt von ihrem schnurrenden Wohlstand, manchmal den Sinn für die Realität verlieren? Ich betrachte die ansehnlichen Villen am Fuße des Weinbergs, sehe die makellosen Fassaden und die großen polierten Autos, die auf den Kieswegen stehen, zähle die Tankstellen, die sich auf der Hauptstraße endlos aneinanderreihen, werfe einen Blick auf die schön verpackten Ostereier und die possierlichen Marzipanfiguren in Seidenpapierkästchen im ausladenden Schaufenster der Konditorei Gmeiner, atme den Geruch von Putzmitteln und bürgerlicher Ruhe ein, der das brave beschauliche Oberkirch umhüllt ... und ich frage mich, ob die Alarmrufe, die Politiker, Wirtschaftsinstitute und Presse in den Jahren nach der Vereinigung immer wieder einstimmig ausgestoßen haben, wirklich einen Zusammenhang mit dem Antlitz dieses übersättigten Baden-Württembergs haben, das voll und ganz damit beschäftigt ist, seinen Reichtum auszukosten. Deutschland ist drauf und dran, Europas Problemkind zu werden, warnen pessimistische Banker, während Wochenmagazine mit düsteren Prophezeiungen aufmachen: »Ist Deutschland noch zu retten? Die Lage ist ernst. Die Regierung ist am Ende. Es herrscht allgemeine Verarmung.« Eine beunruhigende Aussicht, die nicht das geringste mit der opulenten Realität Oberkirchs und dem bei Koehler zur Schau getragenen Gleichmut zu tun hat.

Tatsächliches Elend oder Verarmungsphobie? In Oberkirch sind die Anzeichen der Rezession kaum sichtbar. Nur ein ganz leichtes Erzittern. Der Schlußverkauf läuft nicht richtig an, man wird die Sachen nur mühsam los ... Für den kleinen Luxus wie Friseur, Taxi und Restaurant ist weniger Geld da. Das neue Auto wird halt ein bißchen kleiner sein. Man fährt dieses Jahr nur einmal in Urlaub. Alles in allem recht geringfügige Einschränkungen. In Oberkirch spricht man überall, ausgiebig, pausenlos und freimütig über Geld. Die Oberkircher sprechen offen aus, was sie der Zuwachs von 16 Millionen Einwohnern jenseits der Elbe an Steuern und zusätzlichen Sozialabgaben kostet. Im westlichsten Zipfel Deutschlands haben sie den großen Wirbel um die Wiedervereinigung nicht so mitbekommen wie in Berlin und in den Grenzgebieten. Zwar hat Oberkirch eine Städtepartnerschaft mit Rateberg bei Dresden geknüpft, doch die Leute von hier verbringen ihre Ferien immer noch auf Mallorca und in Österreich. Nach dem Fall der Mauer ist der eine oder andere Oberkircher für ein Wochenende nach Thüringen gefahren, um sich umzusehen. Ein bißchen, als führen sie in ein exotisches und gleichzeitig vertrautes Land. Um nicht irgendwo vor Ort absteigen zu müssen, zogen sie die zurückklappbaren Sitze eines Busses mit Toilette und Bar vor. Roland Weck hat einen warmen und spontanen Humor. »Wir jammern auf hohem Niveau!«

Frieden und Harmonie. Reichtum und Wohlstand. Nach ein paar Tagen kann ich dieses schöne Gleichgewicht nicht mehr ertragen. Ich verspüre einen Widerwillen gegen die Thermoskanne mit Filterkaffe und die Butterkekse mit Bitterschokolade. Die Pünktlichkeit, die anfangs so angenehm war, geht mir inzwischen auf die Nerven. Dieser sorgsam kultivierte Gemeinschaftssinn. Der professionelle Drill in allem. Dieser lächelnde Aktivismus. Diese wohldosierten Worte und Gefühle. Die fehlende Leidenschaft. All das irritiert mich am Ende und füllt nicht gerade die Seiten meines Notizblocks. Wo sind die gesunden Bürostreitereien? Die Empfindlichkeiten zwischen den Abteilungen? Die Intrigen unter den Kollegen? Mobbing? Der Tratsch, den man flüsternd auf den Gängen austauscht? Die Firma Koehler ist für mich so was wie der Musterschüler, den man sich zuerst zum Vorbild nimmt und den man nachher nicht mehr ausstehen kann.

Aber irgend jemand ist doch ausgebrochen. Hat die Stimme erhoben. Endlich den befreienden Schrei getan. In der Damentoilette der ersten Etage ist das deutsche Modell ins Wanken geraten. Auf Blickhöhe der Damen, die, wenn sie dort sitzen, alle Muße zum Lesen haben, hat jemand mit Reißzwecken ein Stück Papier an die Tür geheftet, das weder besonders höflich noch unterzeichnet ist: »Hiermit wird nochmals darauf hingewiesen, daß die Klobürste nicht zur Dekoration hier steht, sondern bei Gelegenheit auch benutzt werden sollte! Das allgemeine Wohlempfinden darf unter keinen Umständen unter der Nachlässigkeit gewisser Einzelpersonen leiden!« Wenngleich im Ordnungsgeist verfaßt, ist dieser Wutausbruch wohltuend und entspannend wie ein Kräutertee nach übermäßigem Streß. Als ich wieder auf den Gang hinaustrete, ist mir die Firma schon viel sympathischer. Der »blonde Neger« hat versprochen, mich sofort anzurufen, wenn bei Koehler einmal die Arbeit niedergelegt wird. Ich fürchte, ich werde nie wieder etwas von ihm hören.

Der verstummte Maler

Juli 1990   »Ordnung muß sein!« Wütend poltert die Stimme Stufe für Stufe die Treppe hinunter. Heinz Bayer läßt nicht durchgehen, daß Besucher ihr Auto einfach auf dem halbmondförmigen Rasenstreifen abstellen, der seinen schmiedeeisernen Gartenzaun säumt und zweimal am Tag gewässert wird. Ich setze mein Auto wieder in Bewegung und parke es längs neben dem Bürgersteig. Flüchtiges Händeschütteln, das von dem anfänglichen Ärgernis überschattet wird. Schuhabtreten auf der Fußmatte.

Heinz Bayer zeigt mir brummend den Weg zum Keller. Im Erdgeschoß fällt mein Blick in ein Wohnzimmer, das in überbordendem Schnickschnack versinkt. Unzählige unter schneeweißen Spitzendeckchen erstickende Beistelltische. Ein Spalier handbestickter kleiner Kissen ziert das Sofa auf ganzer Länge. Auf dem Fernseher steht eine Schale mit exotischen Früchten. Aus Rücksicht auf ihre Schönheit werden sie nicht gegessen. Der liebliche Geruch, der das Zimmer durchströmt, läßt ahnen, daß sie langsam verderben. Das Atelier des Meisters befindet sich im Untergeschoß. Die Leinwände lehnen nebeneinander an der Wand, Rücken an Rücken und auf zwei Ebenen. Heinz Bayer, Sohn der Stadt Bitterfeld und Vater des ostdeutschen Sozialistischen Realismus, liebt Ordnung und große Prinzipien. Aber als unkompliziert kann man ihn nicht gerade bezeichnen. Er überläßt es seiner Frau, die verkrampfte Atmosphäre durch eine Plauderei aufzulockern. Was für eine Hitze heute. Möchten Sie nicht ihre Tasche abstellen? Bitte setzen Sie sich doch! Nein, nein, nicht auf den Stuhl, der Sessel ist viel bequemer. Darf ich Ihnen etwas anbieten? Lautes Wutgeschrei zerreißt das zarte Band von Höflichkeiten, das Frau Bayer und ich bereits geknüpft haben. Der Meister hat entdeckt, daß das Aquarell, das in die Zeichenmappe Nr. 10

sortiert werden sollte, noch im Kellerfenster herumliegt. Er bebt vor Zorn. »Reg dich doch nicht gleich so auf, Heinz!« sagt seine Frau ängstlich und läßt den Ausreißer unverzüglich in der Mappe verschwinden. Die folgsame Gattin versucht die Situation zu retten und serviert nervös Kaffee in dem vergiß-meinnichtblauen Festtags-Service des Arbeiter- und Bauern-staats.

Heinz Bayer studierte an der Kunsthochschule Halle und arbeitete seit 1952 im VEB Chemiekombinat Bitterfeld. Er war früher Mitglied im Präsidium des Verbandes Bildender Künst-ler und Bezirkstagsabgeordneter in Halle. Für die treuen Dien-ste, die er der sozialistischen Gemeinschaft erwiesen hat, wurde er reich dekoriert : 1969 Kunstpreis des FDGB, der Ein-heitsgewerkschaft der DDR; 1970 Ehrenpreis; 1974 Ehren-nadel der Gesellschaft für Deutsch-Sowjetische Freundschaft in Gold; 1978 Vaterländischer Verdienstorden in Bronze; 1982 dieselbe Auszeichnung in Silber. Seine heroischen Kera-mikreliefs ziehen sich über die Fassade des Cafés am Markt. Seine siegesgewissen Gemälde schmücken die Gänge des Che-miekombinats. Statuten einer Überzeugung.

Mit dem Fall der Mauer war von einem Tag auf den ande-ren alles vorbei. Endlich läßt Heinz Bayer die Wut heraus, die ihm seit meiner Ankunft die Zunge schnürt. Sein Ausbruch fällt heftig aus: »Ich bin nichts mehr. Überhaupt nichts mehr. Ich bekomme 450 Mark Rente im Monat, dieses Haus gehört mir. Und in ein paar Monaten werde ich nur noch oben aus dem Fenster meiner Sozialwohnung auf die Straße schauen. Weil ich nicht genug Geld habe, um das Haus weiter zu unter-halten. Früher genossen wir Künstler materielle Sicherheit und konnten in Ruhe arbeiten. Heute muß man mit seinen Bildern unterm Arm in westdeutschen Galerien hausieren gehen. Wer braucht heute in Bitterfeld schon ein Bild? Die Leute kaufen sich lieber eine Waschmaschine.«

Mit seinen 68 Jahren begegnet Heinz Bayer zum ersten Mal einer Konfusion. In einer Ecke der Wand hat er sein Portrait von Salvador Dalí aufgehängt, der ihn nicht im geringsten beeindruckt: »Der hatte nicht alle Tassen im Schrank. Ein komischer Kauz, ein verrückter alter Schwachkopf. Völlig unzurechnungsfähig. Wie soll man für jemanden Verständnis haben, der gar nichts respektiert? Die Leute hier können nichts damit anfangen, wenn man ihnen einen grünen Punkt auf schwarzem Hintergrund malt. Durch die ganzen erfundenen Geschichten und die abstrakte Malerei hat die Kunst ihren Sinn verloren. Das ist ungesund. Das entspricht nicht unserer Anschauung. Für uns muß Kunst dem Sozialismus förderlich sein. Die Malerei muß das alltägliche Leben zum Inhalt haben und die abstrakten Ergebnisse eines Parteikongresses veranschaulichen. Bei uns lebt der Künstler nicht in einem Elfenbeinturm. Er ist ein Glied der Gesellschaft, genau wie alle anderen.« 40 Jahre lang hat nicht der geringste Zweifel dieses eiserne ideologische Korsett angetastet. Heinz Bayer glaubt nicht an das spontan erwachende Genie. Malen kann man lernen. Man muß sich nur anstrengen. Er beeilt sich, mein aufsteigendes Unverständnis durch eine Erläuterung zu zerstreuen, die meinem amüsierten Befremden endlich ein Ende macht, und ruft: »Nehmen Sie doch Toulouse-Lautrec, der hat das Moulin-Rouge in Paris gemalt, und mein Milieu ist eben das Chemiekombinat!«

Noch vor neun Monaten war Heinz Bayer das Lieblingskind dieser alptraumhaften Industriestadt im Süden der DDR, die nur durch einen äußerst zweifelhaften Ruf von sich reden macht: Bitterfeld ist die dreckigste Stadt Europas. In spätestens ein paar Monaten wird das Chemiekombinat seine Tore schließen. Daß es Massenentlassungen geben wird, ist allseits bekannt. Doch in den 60er Jahren war Bitterfeld das Schmuckstück der DDR. Da sah die eine Hälfte Deutschlands noch von oben auf die zweite, den kapitalistischen Dämon des Westens, hinab, der sich genüßlich in seinem Wirtschaftswunder räkelte und dem noch der Schmutz seiner schrecklichen Vergangenheit anhaftete. Heute ist Bitterfeld eine Wüstenei, am

Ende seiner Kräfte und ohne Zukunft. Seine Symbole sind ähnlich trostlos. Entzückt betrachten die Einwohner die kleine gelbliche Fahne Bitterfelds aus orange verfärbten Nitraten und Schwefel, die mehrmals am Tag aus den hohen Schornsteinen steigt. Die Schulkinder werden in den Thüringer Wald oder an die Ostseestrände geschickt, damit sich ihre Lungen erholen. Die Frauen erzählen, daß sich die weiße Daunendecke des Kinderwagens durch den Braunkohlestaub schwarz verfärbt und der sonntägliche Kaffeekranz leider nicht im Garten stattfinden kann, denn wenn der Wind aus der falschen Richtung kommt, verbreitet er einen fauligen Geruch, der einem den Appetit verdirbt. In Bitterfelds Hotelzimmern hängen für den Fall einer Umweltkatastrophe Sauerstoffmasken bereit. Man erinnert sich hier gerne an Jane Fondas legendären Besuch am Silbersee. Angeblich hat sich die Aerobic-Fee auf der Suche nach einem triftigen ökologischen Grund eines Tages über die Ufer dieses »silbernen« Gewässers gebeugt, diesem trüben Cocktail aus Nitraten, Blei, Zink und Schwefelkohlenstoff, der einem etwas außerhalb der Stadt gereicht wird.

Schulmeisterlich erklärt Heinz Bayer mir jedes Detail seiner Bilder. Die Botschaft, die sie transportieren, ist eindeutig. Nichts bleibt der subjektiven Interpretation überlassen. »Glauben Sie, daß ein gegängelter und unglücklicher Künstler so etwas hätte malen können?« Das ist keine Frage, sondern eine Provokation, die er mit Blick auf ein blaues Gemälde im hinteren Teil des Ateliers an mich richtet. An das Brückengeländer einer Raffinerie gelehnt, betrachtet eine junge Arbeiterin mit stark hervortretenden Wangenknochen die blauen Rauchwolken über Baku. Sie strotzt vor Gesundheit, als hätte sie den Sommer auf einer Alm verbracht. Die Studienreisen in die UdSSR waren für Heinz Bayer eine unerschöpfliche Quelle der Inspiration. Mit dem Bild »Moskauer Kinder« erreichte seine Popularität ihren Höhepunkt. Vor einem verschneiten Hintergrund ziehen drei sowjetische Kinder mit Schlitzaugen, in warme Mäntel und Schals gehüllt, einen Schlitten hinter sich her. Die Komposition hat den klebrigen Charme von Glückwunschkarten. »Besonders bemerkenswert ist die realistische Frische der Komposition. Auf eine emotional nachhaltig berührende Weise gelingt es dem Künstler, deutlich zu machen, daß diese Kinder in einer Gesellschaft aufwachsen, die weder Rassen- noch Völkerhaß kennt«, kommentiert der Katalog, den mir Heinz Bayer in die Hand gedrückt hat. »Einer macht immer den Clown.« Noch so ein Versuch, mich versöhnlich zu stimmen. Doch Heinz Bayer meint den Titel des Bildes, das er eben aus einem Schrank gezogen hat. Mit stumpfem Blick sieht er mich selbstzufrieden an. Diese erneute Provokation macht ihm großen Spaß. Er reicht mir das Bild. In der Mitte eines Amphitheaters macht sich ein Clown über die Notabeln in den Publikumsreihen lustig. Der Meister spielt den Spitzbuben: »Jeder kann sich aussuchen, wer hinter den Masken steckt. Das Zentralkomitee der Partei? Das Politbüro? Das ist ganz Ihre Entscheidung!« Es ist auch ganz meine Entscheidung, den Schluß zu ziehen, den er mir aufdrängt: liberal, wie das Regime ist, toleriert es sehr wohl Kritik. Bayers Clown ist der Beweis. Einen weiteren Beweis seiner Aufsässigkeit liefert ein Bild von 1979: Ein Schwarm toter Fische treibt auf einem ölverschmutzten See, daneben ein Trauerkranz. Als engagierter Maler kämpft Heinz Bayer gegen die verheerenden Folgen der Umweltverschmutzung. Titel des Bildes: »Der Kranz ist keine Lösung«. Aber der Katalog warnt vorsorglich: »Dieses Bild ist keineswegs typisch für Heinz Bayers Werk.«

»Zeig doch mal was Fröhlicheres, Heinz!« bettelt seine Frau, die der schlechten Laune ihres Mannes immer noch mit Kaffee und zustimmendem Kopfnicken beizukommen versucht. Das Atelier ist eine Parade verblendeter Überzeugungen: das Lenin-Gemälde, das Honecker dem Genossen Leonid Breschnew anläßlich des XXIV. Parteitags der KPdSU schenkte. »Es hing eine Zeitlang im Leninmausoleum, auf dem Roten Platz«, flüstert mir Frau Bayer zu und stößt unwillkürlich einen kleinen Seufzer der Erleichterung aus. Es ist schon lange her, daß sie sich selbst ausgelöscht und die schlechte Laune ihres Künstlergatten angeheiratet hat. Sie hofft, daß diese Erinnerung die Stimmung etwas auflockern wird. Und sie behält recht. Heinz Bayer zeigt die Spur eines ersten Lächelns. Daraus schließe ich, daß der kurze Mausoleumsaufenthalt seines Lenin-Gemäldes der Höhepunkt seiner Laufbahn gewesen sein muß. Da eine solche Ehrung im Leben eines so bescheidenen Mannes wie Heinz Bayer aber nicht viel bedeutet, wechselt er schnell das Thema und reicht mir einen Strauß von Kohlezeichnungen. Der von Bitterfelds Fabrikschornsteinen gesprenkelte Wald. Eine Landschaft mit Kohlenbergwerk. Eine Gruppe von der Arbeit kommender Zechenarbeiter. Mit der Tasche über der Schulter. Fast höre ich sie nach dem langen Tag in der Tiefe der dunklen Schächte fröhlich vor sich hin pfeifen. »Heinz malt immer weiter!« schwärmt seine Frau jedesmal, wenn der Meister die nächste Zeichnung hervorzaubert.

So etwas wie die Bohème oder die Qualen des Schöpfungsaktes hat Heinz Bayer nie kennengelernt. Nach vier Jahren an der russischen Front kehrte er nach Bitterfeld zurück, schockiert, zutiefst schockiert von dieser unsäglichen deutschen Katastrophe. Zeit für Buße. Heinz Bayer fühlte sich von einer Mission erfüllt: »Die Nazis haben uns beigebracht, nicht mehr an die Menschheit zu glauben. Meine Aufgabe war es, diesen Glauben wieder zu erlernen.« Heinz Bayer hat sich sein Leben lang an die rauhe Devise einer Brigade seines Kombinats gehalten: »Arbeiten, lernen, leben.« Zweimal hat die Partei in Bitterfeld den Künstlern Ostdeutschlands den rechten Weg gewiesen. 1959 und 1964 haben die beiden Bitterfelder Konferenzen die kulturelle Linie des Regimes bestimmt. Der »Bitterfelder Weg« sieht keine Seitenpfade vor. Schriftsteller und Maler sollen ihre Inspiration mitten aus dem Leben der Kombinate schöpfen und die Werktätigen in den Schöpfungsprozeß einbinden. »Greif zur Feder, Genosse! Die sozialistische Nationalliteratur braucht dich!« lautete der Aufruf Walter Ulbrichts an die Arbeiter Bitterfelds. Heinz Bayer, der damals im Saal anwesend war, hat sich das gut gemerkt. Noch heute rezitiert er: »Es reicht nicht, gut zu arbeiten, man muß auch weiterlernen. Die Arbeiterklasse ist auch die führende Klasse. Und die führende Klasse ist Kulturträger. Was ich heute bin, das bin ich durch die Zusammenarbeit mit meinem Betrieb.«

Damals gründete er, mit der Unterstützung des Chemiekombinats, in einem Häuschen der Gegend den »Zirkel«, eine Abendschule für die Werktätigen der Fabrik. Heinz Bayer hat den glücklichen Blick eines Gläubigen, als er seine Mission in biblischen Bildern schildert: »Ich habe die Arbeiter in ihren Werkstätten besucht. Ich ging in der Frühstückspause mit meinen Bildern unterm Arm zu ihnen. Sie schauten sie sich an. Und sie kamen zu mir. Meine Aufgabe ist es, die Leute aus ihrer Lethargie zu reißen. Ihnen wieder Selbstvertrauen und Glauben an die Menschheit zu geben. Meyer und Schultze kamen in den Zirkel und zeigten anschließend zu Hause Onkel Oskar und Tante Inzel ihre Werke. Sie waren stolz. Sie waren jemand.« Frau Bayer zeigt mir zum Beweis ein Foto: Der Meister im weißen Kittel überwacht mit streng gerunzelter Stirn seine über die Staffeleien gebeugten Schüler. Nach dem Fall der Mauer löste man die Versammlung auf. Die Hobbymaler wurden entlassen. Im geeinten Deutschland wurde das Gebäude, in dem sich der Zirkel traf, zu einem Provinzhotel umgebaut.

Heinz Bayer hat Platz genommen. Er illustriert seine Gedanken gerne mit kleinen pädagogischen Zeichnungen und schmückt seinen Vortrag mit plumpen Metaphern: »Der Zug ist abgefahren. Diese Regierung, die nicht die meine ist, hat grünes Licht gegeben. Jetzt kann man ihn nicht mehr aufhalten. Es gibt kein Zurück. Die DDR existiert nicht mehr. Ich habe 40 Jahre für etwas gearbeitet, das nicht existierte. Die Westdeutschen haben uns eine hermetische Glocke übergestülpt, damit man unsere Schreie nicht hört. Denn die Geschichte ist mal wieder lästig. Man muß sie schnell verdrängen und weitermachen. Wir Künstler folgen dem Strom wie alle anderen, das ist alles. Was wir den Leuten durch den Umweg der Kultur beibringen wollten, wurde von einem Tag auf den anderen wegen dieser lächerlichen Deutschen Mark zunichte gemacht. Meyer und Schultze sind jetzt nur noch Arbeitskräfte, Produktionsmittel. Ich singe das Lied von hinten nach vorne. In diesem Fall folgte das Leid der Freude.«

Bei den früheren Verfechtern einer Kunst für alle, bei all jenen, die daran glaubten und sich nicht verleugnen wollen, hat die erste Reise in die andere Hälfte Deutschlands einen quälenden Zweifel hinterlassen. Ein einziges Mal hat Heinz Bayer den Boden unter den Füßen verloren. Er war von einem Chemieriesen nach Westdeutschland eingeladen worden, sich dessen Freizeiteinrichtungen anzuschauen. Und was er dort sah, diese durch üppige Subventionen geförderten und professionell verwalteten Hallen, das Niveau des kulturellen Angebots, das traumhafte Schwimmbad im Sportzentrum, die Reisen in ferne Länder, die der Betriebsrat organisierte, die Großzügigkeit, mit der die kapitalistischen Vorgesetzten für das Wohlbefinden ihrer »Produktionsmittel« sorgten, all das hat etwas in ihm zerbrochen. Etwas, das er lieber ganz schnell vergessen wollte.

Unter dem verunsicherten Blick seiner Frau, die nicht daran gewöhnt ist, daß seine Wut in Sanftmut übergeht, hat sich Heinz Bayer beruhigt. Die Augen des gedemütigten Meisters leuchten ein letztes Mal auf. Der Bürgermeister einer kleinen Stadt im Ruhrgebiet hat ihm eine Ausstellung angeboten. Bayer genießt den Balsam einer neuen Berufung: »Ich werde ihnen Blumen zeigen. Leute, die von Schmutz umgeben sind, brauchen Blumen.« Auf der Treppe vor dem Haus, zwischen zwei Zeilen Geranien, drückt er zum Abschied fest meine Hand, vielleicht etwas zu lang. Und er weint.

Juli 1995　»Aber Heinz, du hast doch versprochen, ans Telefon zu kommen!« In der Ferne schnappt Frau Bayer betreten nach Luft. Sie hat meine Stimme sofort wiedererkannt und hätte nichts gegen einen netten Plausch einzuwenden. Wenn schon mal jemand anruft! Aber anscheinend streicht Heinz schlecht gelaunt um sie herum und macht ihr Zeichen: »Pst! Sag ihr, daß ich nicht da bin! Ich will auf keinen Fall mit ihr reden!« Es ist das dritte Mal, daß ich anrufe, und die Szene ist genau dieselbe wie vor fünf Jahren. Seine Frau stammelt einen Schwall von Höflichkeiten. Seine Tochter flüstert, daß sie jetzt nicht sprechen kann, daß sie aber versuchen wird, ihn zu überreden. »Viel Hoffnung kann ich Ihnen nicht machen. Er ist sehr stur. Es geht ihm nicht besonders. Er hat sich oben in seinem Zimmer verbarrikadiert. Wenn es nach mir ginge ... Rufen Sie doch morgen noch mal an. Um Viertel vor eins trinkt er seinen Kaffee. Und seien Sie pünktlich!« Auch auf meinen Brief vor einigen Wochen hat er nicht geantwortet. Ich würde ihn gerne wiedersehen. Hören, was aus ihm geworden ist. Wenigstens einen Kaffee mit ihm trinken. Offensichtlich hat Heinz seine Frauen gerade ungeduldig beiseite geschubst. Er umklammert den Hörer und zischt mit von Wut gedämpfter Stimme: »Es gibt nichts mehr zu sagen! Ich bastel jetzt Flugzeugmodelle. Ich arbeite nicht mehr. Sie verschwenden Ihre Zeit!« Und in einem letzten Aufbegehren: »Ich will nicht mehr über die Vergangenheit reden. All das ist für mich vorbei! Ich bin verstummt!« Er legt auf.

Alles ging sehr schnell. Und unbemerkt. Er hat einige Wochen lang die Immobilienanzeigen durchsucht, eine kurze, unauffällige Reise in den Norden gemacht, ein Haus in Ferdinandfehn gekauft, das alte in Bitterfeld verkauft, seine Sachen gepackt und ist abgehauen. Ohne irgend jemandem Bescheid zu sagen, zog er in eine neue Gegend. Er will nicht mehr mit mir reden. Ich beschließe, trotzdem nach Ferdinandfehn zu fahren, um mir das von ihm gewählte Exil wenigstens anzusehen. Aber was sucht er bloß in diesem flachen, sauberen Fleckchen im Norden Westdeutschlands, das von zwei Autobahnzubringern zerschnitten wird? Der Kontrast zwischen dem schwarzen Bitterfeld und diesem ordentlich auf das apfelgrüne Weideland gesetzten Örtchen könnte größer nicht sein. Hoch auf ihren Hollandrädern thronende Damen fahren kreuz und quer auf Radwegen über die Felder. Die Farben sind so lebendig und die Konturen so klar, daß ich mich in die malerische Umgebung eines Kinderpuzzles hineinversetzt fühle. Rings um die Bauernhöfe, eingezäunte rote Backsteinhäuser, weiden schwarzweiße Kühe im Gras. Eine Welt ohne Gestank, Kuhfladen und Schmutz, keimfrei. Eine Gegend, in der sich zuviel Geld angesammelt hat. Und zu schnell.

Ich komme mir ein bißchen lächerlich vor, bei Einbruch der Dunkelheit unter seinen Fenstern hin- und herzuhuschen, damit er sich bloß nicht beobachtet fühlt. Aber nach seiner Schimpfkanonade am Telefon traue ich mich nicht mehr, einfach an seiner Tür zu klingeln. Er hat die Hälfte eines neuen Fertighausbungalows aus Backstein gekauft. Mit Garage daneben. Einem Streifen kurz geschnittenen Rasen davor. Auf den Straßen des Viertels, das für junge Familien mit noch bescheidenem Einkommen bestimmt ist, herrscht eine Höchstgeschwindigkeit von 30 km/h, einmal in der Woche werden sie von den Stadtwerken gereinigt. Auf dem Bürgersteig wechseln sich im Abstand von drei Metern Mülleimer, Bänke, Zebrastreifen und Rasenflächen miteinander ab ... Ferdinandfehn ist nicht mal ein richtiges Dorf, es ist ein Ort ohne Zentrum. Eine einzige lange Straße, links und rechts gesäumt von zwei Apotheken und mehreren Arztpraxen (um den Gebrechen der zahlreichen Rentner, die hier ihren Lebensabend verbringen wollen, angemessen begegnen zu können), eine Bäckerei, die ihre Brötchen aus einer Fabrik in der Umgegend bezieht, zwei Supermärkte, ein Schwimmbad, eine nur im Sommer geöffnete italienische Eisdiele und ein Bahnhof. Auf dem Fest der 100 Laternen, der Kirmes im Sommer, singt Graham Bonney, ein hübscher alter Kerl mit glattrasiertem Schädel, die zwei englischen Schlager, zu denen die Backfische Ende der 60er Jahre Twist tanzten: »Hey, Supergirl!« und »Wähle 3-3-3 auf dem Telefon!« Warum also ist Heinz Bayer ausgerechnet in eine Gegend ausgewandert, die für die ihm so verhaßte andere Hälfte Deutschlands so typisch ist? Bestimmt hat er Schwierigkeiten, das Plattdeutsch zu verstehen, das die Leute hier sprechen. Bereut er es, hierhergekommen zu sein, wo niemand von Bitterfeld oder ihm selbst auch nur gehört hat? Die schwarzweiße DDR ist weit entfernt von diesen polychromen Gefilden, in denen sich durch die Wiedervereinigung nichts geändert hat. Bitterfeld? Die Wirtin der Bahnhofsgaststätte, dem einzigen Café mit Terrasse in Ferdinandfehn, starrt auf die Spirale beigefarbener Sahne, die die Oberfläche des Ostfriesischen Tees marmoriert, den sie mir serviert hat. Sie glaubt sich zu erinnern. »Bitterfeld. Bitterfeld ... Es gibt doch so einen Spruch über Bitterfeld: ›Seh'n wir uns nicht in dieser Welt, dann seh'n wir uns in Bitterfeld!‹«

Ich habe diesen Sommer nach dem Sinn dieses Spruchs gesucht, im von der Hitze erdrückten Bitterfeld. Ich hoffte wohl, dort des Rätsels Lösung zu finden, die Erklärung für das Schweigen des Malers. Und an der Fassade des Cafés am Markt stieß ich schließlich auf einen Hinweis: »Seh'n wir uns nicht in dieser Welt, dann seh'n wir uns in Bitterfeld.« Das Sprichwort der Handlungsreisenden des 19. Jahrhunderts, verziert von einem Wandfries mit der Unterschrift »Heinz Bayer«. Auf einem Bogen des großen »B« war Taubenmist getrocknet. Das Keramikrelief aus dem Goldenen Zeitalter des Sozialistischen Realismus hatte in dieser Stadt, die sich durch das überstürzte Hereinbrechen der Marktwirtschaft stark verändert hat, überlebt wie ein archäologisches Relikt. Von der Sonne angegriffen und unbeachtet von den Passanten, die viel zu sehr mit ihrem neuen Leben beschäftigt sind, erzählen die fünf indigoblauen Medaillons die Geschichte des stolzen ostdeutschen Zentrums der Chemie. Ein Idyll, das von einem unerschütterlichen Glauben an die Zukunft des Menschen und die Errungenschaften des real existierenden Sozialismus zeugt. Erstes Medaillon: Eine Dame in einer langen weißen Tunika winkt mit einem Stück Stoff. Zweites Medaillon: Die Postkutschen verlassen Bitterfeld. Drittes Medaillon: Die rettende Industrialisierung. Großgewachsene, schlanke behelmte Männer kommen aus der Fabrik. Viertes Medaillon: Blonde und gertenschlanke Frauen hantieren in einem Chemielabor mit Flaschen und Reagenzgläsern. Die sozialistische Frau ist kein Heimchen am Herd. Sie nimmt vollwertig an der Gestaltung der Zukunft teil. Fünftes Medaillon: Das häusliche Paradies und die wohlverdiente Erholung des Werktätigen. Mann und Frau mit ihren beiden Kindern. Er trägt einen kleinen Jungen auf seinen starken Schultern, der voller Freude die rote Fahne schwenkt. Sie schaukelt die Wiege des Neugeborenen. Zwei Rentner sitzen friedlich auf einer Bank. Er legt seiner Frau schützend den Arm um die Schultern. Sie hat die Hände im Schoß gefaltet und blickt zärtlich auf einen gefüllten Einkaufskorb an ihrer Seite. In der Ferne, wie vor einer ländlichen Kulisse, stoßen die Schornsteine der Hochöfen von Bitterfeld ihren zitronengelben Qualm aus. Die fünf Medaillons wurden dort vergessen. Die glatte Keramikoberfläche dient heute als Untergrund für wütende Graffitis: »Enough is enough. We need action now!!! We have no aim to fight for!« Bitterfelds Jugend kämpft auf englisch. Und ihre Hoffnungslosigkeit befleckt den glücklichen Traum einer sozialistischen Zukunft.

Niemand weiß, was aus dem heruntergekommenen Lokal wird. Das Café am Markt – weil es einen ganzen Schwarm Vögel beherbergt, auf den Namen »Schwalbennest« getauft – dämmert auf dem sich unentwegt verändernden Platz vor sich hin. Der trockene Sommerwind spielt mit den langen, vergilbten Musselinebahnen vor den Fenstern. Oben wurde die »Gastronomie« in eine Disco verwandelt. Hier wird am Samstagabend von 20 bis 3 Uhr morgens getanzt. Am Abend locken Billardtische und Spielautomaten scharenweise

Jugendliche mit kurzrasiertem Haar ins oberste Stockwerk. Hinter einer Konsole vereitelt ein mit »H. B.« signiertes Keramikrelief jeden Versuch, diesen Ort zu verwestlichen. Wenn es eilt, wenn das eiserne Gesetz der Marktwirtschaft seinen Rhythmus einfordert, ist keine Zeit mehr, an Symbole zu denken. In der DDR ging alles sehr schnell. Der Einheitsmarathon ließ keine Zeit zum Nachdenken. Man mußte sich so schnell wie möglich anpassen. Von der Waschmittel- bis zur Zigarettenmarke, von der Zeitung bis zu Justiz und Politik, Schulbüchern und Steuerformularen haben die Ostdeutschen den westlichen Lebensstil komplett übernommen. Die kümmerlichen Charakteristika einer vermeintlichen »DDR-Identität« wurden von einem Tag auf den anderen im Versuch einer kollektiven Amnesie ausradiert. Aus Angst, eine schlechte Kopie ihrer Vorbilder aus Düsseldorf oder Stuttgart abzugeben, haben sich die Einwohner Bitterfelds kurzerhand die Uniform des westdeutschen Handelsvertreters übergestreift: weiße Socken, senffarbener oder bordeauxroter schlabbriger Anzug, auffällige Krawatte. Die Aufmachung ist zu perfekt, um wirklich zu überzeugen. Hin und wieder erinnert eine Einkaufstasche aus Nylon oder ein Paar Schuhe aus grauem Kunstleder, die wichtigsten Kleidungsmerkmale des Vorzeigebürgers einer Volksdemokratie, daran, daß man sich noch nicht ganz im Westen befindet. Innerhalb weniger Monate hat der Marktplatz eine neue Kulisse bekommen. Sparkasse, Dresdner Bank, Apotheke, die Filiale einer billigen Schuhhauskette, eine Bäckerei, deren Brötchen auch hier aus einer Fabrik stammen. Die Gebrauchtwagen aus dem Westen werden unter einem von bunten Bändern gehaltenen Mast ausgestellt. Die Symbole der anderen Hälfte Deutschlands – es sind dieselben wie in Ferdinandfehn – wurden einfach vor das Fries von Heinz Bayer gesetzt.

Das eine System hat das andere verdrängt. Die Industrieruine an der Parsevalstraße bezeugt das. Sie führt mitten durch das Chemiekombinat, in dem Heinz Bayer malte. Ich bin von Anfang an verblüfft über die undurchdringliche Stille, die diese auf so brutale Weise aus jeder Aktivität gerissene Landschaft anfüllt. Meyer und Schultze schwingen sich hier nicht mehr nach der Arbeit schwatzend auf ihre Fahrräder. Die unanfechtbare Arithmetik der Marktwirtschaft hat sich beeilt, die großzügigen Rechnungen der Planwirtschaft zu korrigieren. Wie erwartet gab es massiven Stellenabbau. Einige Inseln, wo immer noch gearbeitet wird, konnten sich halten. Die weißen Kunststoffenster und die Reihen neuer Autos sind die Kennzeichen des erfolgreich verlaufenen Wandels. Auf den Schildern neben den Hallentoren sind nun andere Initialen zu lesen als früher: GmbH, AG ... die Embleme der neuen Gebieter dieser Lokalitäten. Die roten Backsteinöfen, die Außengalerien, die Schienen und Röhren verbauen den Horizont, Reliquien einer vergangenen Ära deutscher Industriegeschichte. Die Fossilien einer Utopie, an die Heinz Bayer unerschütterlich glaubte. Das Mauerwerk der Lagerhallen bröckelt, und die Fensterscheiben sind zerbrochen; es sieht aus, als hätte sich eine Armee ausgehungerter Insekten darüberhergemacht, um Stein, Glas, Holz und Stahl zu verschlingen. Feinblättriges Mädesüß wiegt sich sanft hin und her. Trotz jahrelanger Unterdrückung hat es noch nicht aufgegeben und erobert sich sein Terrain nun triumphierend zurück. Es wächst und vermehrt sich auf den verlassenen Schienen und zwischen den brüchigen Steinen der hohen Fassaden. In dieser monströsen Ruine verstehe ich Heinz Bayers wortlose Verzweiflung.

Der neoklassizistische Portikus des Kulturpalastes scheint sich mit seinen vier Säulen in der Kulisse geirrt zu haben, hier am Ende der Parsevalstraße. Der Kulturpalast Bitterfeld präsentiert sich heute in einem Kostüm, das nicht zu ihm paßt. Der stalinistische Betonblock, eingeweiht am 13. Oktober 1954 von Wilhelm Pieck, dem damaligen Präsidenten der Deutschen Demokratischen Republik, wurde von dem Modehaus C&A angemietet, das hier seinen großen Sommerschlußverkauf macht. Im Geklimper der Registrierkassen und dem Gestank von Pommes frites und Schweiß strömt die Menge in das Gebäude, in dem vor noch gar nicht allzu langer Zeit das größte Kulturhaus der DDR ansässig war. Heinz Bayer würden die Haare zu Berge stehen angesichts der Flut von Jogginghosen und neonfarbigen Jacken, die den Kulturtempel überschwemmt, in dem die beiden berühmten Bitterfelder Konferenzen stattfanden. Irgend jemand hat mir gesagt, daß man hier immer noch Heinz Bayers Werke besichtigen kann. Frau Arnold, eine ehemalige Kassiererin, die nach dem Fall der Mauer zur Hausmeisterin befördert wurde, interessiert sich dafür nicht. Sie und ihre Kollegin sind viel zu sehr damit beschäftigt, den Rückenausschnitt des Sommerkleides zu begutachten, das sie sich für »20 Westmark« gekauft hat. Frau Arnold unterscheidet immer noch zwischen »Westmark« und »Ostmark«, obwohl letztere schon vor mehreren Jahren aus dem Verkehr gezogen wurde. Sie erinnert mich an die Franzosen, die immer noch hartnäckig in alten Franc rechnen. Meine Fragen scheint sie ziemlich abwegig zu finden. Aber als ich ihr von Heinz Bayer erzähle, schaut sie mich zärtlich an und stopft ihr Schnäppchen in eine Plastiktüte. Sie ist bereit, sich alle Mühe zu geben. Frau Arnold sucht die Schlüsseltrauben ab, die nebeneinander an einem Brett in ihrer Loge hängen. Voller Elan ruft sie die Nummern der Türen: »Nr. 75! Nr. 30!« Seit der Revolution von 1989 hat niemand mehr einen Fuß in diese nach Putzmitteln riechenden Räume gesetzt. Ob der Teergeruch von ostdeutschen Putzmitteln sich wohl in zehn Jahren aus den öffentlichen Gebäuden verzogen haben wird? Die Flure werden von den Portraits bärtiger Männer mit altmodischen Vornamen geschmückt: »1950–1956: Doktor Walter Heyder, Generaldirektor«; »1838–1926: Ignatz Stroof«. Die strengen Mienen der ehemaligen Vorgesetzten wurden nicht von der Wand genommen. Im Festsaal stehen immer noch die mit changierendem Damast bezogenen Sessel. Und der Flügel wird von einem Überzug mit Rüschenvolants verhüllt. Draußen vor dem Fenster schlägt die C & A-Fahne im Sommerwind.

Frau Arnold stößt einen spitzen Schrei aus. Sie hat den Schlüssel gefunden, der zum Schloß von Zimmer Nr. 40 paßt. Sie öffnet schnell die Tür. Eine Computerfirma hat hier, aus Mangel an einer besseren Lokalität, ein Seminar abgehalten. Drei Tische warten noch auf den Umzug in die frisch renovierten Räume in der Stadt. »Da, da ist der Bayer! Ja, er hängt immer noch da!« Frau Arnold zeigt mit dem Finger auf drei kirgisische Tänzerinnen, die sich hinter ihren Schleiern wie Schlangen bewegen. Frau Arnold begleitet mich zum Erfrischungsraum. Die braune Polstergarnitur wird erschlagen von einem Portrait Wilhelm Piecks in Lebensgröße – signiert von Heinz Bayer. Der kleine, sympathisch wirkende Mann hat ein Bein vor das andere gestellt. Frau Arnold geht ihres Weges. Sie hat einen alten Bekannten getroffen. Dann findet sie noch einen Schlüssel. Öffnet eine weitere Tür. Und stößt den nächsten Schrei aus. »Bulgarische Landschaft«, »Feierabend in Baku« ... Frau Arnold steckt die Schlüssel in die Schlösser und sucht auf einer Inventarliste das wiederentdeckte Bild, das zwar immer hier hing, das sie aber nach dem großen Durcheinander der Wiedervereinigung nicht mehr gesehen hat. Die Bilderjagd bereitet ihr Vergnügen. Niemand kam auf die Idee, Heinz Bayers Bilder abzuhängen. Der exilierte Maler führt immer noch ein Leben in dem Palast, den er verlassen hat, ebenso wie die Ahnengalerie der verstorbenen Direktoren. Wie eine alte Gewohnheit, die man nicht mehr hinterfragt. Aber wie lange noch?

Weil er nicht selber mit mir reden wollte, bin ich zu seinen Freunden gegangen. Vielleicht hat er sich ihnen vor seinem Weggang anvertraut. Hermann Feinge kann sich mit Heinz Bayers unglückseligem Werdegang nicht abfinden. Er ist zwar nicht so wagemutig wie sein Freund, hat aber ebenfalls sein ganzes Leben im Schatten des Chemiekombinats verbracht. Er war bis zur Wiedervereinigung Funktionär und hat den Kulturpalast in den letzten Tagen für kurze Zeit geleitet. Durch sein kurzärmeliges, beigefarbenes Hemd sehe ich das Unterhemd, das den Sommerschweiß aufsaugt. Er sieht schon mit 61 Jahren aus wie ein ängstlicher alter Mann. Er kann sich auch keinen Reim auf Heinz Bayers Flucht machen: »Ich war eines Tages auf dem Weg zu meinem Neffen und wollte mal bei dem Kollegen Bayer vorbeischauen. Ich sah, daß die Rollläden geschlossen waren und die Kupfersonne, die er an seinem Tor aufgehangen hatte, fort war. Da dachte ich: »Sieh mal einer an, der Bayer ist weg!«

Man hatte Heinz Bayer zwar eingeladen, auf der Vernissage des neuen Bitterfelder Stadthauses ein paar Salamihäppchen zu verzehren, aber ausstellen ließ man ihn nicht. Er verließ den Empfang aufgebracht, im Schlepptau seine verwirrte Frau. Das war einige Wochen, bevor er ging. Seitdem hat Hermann Feinge nichts mehr von ihm gehört. Er hat keine Adresse hinterlassen. Hat sich nicht von seinen alten Freunden und den Schülern aus dem Zirkel verabschiedet. Hermann Feinge versucht zu verstehen: »Er war in der Partei. Er hat sich für die Gesellschaft eingesetzt. Und von einem Tag auf den anderen wurde er plötzlich als ›rote Socke‹ beschimpft. Wir hatten unrecht, andere zur Kultur und zum Glück zwingen zu wollen. Wir sind manchmal den falschen Weg gegangen.« Hermann Feinge erschrickt ein bißchen über sich selbst, weil er diesen Ansatz einer Kritik zu formulieren wagte. Aber er macht es gleich wieder gut: »Heute will niemand mehr was von den guten Seiten des Sozialismus wissen. Fragen Sie mich nicht, wie man von einem Tag auf den anderen 40 Jahre Geschichte aus seinem Gedächtnis streichen kann. Es ist einfach traurig. In den Schulen wird man von der Stalin-Diktatur der DDR sprechen, wie man von der Nazi-Diktatur spricht. Heinz hätte nicht ertragen, was sich hier abspielt. Die Arbeitslosen und keine Spur von Widerstand. Im Oktober 1989, am 40. Geburtstag der DDR, jubelten sie Erich Honecker noch alle zu. Vier Wochen später zerrissen sie ihren

Parteiausweis. Und Heinz Bayer ließen sie fallen wie eine heiße Kartoffel.«

Hermann Feinge zeigt auf einen leeren Platz gegenüber der Caféterrasse, auf der er sich an seinen Freund erinnert. Dort stand ein Brunnen, den Heinz Bayer der Stadt Bitterfeld zum 750. Geburtstag geschenkt hatte. An seiner Stelle steht heute eine Anzeigetafel, die Stunde für Stunde Auskunft über den Schwefeldioxidgehalt des blauen Himmels über der Stadt gibt. Das frühere ostdeutsche Chemiezentrum ist ein Schlachtfeld für westdeutsche Umweltschützer. Hermann Feinge schweigt einen Moment lang. Er sitzt aufrecht unter dem Coca-Cola-Sonnenschirm der Terrasse und rührt mechanisch in seiner Kaffeetasse. Ein Auto fährt mit geöffneten Fenstern und hämmernder Technomusik vorbei. Hermann Feinge fühlt sich von seinem Kumpel Bayer, vor dem er stets etwas Angst hatte, allein gelassen. Er ist fast wütend auf seinen Meister, der einfach gegangen ist, ohne gegen das neue System anzukämpfen. Der alte Mann, in Wirklichkeit noch gar nicht alt, faßt einen Entschluß:»Wenn ich es schaffe, meine Frau zu überreden, fahren wir ihn besuchen! Heinz hat Freunde. Das muß er wissen!«

Ich denke an Heinz Bayer, der in seinem kleinen Zimmer im ersten Stock des Bungalows in Ferdinandfehn sitzt. Ich sehe ihn mit Zeigefinger und Daumen nach der Tragfläche des Flugzeugs greifen, die Klebstofftube ansetzen und drücken, damit eine kleine Perle heraustritt, auftragen und die Teile vier Minuten lang regungslos aneinanderpressen. Ich erinnere mich an die plötzlichen Tränen, die ich nicht in seine bekümmerten Augen hatte steigen sehen, über den Geranienkübeln auf der Treppe vor dem Haus, das einzige Mal, das wir uns sahen. Vielleicht hatte er nicht die Kraft zu sehen, wie sich der Sinn seines Lebens in Sekundenschnelle in Staub auflöste. Sein verlorenes Paradies und die Demütigung, von der er sich nicht mehr erholt, ist niederdrückend für mich. Der Direktor der neuen Kunstgalerie in Bitterfeld läßt sich davon nicht anstecken, sicher ist meine Reaktion für die Verlierer dieser großen deutsch-deutschen Hochzeit zu einfach, aber es ist eine starke Empfindung. Er macht mich darauf aufmerksam, daß mehrere Generationen junger Maler unter der absolutistischen Doktrin des Professor Bayer gelitten haben. Mir wäre ein mutiger, gradliniger Heinz Bayer auch lieber gewesen. Aber er ist ein Grobian und stur. Ist er seinen Ideen aus Aufrichtigkeit oder Engstirnigkeit treu geblieben? Der Galeriebesitzer weiß, daß er, wenn er Heinz Bayers »alte Schinken« ausstellt, möglicherweise politischen Ärger auf sich zieht oder, was noch schlimmer ist, sich lächerlich macht. Er könnte höchstens die hübschen Aquarelle der Dübener Heide zeigen, in der Hobbymaler ihre ersten Versuche machen, am Sonntagnachmittag bei schönem Wetter. Heinz Bayer war ein guter Zeichner und wußte, wie man Farben mischt. Er war eiserner Verfechter einer Ideologie, von der er ein Leben lang nicht ließ: Vielleicht hat er begriffen, daß es ihm an wirklichem Talent fehlte. »Es gibt Leute, die sind nur in der DDR gut«, lautet ein Spruch von Joseph Beuys, der wie als Antwort auf meine Frage in der neuen Galerie hängt. Vielleicht wird ja ein angesagter Sammler aus Köln eines Tages Heinz Bayers Lenin oder Clown ausstellen? Als Gag. Wie ein Spielzeug von schlechtem Geschmack, das einen Sommer lang »in« ist. Wie die Andenken an die kommunistische Welt – Fellmützen, Uniformen und Abzeichen –, die bulgarische und türkische Händler vor dem Brandenburger Tor den Touristen andrehen.

Deutsche Mark

Das rote »S« wird von einem kleinen Kringel gekrönt, der so rund ist wie das Geldstück, das man in das Sparschwein fallen läßt, und ist nach dem Mercedesstern und dem bayerischen, blauweißen BMW-Wappen das angesehenste Emblem der deutschen Nachkriegszeit. Es ist so auffällig und vertraut, daß der Passant im dichten Wald der Schilder und Schaufenster der Straße gleich den Standort der Sparkasse ausmachen kann. In Fürth schmückt es ein klobiges Stahlbetongebäude mit Metallverstrebungen, wo die Fußgängerzone in die Altstadt mündet, nur ein paar Schritte vom Bahnhof entfernt. Es wurde Anfang der 70er Jahre eingeweiht, als Deutschland sichtbar fetter wurde, und strahlt moderne Zuverlässigkeit aus, sachlich und unspektakulär. Die Innenausstattung ist einfach: beigefarbene sisalbespannte Wände und Leuchtstrahler, die ein freundliches Licht hinter die langen, gummiartigen Arme der Grünpflanzen und die schwarzen Lederwürfel werfen. Giftgrün-auberginenfarben-karierter Teppichboden. Die Architekten bemühten sich um eine Einrichtung, die Moden und Zeitgeist überdauert. Heute wirkt sie köstlichaltmodisch. Die Sparkasse war das erste hohe Gebäude der Stadt Fürth. Ungefähr zehn Stockwerke, die man schon aus der Ferne sieht, »wie den Rathausturm oder den Kirchturm von Sankt Michael«, informiert das Faltblatt, mit dem die Sparkasse sich bemüht, den neuen Kunden über den Stellenwert ihres Hauses in der Hierarchie der städtischen Institutionen aufzuklären.

In Deutschland scherzt man nicht mit Geld. Ein Pfennig ist ein Pfennig. Hier hat man nicht viel übrig für Wertpapiere, Börsengeschäfte, Spekulationen, Wechsel, unbeständiges Kapital, für Geld, das man mit Geld verdient, ohne dafür arbeiten zu müssen. Für Frankreich, das Land der Privatiers, haben die Deutschen schon von jeher nur Verachtung übrig. Eines Tages hörte ich in einem entlegenen Dorf in Mecklenburg eine Hotelbesitzerin über ihre neuen Nachbarn, rumänische Asylbewerber, herziehen. Anstatt zu arbeiten, »juden« sie herum, sagte die gute Frau. Für sie war dieses Verb gleichbedeutend mit Tauschhandel und Spekulationsgeschäften. Sie benutzte es völlig arglos. Die enge Beziehung zum Geld führt einen Lebensstil nach sich, der – wenigstens in den Augen eines Südeuropäers – an Taktlosigkeit grenzt. Im Land der D-Mark hinterläßt man das Trinkgeld nicht diskret auf einer Tischecke: Nachdem der Gast lauthals verkündet hat, daß das Trinkgeld den ausstehenden Betrag gerade so eben aufrundet, darf der Kellner es höchstpersönlich von dem Geldschein abziehen, den ihm sein Gönner entgegenstreckt. Die Deutschen zahlen auch gerne »getrennt«, jeder zahlt seinen Anteil. Man begnügt sich keineswegs damit, die Summe einfach durch die Anzahl der Gäste zu dividieren. Jeder zählt dem geduldigen Kellner bis ins Detail auf, was er getrunken und gegessen hat.

Die Bevölkerung hat eine vorausschauende und vernünftige Lebenseinstellung. Der Gedanke, alles auf eine Karte zu setzen, ist für sie tabu. Die Sparrate deutscher Familien ist eine der höchsten der Welt. Die Deutschen sind sparsamer als Amerikaner oder Franzosen. Nur die Japaner übertreffen sie noch. Eine Sparstrumpfmanie, die absurde Ausmaße annimmt, wenn ein Rentner stolz verkündet: »Ich spare für meine alten Tage!« Die Zahlungsfreudigkeit der jüngeren Generationen macht den Alten angst. Sich verschulden, über seine Verhältnisse leben, das Geld aus dem Fenster hinausschmeißen gelten als Todsünden. Einer evangelischen Überzeugung zufolge, an die sich die kleinbürgerlichen Einwohner des protestantischen Fürth, einer Lutherenklave im katholischen Bayern, halten, ist Geld eine edle Gabe Gottes, die einem für die Mühsal der Arbeit geschenkt wird.

Die Sparkasse fördert die Kultur des kleinen, bescheidenen, ehrlich verdienten Geldes. Während die Deutsche Bank vor

130 Jahren gegründet wurde, um den Bau der Eisenbahn-
strecke Istanbul-Bagdad zu finanzieren und das Großkapital
zu unterstützen, wurde das feinmaschige Netz der Sparkassen
Ende letzten Jahrhunderts von den Gemeinden gesponnen,
die nicht nur Wohlhabenden Geld leihen, sondern auch den
kleinen Leuten finanzielle Hilfe angedeihen lassen wollten.
Während die Sparkasse anfangs nur dem Sparwesen diente,
kann man heute das ganze Spektrum von Geldangelegenhei-
ten über sie regeln, genau wie in einer Bank. Sie begleitet das
Leben ihrer Kunden von der Wiege bis ins Grab.

Einmal im Jahr predigen die Missionare der Sparkasse –
kraft des Sparkassengesetzes, nach dem die Sparkassen ange-
halten sind, »den Sparsinn in der Bevölkerung zu fördern« –
Schulkindern die Tugenden der Sparsamkeit. Man muß »bei
den Kindern die Lust am Sparen wecken und ihnen die Bedeutung von Kapital näherbringen. Wir sind die einzigen, die
in die Schulen gehen. Die anderen Banken machen sich darüber lustig, daß wir auf diese Art Zeit und Geld investieren«,
rühmt sich Rainer Heller. Der Direktor der Fürther Sparkasse
ist groß, einsilbig, trägt ein rechteckiges Brillengestell, hat seinen Körper in einen grauen Anzug gezwängt und verkündet
in beflissenem Ernst: »Es ist wichtig, die Wirtschaft in die
Kindererziehung einzubeziehen. Kinder sollten den Wert des
Geldes so früh wie möglich richtig einschätzen können, statt
es für Süßigkeiten und Unsinn auszugeben. Sie können es ja
für etwas Nützliches sparen: Turnschuhe oder ein Fahrrad.
Damit investieren sie in ihre Zukunft.« Rainer Heller hat eine
List gefunden, mit der er die Kinder an sein Institut bindet:
Nach einem solchen Predigttag können sie den Angestellten
der Sparkasse ihr Taschengeld anvertrauen und bekommen
dafür ein Sparbuch. Ein hinterhältiges Eindringen des Kapi-
tals in das Heiligtum Schule? Indoktrination in der frühesten
Kindheit? Diesen Vorwurf hört Rainer Heller nicht. Das Sparbuch ist ein obligatorischer Bestandteil der Ausstattung des
kleinen Fürther Bürgers. Schon mit fünf Jahren können die

Kinder dem Miniclub des Hauses beitreten. Die Mitglieder erhalten eine Plastikkarte mit ihrem Paßfoto. An ihrem Geburtstag überreicht ihnen die Sparkasse einen Gutschein über fünf Deutsche Mark. Einmal im Jahr, am »Weltspartag«, dem 30. Oktober, pilgern die Kinder zum Sparkassenfest. Rainer Heller steht immerzu lachend unter einer Traube Luftballons und verteilt Bonbons und Schnickschnack. Doch der erzieherische Anspruch der Sparkasse endet hier keineswegs. Jedes Jahr lädt Rainer Heller seine hochkarätige Kundschaft ein, dem Vortrag eines erlesenen Gastes zu lauschen. Am Buffet können sich der Direktor und seine Berater zwangloser mit ihren Kunden unterhalten. Denn die Deutschen unterscheiden zwischen einem dienstlichen und einem privaten Kontakt. Der feine Unterschied ist das Geheimnis jeder guten Geschäftsbeziehung. Davon ist Rainer Heller überzeugt.

Die Empfangshalle der Sparkasse strahlt Seriosität aus. Gegenüber von den Schaltern stellt eine Malerin in der Stadt ihre Stilleben aus: Kürbis auf Gartentisch, drei aufgeschnittene Feigen auf Steinmauer, Strohhut auf Liegestuhl. Die gefälligen Farbkontraste weisen den Direktor als Kunstliebhaber aus. In seiner Plexiglaszelle befeuchtet der Kassierer mit der Zungenspitze seinen Zeigefinger und läßt einen nach dem anderen die von einem Gummi zusammengehaltenen Geldscheine erzittern. Anschließend trägt er die Endsumme in eine Liste ein. Der sentimentale Kassierer hat sich die Freiheit genommen, eine Postkarte aus Ibiza an seinem Wandstück zu befestigen. Es macht ihm Freude, die guten Sitten seines Hauses zu beschreiben: »Ich trage jeden Tag Anzug und Krawatte. Keine Rollkragen, Tücher, Polohemden oder Jeans. Und die Angestellten geben sich keine Küßchen zur Begrüßung. Wir geben einander die Hand und vermeiden, während der Geschäftsstunden miteinander zu plaudern. Das ist eine Frage des Respekts gegenüber dem Kunden und dem Geld, mit dem wir zu tun haben.« Der Kassierer wacht wie Zerberus über den

»Diskretionsabstand«, der von einem Klebeband auf dem Teppichboden markiert wird. Eine Verbotszone von drei Quadratmetern rund um den Schalter schützt die Kunden vor allzu neugierigen Blicken und Ohren.

Die Sparkasse nimmt aktiv an allen moralischen Kreuzzügen teil, an denen sich Deutschland beteiligt. Am Ausgang verschlingt eine Maschine die abgelaufenen Kreditkarten, zerkleinert sie und spuckt sie als Luftschlangen in einen durchsichtigen Würfel. Der Kunde kann sich so mit eigenen Augen davon überzeugen, daß seine Karte ordnungsgemäß entsorgt wurde. Der Kunststoff wird dem Recycling zugeführt, die ökologische Verantwortung ist erfüllt. Vor den Schaltern weckt eine ganze Batterie Überweisungsformulare das schlechte Gewissen der Wartenden. Ihnen wird ein einziger, klarer Befehl erteilt: »Spenden Sie!« Für Bosnien, für die Hungernden in Zaïre, für die Aidskranken, für die Krebskranken, für die unter einem kalten Winter leidenden Russen, für Waisenkinder und junge Arbeitslose. Die Sparkasse ist eine barmherzige Dame. Sie hat den Waisenkindern einen VW-Kleintransporter und den jungen Helfern des Diakonats eine Bohrmaschine geschenkt. Rainer Heller ist ein leidenschaftlicher Musikliebhaber und setzt sich besonders für die Unterstützung des Fürther Chors ein. Helmuth Schuh, der für die Öffentlichkeitsarbeit zuständig ist, betätigt sich außerhalb des Büros als Amateurradler. Auf sämtlichen Fotos von Einweihungsfesten sieht es so aus, als könne er seine Pose – den Rücken über einen imaginären Lenker gebeugt, das Gesicht in einem Lächeln erstarrt und ein Scheck in der Hand – nie mehr abstreifen. Die guten Taten der Sparkasse bleiben in der Lokalpresse nicht unerwähnt.

Fürth und die Sparkasse leben in einer Symbiose. Es ist schwierig, sie voneinander zu trennen. Der Direktor der Sparkasse zählt zu den Honoratioren der Stadt. Und die Honoratioren sind Mitglied im Verwaltungsrat der Sparkasse. Rainer Heller unterhält gerne private (!) Beziehungen zu seiner Kundschaft. Er hat den Rentner Emil Semmler zum Kaffee eingeladen. Emil Semmler ist einer der ältesten Kunden des Hauses. Er genießt eine bevorzugte Behandlung. Die Sekretärin des Direktors hat schnell ein paar Berliner mit Kirschfüllung besorgt. Er wurde 1927 in Fürth geboren, arbeitete 40 Jahre lang als Elektriker bei Siemens und zählt nun die klugen Stationen seines Sparerdaseins auf. Als er noch ein Kind war, erzählten ihm seine Eltern von der furchtbaren Inflation von 1923. Damals mußte man eine ganze Schubkarre Geld vor der Theke einer Bäckerei auskippen, um einen Laib Brot zu kaufen. Der Kleinbürger und der Rentner sind sichtlich bewegt. Die Ersparnisse eines ganzen Lebens schrumpfen auf ein Nichts. Seine Eltern bringen Emil bei, sein Sparschwein zu füttern. 1948 wiederholt sich der Alptraum: Mit der Währungsreform, der Geburtsstunde der Deutschen Mark, schrumpft die zirkulierende Geldmenge von einem Tag auf den anderen. Eine Deutsche Mark wird gegen zehn Reichsmark eingetauscht. Wieder wird das Sparbuch der Familie Semmler wertlos. Die Rücklagen der Fürther Sparkasse sinken von 105 Millionen Reichsmark auf fünf Millionen Deutsche Mark. Eine zwiespältige Erinnerung. Auf der einen Seite verlieren die Semmlers ihr Erspartes. Auf der anderen aber hat das bißchen Bargeld, das sie in der Brieftasche tragen, wieder einen Wert. Sparer und Privatiers müssen hinhalten, um dem deutschen Wirtschaftswunder eine solide Basis zu verschaffen. Vorbei die schrecklichen Jahre der unmittelbaren Nachkriegszeit, als das in Schutt liegende Deutschland noch von Schwarzmarkt und Gaunereien lebte – als ein Paar Nylonstrümpfe oder ein Päckchen Zigaretten gegen ein Pfund Butter getauscht wurden. Die Warteschlangen lösen sich in Luft auf. Die Schaufenster werden wieder dekoriert. Die Händler, die ihre Ware seit Wochen hamstern, füllen wieder ihre Regale. Als weiteres untrügliches Zeichen dafür, daß Krieg und Armut ein Ende haben, fragt die Verkäuferin Frau Semmlers Mutter: »Darf's ein bißchen mehr sein?« Die Semmlers fassen wieder Mut.

Nun kommen bessere Tage auf sie zu. Das Schlimmste ist überstanden. Ein Wunder. Das Jahr Null.

Fürth ist die Geburtsstadt Ludwig Erhards. 1948 verordnete er als Vater des deutschen Wirtschaftswunders allen Widersachern zum Trotz die strenge Währungsreform, die das zerstörte Deutschland wiederauferstehen ließ. Im Haus Nr. 5 der früheren Sternstraße, die heute Ludwig-Erhard-Straße heißt, spiegelt sein Geburtshaus den Charakter des Helden Deutschlands wider: sieben schnurgerade aneinandergereihte winzige Fenster in einer quadratischen Häuserfassade. Im Erdgeschoß hat sich ein italienischer Wein- und Feinkosthändler eingemietet. Dieser dionysische Überfluß von Chianti, Rosmarinschinken und frischem Käse hätte Ludwig Erhard wahrscheinlich nicht gerade begeistert. Als Sohn einer kleinen protestantischen Kaufmannsfamilie hat Ludwig Erhard, so berichtet seine Biographie, »die solide bürgerliche Ordnung, die keinen Platz für Zweifel läßt«, vollständig verinnerlicht. Ludwig Erhard wurde in der Gemeinde von Sankt Michael konfirmiert, heiratete ein Mädchen aus der Nachbarschaft und blieb seiner Stadt, die noch andere berühmte Söhne wie Henry Kissinger und den großen Berliner Verleger Leopold Ullstein hervorgebracht hat, immer treu. Ludwig Erhard bringt zwei einfache Ideen zusammen: eine harte Währung und die soziale Marktwirtschaft. Erhard ist kein distinguierter Intellektueller, sondern ein pragmatischer Professor der Volkswirtschaft, der seine Ansichten durchzusetzen weiß. Er ist ein pausbäckiger Mann mit rosiger Haut, verkniffenen Lippen, in regelmäßigen Strähnen nach hinten geharktem Haar. Diese Ähnlichkeit mit einem kräftigen Säugling flößt Vertrauen ein. Nach anfänglichen Zweifeln fassen die Semmlers nach und nach Vertrauen zu diesem wohlgenährten Mannsbild mit fränkischem Akzent, von dessen Zigarre unentwegt blaue Rauchspiralen aufsteigen. »Wenn die Schornsteine qualmen, geht es der Wirtschaft gut!« lautet eine Lebensweisheit, die der »Dicke« mit seinem Profil zu illustrieren scheint.

Emil Semmler hegt zärtliche Sympathie für den »Dicken«. Er erinnert sich gut: »Der 20. Juni 1948 war ein Sonntag. Uns standen anfangs pro Kopf 40 Deutsche Mark zu, um das tägliche Leben zu sichern. Ich war noch in russischer Gefangenschaft. Meine Fau kam mit einem Bündel aus Breslau, das mittlerweile Wroclaw hieß und zu Polen gehörte. Sie war geflohen und hatte erst einmal bei Leuten aus der Gegend gewohnt. Wir haben alles verloren und mußten ganz von vorne anfangen. Wir hatten keine andere Wahl. Wir mußten arbeiten und sparen. Ich arbeitete 60 Stunden in der Woche. Als erstes habe ich mir eine neue Hose gekauft, dann ein Zimmer zum Schlafen. 1956 konnten wir mit einem Kredit von der Sparkasse ein kleines Häuschen bauen. 1974 haben wir ein Wohnhaus mit sechs Parteien gebaut.« Arbeiten. Sparen. Haus bauen.

Für Emil Semmler ergab sich eins nach dem anderen. Er hat die Leiter Stufe für Stufe erklommen.

1948: Er geht zum ersten Mal ins Restaurant.

1949: Er feiert wieder Karneval.

1950: Er kauft seinen ersten neuen Anzug.

1950: Rückfall in alte Angstreflexe. Als der Koreakrieg ausbricht, hamstert seine Frau schnell große Vorräte Seife und Zucker.

1954: Deutschland gewinnt die Fußballweltmeisterschaft. Auf dem Fürther Markt sieht Emil Semmler auf einer riesigen Leinwand die Live-Übertragung aus Bern. Zum ersten Mal darf er auf die schwarz-rot-goldene Fahne stolz sein und schämt sich nicht für das leichte Kribbeln, das er spürt, wenn die Nationalhymne angestimmt wird.

1955: Die Deutschen fangen an, Autos zu kaufen. In Fürth gibt es zwei Mercedes. Den von Herrn Schickedanz, dem Gründer der Großversandhauskette Quelle, und die schwarze Limousine des katholischen Prälaten. Die Deutschen begeistern sich nicht für irgendeine protzige Koketterie. Der Mercedes hat ein schweres, tiefliegendes Fahrwerk, ein bißchen vulgär. Perfekt, um Familien und Geschäftsleute zu transportieren. Sehr viel zuverlässiger als der Südländer Alfa Romeo, der ist nervös, sportlich, temperamentvoll, oder der britische Jaguar, schlank, elegant, leicht snobistisch. Zum ersten Mal plündern die Semmlers ihr Sparkonto und kaufen einen VW-Käfer. Sie gönnen sich etwas, lassen sich ein bißchen gehen. Der erste italienische Emigrant kommt nach Deutschland, um die Drecksarbeit zu machen. Man nennt ihn euphemistisch »Gastarbeiter«, als befände er sich auf einer Vergnügungsreise.

Und dann geht alles schnell. Alles wird mehr. Alles türmt sich auf.

Der Sofatisch. Der Klapptisch. Der ausziehbare Tisch. Der dreiarmige Lampenschirm. Der Musikschrank für den Plattenspieler und das Radio. Der Fernsehempfänger im Mahagonischrank. Das Küchenbuffet mit Schiebetüren aus grauem Resopal. Fette und üppige Gerichte.

Der erste Urlaub in Italien. Emil Semmler tauscht seine Mark um und entdeckt den günstigen Markt des Südens, ein erstes Aufscheinen von Unbeschwertheit und Genuß in diesem arbeitsamen Leben. »Wenn in Capri die rote Sonne im Meer versinkt«, ein Schlager, den er noch heute vor sich hin summt.

Der *american way of live* packt die Teenager. Rock 'n' Roll, Jeans, Coca-Cola sind die Embleme dieser »verrückten 50er«. Elvis Presley leistet seinen Militärdienst in Deutschland und und singt » Muß i' denn... « Die noch etwas unbeholfene, provinzielle und puritanische Gesellschaft blickt voller Faszination und Komplexe auf das frivole Frankreich: Brigitte Bardots blütenbestickte Unterröcke, die Pariser Mode. Emil Semmler wird schwindlig, wenn er mit zusammengebissenen Zähnen und zischendem »S« Paris sagt.

Alles geht so schnell. In Europa und den USA war man darauf nicht gefaßt. Man dachte, Deutschland bräuchte mindestens 20 Jahre, um sich wieder zu erholen. In Fürth entstehen der Elektronik-Riese Grundig und das Versandhaus Quelle und werden international anerkannte Marken. Die D-Mark tritt an die Spitze der europäischen Währungen. Deutschland ist das größte Exportland Europas. Die Deutschen rechnen, spekulieren, investieren, kommen zu Geld. Alles gelingt ihnen. »Aber sie haben doch den Krieg verloren!« klagen ihre Nachbarn verstimmt. Die zerstörten Städte werden wieder aufgebaut. Man verdrängt. Vergißt. Heute verkündet der Touristikführer der Stadt ohne Scham: »Fürth ist eine reiche Stadt.« Doch das ist nicht der einzige Trumpf: »Fürth ist sehr grün« und »Fürth hat Geschichte«.

Das Trauma der beiden Inflationen hat sich unauslöschlich im kollektiven Gedächtnis der deutschen Kleinanleger und Privatiers festgesetzt. Aus dieser zweifachen Verletzung entstand die besessene Idee einer stabilen Währung, die panische Furcht vor der Inflation, diesem schrecklichen Alptraum, der noch immer in Emil Semmlers Unterbewußtsein lauert. Seit 1950 hat sich die Gravur des Markstücks, das von der Bundesbank in Frankfurt geprägt wird, nicht verändert. Auf der Vorderseite: der Adler. Mit ausgebreiteten Schwingen. Weit von sich gestreckten Klauen. Erstarrt und mächtig. Ein Symbol der Männlichkeit. Bundesrepublik Deutschland! Auf der Rückseite: vier Blätter einer Eiche, des Sinnbilds für unverwüstliche Stabilität. Er ist langlebig und überdauert jeden Sturm. Das Bild ist einfach und deutlich.

Daneben wirkt das Francstück wie eine sinnliche Frivolität. Auf der Vorderseite: die üppige Marianne in einem einfachen weiten Gewand mit der Saat in der Hand, die langen Haare im Wind. Ein Symbol der Weiblichkeit. République française! Auf der Rückseite: der Olivenzweig und kranzförmig darüber die drei Schlagwörter der Republik: »Liberté. Égalité. Fraternité.« Das Design mußte sich bereits unzähligen Modelaunen beugen.

Der Starrheit der Mark steht die Leichtigkeit des Franc gegenüber. Mutig begibt sich der neue Hundertmarkschein mit dem Bildnis einer Frau fast in die Nähe des Pöbels. Clara Schumann, ihr kluges und mildes Gesicht strahlt Sanftheit und Zurückhaltung aus. »Die Pianistin hat mit eisernem Willen sieben Kinder allein großgezogen, ohne ihre Laufbahn als Klaviervirtuosin abzubrechen. Eine emanzipierte Frau«, korrigiert jedoch die Broschüre der Bundesbank, um jeden Verdacht der Verletzlichkeit aus dem Weg zu räumen. Ein blasser, pastellblauer Geldschein. Diskret und unauffällig. Nicht zu vergleichen mit dem Hundertfrancschein! Die in Lumpen gewandete Marianne steigt, unter dem tiefen Blick Delacroix', mit einer Fahne in der Hand über die Barrikaden. Wer würde hier einer solchen Furie über den Weg trauen? Der vorwitzige Busen einer Frau würde den Kurs der Mark in in den Keller sinken lassen, gibt es doch für einen Deutschen nichts Schlimmeres als eine »weiche« Währung. Die Deutsche Mark ist eine »harte« Währung – sie ist männlich, phallisch, und gerät nicht gleich bei dem kleinsten politischen Wetterumschwung ins Schwanken. Die inzestuöse Liebe zwischen Währung und Politik führt immer zu einer Katastrophe. Der Nationalsozialismus war nicht zuletzt die Folge einer mangelnden Währungsstabilität, die Deutschland nie geglückt ist. Die Institution Bundesbank, kurz: Buba, wird von den trüben Wassern politischer Interessen abgeschirmt. Der Kanzler, der es wagt, die Weisen in Frankfurt allzu offensichtlich zu bekämpfen, muß sich warm anziehen. Auch wenn sich Konrad Adenauer eines Tages außerhalb des Dienstes erlaubte, den Vorsitzenden der Buba mit einem »Kühlschrank« zu vergleichen, und obwohl mehr als ein Kanzler sich über die Frankfurter »Bürokraten« beschwert hat, werden die Vorwürfe nur hinter vorgehaltener Hand ausgesprochen und die Unstimmigkeiten im Flüsterton geklärt. Die Buba schaffte es, selbst die resolutesten Politiker in ihre Schranken zu verweisen. Die Buba hat eine fast monarchische Machtstellung – unabhängig von politischen oder konjunkturellen Einflüssen. Sie ist die »Hüterin des Geldes«, im biblischen Sinne des Wortes. Sie ist für Deutschland das, was für England die Königin ist: eine über dem Parteienstreit stehende Institution. Erhaben und unantastbar.

Emil Semmler kann das Gejammer der Ostdeutschen nicht mehr hören, denen die D-Mark geschenkt wurde und die sich darüber beklagen, daß sie wenige Jahre nach der Wiedervereinigung noch nicht denselben Lebensstandard besitzen wie er. Die Wiedersehensfreude ist bei ihm sehr bald einer fixen Idee gewichen: »Was wird uns das alles kosten?« Denn nichts darf die Stabilität der Währung gefährden. Die Sparkasse hat sich sehr wohl bemüht, den neuen Bundesrepublikanern die Tugenden der Geduld und der Sparsamkeit näherzubringen. In jeder ostdeutschen Stadt weist das rote »S« mit seinem Kringel, nachts neonbeleuchtet, den richtigen Weg. Den vorbildlichen Weg, den Emil Semmler gegangen ist, indem er die Ärmel hochkrempelte und sich an die Arbeit machte.

Nach dem Fall der Mauer drückt der Westen den kleinen Brüdern aus dem Osten einen Hundertmarkschein in die Hand. Als Begrüßungsgeld. »Kommt die D-Mark nicht hierher, gehen wir zu ihr!« drohen die Ostdeutschen auf einer Demonstration auf der Schwelle zur Einheit, im Herbst 1989. Wir geben euch unser Bestes: die D-Mark!, feilscht einige Monate später Helmut Kohl um ihre Dankbarkeit, erfüllt von dem Wunsch, sich zum ersten Kanzler des geeinten Deutschland wählen zu lassen. Wir bringen euch die kulturellen und geistigen Werte der DDR, entgegnet ihm der letzte Ministerpräsident der kommunistischen Reformbewegung der DDR, Hans Modrow, kühl. »Eine lächerliche Dreistigkeit!« erbost sich Emil Semmler.

Die Deutsche Mark ist der wahre Motor der Einheit. Sie braucht nur eine einzige kurze Nacht – die vom 30. Juni auf den 1. Juli 1990 –, um die Überbleibsel der kleinen DDR wegzufegen. Sie macht ein für allemal Schluß mit der schwachen Ostmark. Treibt die Hälfte der ostdeutschen Betriebe in den Bankrott. Verdrängt alle Produkte made in DDR. Die letzten Ladenhüter aus ostdeutscher Fabrikation werden verscherbelt, verschwinden aus den Regalen. Die Schulkittel aus geblümtem Nylon, die Schirmmützen aus Baumwolle, die grauen Waschmittelkartons, die Schuhe aus Kunstleder... die Schaufenster im Osten sind leergefegt. Die Reste werden auf dem Bürgersteig aus großen Containern heraus verkauft. Innerhalb einer Nacht verramscht die DDR die 40 Jahre ihrer kurzen Existenz. Verkäufer und Abteilungsleiter werden außerplanmäßig einbestellt, um die neuen Produkte einzuräumen, zu sortieren und auszuzeichnen, die in LKW-Konvois von der anderen Seite des gefallenen Eisernen Vorhangs geliefert und in D-Mark bezahlt werden. Verkäuferinnen in blauen Kitteln und Sandalen mit Keilabsatz und den vorgeschriebenen weißen Socken füllen die neuen Vitrinen. Während sie früher eher mürrisch waren, erlernen sie heute ein Lächeln, das heroisch über jede schlechte Laune eines Kunden hinweggeht.

Die Bundesbank hat eine kleine Publikation herausgegeben: »Der richtige Umgang mit der D-Mark.« Sie lag in allen Verwaltungsgebäuden aus und zeigte, mit Fotos illustriert, wie die westdeutschen Münzen und Scheine aussehen und wieviel sie wiegen und wert sind. »D-Mark. D-Mark«, die Ostdeutschen führen nur noch diese Zauberformel im Mund.

In der Buchhandlung gegenüber von der Sparkasse blättere ich in einem Bildband: Fürth in den 50er Jahren. Helle Wohnungseinrichtungen und eine Fülle von elektrischen Haushaltsgeräten. Autos, strahlende Frauen mit Hüten und eng anliegenden Tulpenkleidern. Plastik, Perlon, Nylon. Überall der Glaube an den heimischen Komfort, die maßlose Liebe zu technischen Spielereien, ein sorgloses Abtauchen in Modernität. All das bezeichnet man mit dem schwerfälligen Wort »Wohlstand«. »Wohlstand für alle!« hatte Ludwig Erhard versprochen. Und gehalten! Ein unangenehmes Gefühl überfällt mich. Was ist mit dem Terror der 30er Jahre? Was ist mit dem Krieg? Die Erinnerung an die Lager? All das ist doch noch gar nicht so lange her. Die deutschen Soldaten werden 1948 aus der Gefangenschaft entlassen. Die letzten kehren 1955 aus Sibirien zurück, ausgemergelt und bestürzt. Zehn Jahre nach Kriegsende besiegelt Konrad Adenauer die Wiederaufnahme der diplomatischen Beziehungen zu Moskau. Einige Kilometer von Fürth entfernt, im benachbarten Nürnberg, dem Zentrum des Nationalsozialismus, finden 1946 die Kriegsverbrecherprozesse statt. Ist das furchtbare Kapitel damit abgeschlossen? Unter Verschluß? Unter den Nierentisch gekehrt? Hinter den Pastellfarben des Comer Sees verblaßt? Rechtsanwaltskanzleien, Arztpraxen und Steuerberater haben sich in den geräumigen Wohnungen mit Doppelverglasung und schmiedeeisernem Balkon der Patrizierhäuser an der Hornschuchpromenade eingemietet, im Herzen des Viertels, in dem vor dem Krieg das jüdische Bürgertum lebte. Ich verstehe die Abscheu der Kinder. Die immer wieder auftauchenden Fragen der jüngeren Deutschen zur Vergangenheit ihrer Eltern und Großeltern. Ihre Abneigung gegen politische Parteien, Großunternehmer, Bankiers, die bürgerliche Moral, materiellen Wohlstand und Geld. Die große Wut der RAF. Die Stadtguerilla der 70er Jahre. Und, später, die Antiatom-, Antiraketen-, Antiamerika- und Antimilitärbewegung.

Nachdem man mit dem Finger darauf gezeigt hatte und es moralisch am Boden war, hat Deutschland endlich wieder einen neuen ehrenhaften Zufluchtsort gefunden: die D-Mark. Aus Mangel an einer Alternative hat der wirtschaftliche Erfolg der nationalen Identität wieder auf die Beine geholfen. Die Deutsche Mark ist sauber und geschichtslos. Das Wirtschaftswunder ist eine Erleichterung für dieses Deutschland, das gerade auf so tragische Art das Recht auf jede Tradition und seinen Nationalstolz verloren hat. Es bietet die Chance, der Vergangenheit zu entkommen und ohne Komplexe neue Kräfte zu entwickeln. Für die 60 Millionen Westdeutschen, die als Mitläufer oder, schlimmer noch, als Henker behandelt wurden, ist es eine erste leichte Erlösung. Die Deutschen glauben fest an eine einschneidende Zäsur. Sie wollen noch einmal bei Null anfangen. Es besser machen. »Das Vertrauen in die Währung«, so Rainer Heller, »ist das wertvollste Gut eines Landes!« Emil Semmler stimmt mit enthusiastischem Kopfnicken zu. Er erinnert sich mit feuchten Augen daran, wie er in Polen Bauern sah, die ihre kostbare Beute, einen Hundertmarkschein, neben einem Bündel Dollars verstauten... in einem Schuhkarton. »Das hat mich richtig bewegt. Da war ich wirklich stolz, Deutscher zu sein. Ich dachte: ›Siehst du, Emil, wir Deutschen sind wieder wer.‹«

Diese identitätsstiftende Deutsche Mark würde Emil Semmler für nichts in der Welt opfern, auch nicht für eine europäische Währung. Emil Semmler hat spontan einen Trennungsstrich zwischen politischem Ideal und praktischem Währungsverständnis gezogen: Kommt nicht in Frage, mit der D-Mark irgendein Risiko einzugehen. Emil Semmler zählt die ganze Skala seiner Befürchtungen auf: Werden die Gehälter sinken? Was wird aus den Ersparnissen und Aktien? Der Rente? Werden die Arbeitslosenzahlen noch weiter steigen? Wer kann einen stabilen Euro garantieren? Und kann man alles wieder rückgängig machen, falls es nicht funktioniert? Emil Semmler gerät außer sich. Steht von seinem Stuhl auf. Faltet geräuschvoll die Bild-Zeitung auseinander. Der Beweis! »Hände weg!« Die Tageszeitung, mächtiges Sprachrohr des Durchschnittsdeutschen, suhlt sich in einer populistischen und aggressiven Kampagne zur Verteidigung der vom »Esperanto-Geld« gefährdeten D-Mark, wie die vernichtende Bezeichnung eines Politikers aus dieser Gegend lautete. Schwierig, das Loblied auf eine europäische Einheitswährung in diesem reichen Bayern anzustimmen, das sich weigert, die Milchkuh des Unternehmens Europa zu sein. Die Angst wächst mit jedem Tag. Jedes Schreckgespenst ist erlaubt. Die Presse übertrifft sich in Weltuntergangsszenarien, als bereite sich Deutschland auf den kollektiven Selbstmord vor. Die Front des Widerstands reicht über die gesamte Spannbreite von rechts nach links, von begabten Intellektuellen bis zu spöttischen Leitartiklern der Regenbogenpresse. Der Abschied von der D-Mark wird wie ein Nationaltrauertag begangen. Deutschland wird von Gefühlsausbrüchen geschüttelt. Als sich Kanzler Kohl ergriffen über das »Juwel« D-Mark ausläßt, bekommt Emil Semmler feuchte Augen. Eine fast fetischistische Liebe, nicht zu vergleichen mit der kühlen und anonymen Beziehung, die man zu der neuen Währung aus Brüssel knüpfen wird.

Emil Semmler sucht in Finanzblättern und Fachzeitschriften nach klugen Ratschlägen: Wie legt man sein Erspartes am besten an, damit es nicht in Euros verwandelt und wertlos wird? Soll man in Immobilien investieren? In Lebensversicherungen? Aktien, Gold, Dollars oder nach wie vor Schweizer Franken kaufen? Und dann müssen auch noch die richtigen Steueroasen und Freihandelszonen ausfindig gemacht werden: Sark, Monaco, Andorra, Liechtenstein, und wie immer die gute alte Schweiz, gleich neben dem europäischen Haus der neuen Währung? Emil Semmler will sein Geld vor einem dritten Alptraum bewahren. Im Land der D-Mark sein Geld zu verlieren, ist fast gleichbedeutend damit, ein Teil seiner Seele zu verlieren.

Die Atomkraft und die Käfer

Man muß einen Gang runterschalten und langsamer fahren, wenn man die großen weißen Buchstaben auf den Eichenstämmen an der Straße verknüpfen will. Nach und nach verschmelzen Vokale und Konsonanten. Die Bedeutung wird sichtbar. TOD TOD LEUKÄMIE ATOM NEIN DANKE. Das zusammengesetzte Rebus macht das Rauschen der von Amseln und wilden Rosen getüpfelten Hecken und die üppigen Wiesen, die sich bis zum Horizont erstrecken, unmerklich verdächtig. Die Drohung scheint in dieser Schäferidylle unglaubwürdig. Man brauchte also nur dort, wo die ehemals unüberquerbare Elbe Ost und West voneinander trennte, über die neue Dömitzbrücke zu fahren, und schon befand man sich in einer radioaktiven Hölle, in der Tod und Krankheit lauern, versteckt an einer himmlischen Landstraße? Um ihrem Widerstand gegen die Kernenergie sichtbar Ausdruck zu verleihen, haben die Bewohner der Gegend große Kreuze in den Erdhügeln der Spargelfelder aufgestellt. Wie seltsame Zinnen ziehen sich die Holzkreuze neben den Bretterzäunen der Höfe, mitten im Dorfteich und am Wartehäuschen der Bushaltestelle über die Felder. Wo die Elbe sich gemächlich in ihrem schilfgesäumten Bett ausbreitet, trägt das Wendland noch die Zeichen des Kampfes, das es sich mit dem Castor geliefert hat.

Die prosaische Abkürzung aus dem Englischen ist die Kurzformel für den Feind. Castor: *cask for storage and transport of radioactive material.* Sechs Behälter mit hochradioaktiven Abfällen aus den Wiederaufarbeitungsanlagen von La Hague, Gundremmingen und Neckarwestheim haben das Wendland an einem Morgen im März 1997 durchquert. Sie kamen mit dem Zug und führten ihre Reise, auf Tiefladern gelagert, bis zum Zwischenlager Gorleben fort, einem mit Stacheldraht umzingelten und elektronisch bewachten Betonbau auf einer Lichtung. Die Regierung hat beschlossen, 450 Behälter provisorisch in Gorleben zwischenzulagern, bis ein Endlager gefunden ist. Acht sind schon dort. Die beiden ersten kamen allein. Die sechs letzten kamen zusammen im März 1997. Sechs königsblaue Fässer haben die ganze Region und einen großen Teil des Landes in hellen Aufruhr versetzt. Drei Tage lang haben Polizisten, Hubschrauberstaffeln, Pferde, Schäferhunde, Wasserwerfer und Knüppel dem Konvoi den Weg gebahnt, indem sie die feindliche Truppe der militanten Kernkraftgegner, die aus ganz Deutschland angereist waren, zurückdrängten. Sie haben sich auf den kleinen Landstraßen aneinandergekettet. Zwei junge Helden haben die Handschellen, die sie an den Handgelenken trugen, an die Eisenbahnschienen geschweißt. Eine Mannschaft Schweißer brauchte mehrere Stunden, um sie wieder zu befreien. Die Bauern haben Straßen untertunnelt, und sie damit zum Einsturz gebracht.

Ich saß in Berlin drei Tage lang und schaute mir diesen brutalen Belagerungszustand im Fernsehen an. Dieses maßvolle Deutschland, das Konflikte verabscheute, schien auf einmal am Rande eines Nervenzusammenbruchs. Ich lauschte den schrecklichen Geschichten, die überall kursierten. Die jungen Polizistinnen, die den Konvoi begleiteten, würden in einigen Jahren mißgestaltete kleine Monster gebären. Mit seinen 19 Brennstäben besitzt ein Castor-Behälter dasselbe radioaktive Potential wie 40 Hiroshimabomben, fügen die Demonstranten hinzu. Wie ein Flug nach Mallorca, korrigieren die Betreiber von Gorleben. Man beklagte das aggressive Vorgehen der Polizei, die Prügel, Kopfverletzungen, gebrochene Rippen, vom Strahl des Wasserwerfers zu Boden geschleuderte Menschen, protestierende Rentner, die ohne Rücksicht auf ihr Alter und etwaige Holzbeine übel zugerichtet wurden, von blauen Flecken übersäte Mütter neben zertrümmerten Kinderwagen und aus der Turnhalle evakuierte Schulkinder, die mit ihrer Besetzung verhindern wollten, daß sie von der Bundeswehr beschlagnahmt wird. Die knatternden Hubschrauber machten tagsüber die Kühe verrückt und versetzten nachts die Kinder in Angst und Schrecken. Man machte eine Aufstellung der verschiedenen Polizeieinheiten, geordnet nach dem Grad ihrer Brutalität: Die Berliner sind die schlimmsten, die prügeln blindlings drauflos. An zweiter Stelle kommen die Bullen aus Magdeburg, die sind noch auf die harten Ost-Methoden gedrillt. Die Beamten aus Sachsen-Anhalt und Hamburg haben einen ganz guten, fast liebevollen Ruf. Allseits herrschte Empörung, wie sie mit Adi Lambke umgegangen sind, dem Bauern aus dem Wendland, der von der Polizei verprügelt wurde. Er zeigte den Kameras seine geschwollene Unterlippe und blutige Nase. Er starrte in das Objektiv. Sein Auge war so blau angelaufen, daß er fast wie ein besoffener Penner aussah. Mit seiner Cordhose und seinem Schlapphut ist Adi Lambke nun wirklich nicht der typische linke Umweltschützer. In den Interviews, die auf allen Kanälen liefen, erzählte Adi Lambke von seinem ersten Prozeß. Er wurde der Körperverletzung und Sachbeschädigung beschuldigt. Ein Tropfen seiner Gülle hatte den Parka eines Polizeibeamten verschmutzt. Das war lange her. Dann zählte Adi Lambke die Stationen des bäuerlichen Widerstands auf, in Scheunen und Gräben versteckte Traktoren, die urplötzlich im Morgengrauen mit leuchtenden Scheinwerfern auftauchten, um die Straßen zu blockieren. Adi Lambke fühlte sich verraten und erniedrigt. Was ist das für ein Rechtsstaat, der seine Bauern verprügelt? Adi Lambke erlaubte sich solche Zuchtlosigkeit. Diesmal hatte er 30 000 Polizisten gegen sich. Die größte Mobilisierung der Ordnungskräfte seit dem Krieg, rechnete das Fernsehen. Und die teuerste, ergänzten die Leitartikler im Sinne der Steuerzahler. Zur gleichen Zeit forderte auf dem Bildschirm ein Polizeibeamter mit Megaphon an den Lippen die Demonstranten auf, sich – »Bitte, meine Damen und Herren!« – von der Straße zu entfernen, als redete er zu einer beschwipsten Picknickgesellschaft, die beschlossen hatte, ihr Gelage auf dem Grünstreifen der Bundesstraße fortzusetzen.

Ich stand diesem Tumult ratlos gegenüber. Ich verstand es nicht.

»Du tust so, als könntest du seelenruhig auf deiner Berliner Insel weiterleben. Als würde dir die radioaktiv verstrahlte Wolke, die ein Castor-Behälter eines Tages bei einem Unfall ausstoßen wird, netterweise einen Umweg um dich machen!« warfen mir meine deutschen Freunde vor, die die grenzenlose Naivität meiner spöttischen Bemerkungen ärgerte. Für die Deutschen sind die Franzosen große, vom trügerischen Glanz der modernen Technologie geblendete Kinder, die in einem Land leben, wo es vor Handys und Kreditkarten wimmelt. Unverantwortliche Zeitgenossen, die die Zukunft unseres Planeten gefährden, furchtbare Dummköpfe, die davon überzeugt sind, daß radioaktiv verstrahlte Wolken einem ganz eigenen Gesetz der Schwerelosigkeit unterliegen, da sie keine Grenzen überschreiten und abrupt über dem Rhein stehenbleiben, um die deutschen Pilze zu verpesten und die französischen Salate zu verschonen. Ein Volk von Nationalisten, das seine anachronistische Atomstreitkraft erhalten will und immer noch davon träumt, weltbeherrschende *Grande Nation* zu sein, ein Land der um ihre Potenz besorgten Verklemmten, die den »Atomphallus« brauchen, um ihre Männlichkeitsphantasien auszuleben.

Unsere gleichmütige Blauäugigkeit in Atomfragen bringt die Deutschen zur Verzweiflung. Die letzten Atomversuche auf dem Mururoa-Atoll haben große Empörung im Wendland ausgelöst. Aus Frankreich importierte Bio- und Käseprodukte wurden konsequent boykottiert. Auch der Öko-Wein aus Larzac. »Wirklich gut ist der ja nicht«, gestehen die Scharfsichtigen, »aber es ist ein politischer Wein, den muß man trinken.« Bei jedem noch so kleinen Ansatz eines Anti-Atom-Protestes an den Ufern der Loire bricht im Wendland Jubelgeschrei aus. Im übrigen bestand der Großteil der Demonstranten vor dem elsäßischen Kraftwerk in Fessenheim aus Deutschen aus Baden-Württemberg, die über die Brücke von Kehl gekommen waren. Sie betrachteten es als ihre Pflicht, sich einzumischen. Die Stillegung des Reaktors Super-Phénix von Creys-Malville und seine Umwandlung in eine Forschungsstätte war ein persönlicher Sieg für jeden Aktivisten aus dem Wendland. Die Aufdeckung einer im nationalen Schnitt überdurchschnittlich hohen Leukämierate bei Kindern in der Region von La Hague liefert schließlich handfeste Beweise. Und die Deutschen wundern sich, daß diese Nachricht, die bei ihnen eine Revolution ausgelöst hätte, nur ein paar Tage lang für Schlagzeilen in den Zeitungen sorgt. Die Nachricht, daß einige der Castor-Behälter mit Atommüll, die nach La Hague in den Ruhestand geschickt wurden, nicht ganz dicht waren, empörte Deutschland im Frühjahr 1998 und brachte alle Konvois mit einem Schlag zum Stillstand.

»Ich würde ohne weiteres in einem Kernkraftwerk übernachten«, posaunte ich schließlich immer öfter aus, um die Deutschen zu provozieren und aus Trotz gegen ihre Predigten. Den Kampf gegen die Atomkraft sah das Repertoire der Revolten meiner Generation nicht vor. Nie hat die breit grinsende Anti-Atomkraft-Sonne den Kragen meiner französischen Mädchenjacken geziert. Kernkraft und Umweltverschmutzung kamen höchstens als Plattheiten in unseren Schulaufsätzen vor. Fessenheim war der Schauplatz einer Generation, die schon nicht mehr die meine war, ein riesiges Strohfeuer der 70er Jahre. Zwar gibt es auch in Frankreich noch ein paar vereinzelte Aufständische, aber die Anti-Atomkraft-Bewegung hatte hier nie auch nur annähernd eine Wirkungskraft wie in Deutschland. Ich mußte also meine Berliner Insel verlassen und mir das Wendland aus der Nähe ansehen.

Ich war fest entschlossen, mich auf meinem Erkundungsgang über die Karikatur eines Ariers lustig zu machen, der vor

Gesundheit und großen Prinzipien nur so strotzt. Ein ausgemergelter Vegetarier, der sich mit Roggenbrot und Schafsmilchjoghurt doped, Shiatsu und transzendentale Meditation macht, ein bißchen abgedreht und moralinsauer, überhaupt nicht humorvoll und sehr, sehr dogmatisch. Ich hatte nicht die geringsten Schwierigkeiten, ihn ausfindig zu machen. Zum Kulturfestival an Pfingsten hat das Kulturzentrum von Kukate seine Türen geöffnet. Hier versammeln sich die Kinder des Nachkriegsdeutschland im Schatten einer blühenden Kastanie. Sie trinken nicaraguanischen Kaffee zu Hamburgern mit Sojakeimbrätlingen, als Ersatz für das imperialistische amerikanische Hacksteak. Leonard Cohen säuselt von einer aus dem Reich der Toten wiederauferstandenen »Suzanne«, während aus dem Innern einer Scheune das Gefiepse einer keltischen Querpfeife nach draußen dringt. »Der Hauptgedanke unserer Werkstätten«, erklärt die Verfassung von Kukate, »ist es, daß jeder ein Bewußtsein seiner selbst und der anderen Mitglieder der Gruppe entwickeln soll.« Die intensive Suche nach dem Ich vollzieht sich anhand von Tätigkeiten wie Hanfspinnen und Seidenmalerei. Die Besucher tragen kleine Nickelbrillen, Patchworkmützen, Birkenstocks, jene – sehr zur Verwunderung eines jeden, der auch nur einen rudimentären Sinn für Ästhetik besitzt – »in Italien so modernen« orthopädischen Ledersandalen. Die Männer sind behaart. Die Frauen auch. Kleine Kinder kommen laufend zu ihrer Mama und lüpfen das T-Shirt, um an ihrer Brust zu trinken, die sie mit ungeduldigen Fingern kneten. Ein schwerer Dunst von Benzoeharz schwebt über den Glockenröcken und Batikstoffen. Ein junger gutaussehender Züchter von biodynamischen Hühnern verkündet der Runde, sehr von sich überzeugt, daß er auch »Fastenlehrer« ist. Zweimal im Jahr führt er seine Schüler auf dem Weg der großen innerlichen Entleerung, die ihren Körper von den giftigen Stoffen, die den vitalen Lebensfluß hemmen, reinigen wird. Der Bauer betrachtet die kleine Versammlung von Frauen aus der Stadt, die sich devot um ihn herumscharen, und ich frage mich, ob es nicht doch eher der von einem großzügigen Ausschnitt entblößte unbehaarte Torso ist, der sie fasziniert. In dem festen Glauben an seine Überzeugungskraft empfiehlt er den Damen Massagen mit ätherischen Ölen. »Körperkontakt ist ungemein wichtig!« predigt er. Die Frau des Bauern hat im Kaukasus Russisch gelernt, bevor sie vier Kinder in die Welt setzte und mit Sojamilch großzog und ein Buch über die Schäden von Eiweißstoffen in der Säuglingsnahrung schrieb. Sie stellt die französische Ernährung an den Pranger – weil sie mit den ganzen fetthaltigen Käsen und Soßen so ungesund ist! Und bekommen die Franzosen nicht in einem gewissen Alter alle einen Bauch?

Die Anti-Mücken-Salbe mit Zitronenkraut, die ich heute morgen gekauft habe, versöhnt mich wieder mit den Deutschen der Nachkriegsgeneration: Sie konnten die Verbrechen ihrer Eltern überwinden. Der Packzettel verspricht, daß die Mücken schon von dem Geruch abgeschreckt werden. Sie werden also nicht getötet. Der gesamte Wochenenderlös von Kukate wird der Anti-Atom-Bewegung gespendet. Für viele ist das Wendland die letzte Etappe der Rückkehr aus dem Aschram. Vor den Toren Hamburgs und mitten auf der Transitstrecke, die sich durch die DDR zog, um Westberlin mit der BRD zu verbinden, hat sich das Wendland zu einem Reservat der alternativen Kultur entwickelt. Aber nichts ließ dieses Rebellentum erahnen. Auf der Karte der früheren zwei Teile Deutschlands beschreibt das Wendland, dort, wo die Elbe in einem spitzen Winkel verläuft, eine auf die »Zone« zeigende westdeutsche Nase. Diese Landschaft wäre noch heute die perfekte Kulisse für einen Spionage-Thriller: Riesige Radaranlagen überwachen die Militärmanöver am anderen Ufer. Überall stehen seltsame Schilder: »Vorsicht! Grenzgebiet!!« An den Stellen, wo die Autos kehrtmachten, kurz bevor sie gegen die mit Stacheldraht befestigte Grenze prallten, graben sich immer noch enge Kurvenrillen in die Straße. Diese

Region weist die geringste Bevölkerungsdichte des insgesamt wenig ländlichen Deutschland auf. Ein Stück kahles Land, eine stille Ebene. Die Wendlandbauern hatten die Sache schon ganz richtig eingeschätzt, als sie hinter dem einen Spalt breit geöffneten Scheunentor schimpften: »Diese Leute sind wie die Käfer auf unseren Kartoffelfeldern, die werden wir auch nicht mehr los.« Schon damals, vor 20 Jahren, haben sie sofort begriffen, daß ihre von blühendem Löwenzahn gesprenkelten Wiesen und ihre Fachwerkhäuser, die sich rund um ein Fleckchen Grün scharen, nie mehr ganz ihnen gehören würden. Die Käfer würden sie nicht mehr in Ruhe lassen.

In Kukate zeigt sich Deutschland von einer bizarren Seite. Ein Leben wie im Mittelalter, abgeschieden, unberührt von der modernen Welt und ihren zahllosen Krankheiten: Atomkraft, Autos, Fernsehen, Weißmehl, Schulen mit Leistungsdruck, Großstadt, Antibiotika. In Kukate träumt man von einer kleinen Schweiz, die in aller Abgeschiedenheit ihren Bio-Garten bestellt, in Harmonie mit der heilbringenden Natur. »In San Francisco sind sie noch viel fanatischer!« trumpfen all jene auf, die sich ein bißchen für diesen ideologischen Aufmarsch schämen und froh sind, daß es noch schlimmere gibt als Wendländer. Die kleine heitere Truppe, die stets vereinfachende Erklärungen und gutklingende Theorien zur Hand hat, hat mich erwischt. Sie macht meinen festen Vorsatz, keinen Klischees auf den Leim zu gehen, innerhalb kürzester Zeit zunichte. Verschiedene gewagte Theorien kommen mir wieder in den Sinn. Das ach so abgedroschene Bild eines romantischen Deutschlands, das der Natur und den Wäldern in einem blinden Kult ergeben ist. Das eines Deutschlands, das unter einem zwanghaften Analkomplex leidet und überall Exkremente sieht (ist das Wendland nicht auch drauf und dran, zum »Atomklo« Europas zu werden?). Das eines Deutschlands, das 50 Jahre nach dem Krieg im Umweltschutz eine neue globale Bestimmung gefunden hat und die Deutschen einen panischen Kampf zur Rettung des Universums vor der Umweltkatastrophe führen läßt. Noch eine ausgeklügelte Theorie: Deutschland entdeckt das befreiende Verlangen, die Rollen zu tauschen. Nachdem sie die Schlächter waren, wollen die Deutschen heute, vom Gewissen geplagt, in die Haut der Opfer von Auschwitz schlüpfen. Durch die schlimmen Folgen der Luftverschmutzung, das Ozonloch, die chemische Verseuchung, den Treibhauseffekt und die tödliche Strahlung von Kernkraftwerken bekommen sie keine Luft mehr und ersticken wie die Juden in den Gaskammern. Mit dieser Strafe sühnen sie endlich die Verbrechen des Nationalsozialismus. In diesem Knäuel von Interpretationen befindet sich eine, die schon etwas stichhaltiger klingt. Sie geht davon aus, daß die ablehnende Haltung der Deutschen gegen Atomenergie eine Reaktion auf die Technikbegeisterung der Nachkriegszeit ist. Das simple Zurückschwingen eines Pendels hin zu einer einfacheren Art zu leben. Ich mißtraue diesem zweifelhaften Katalog, der oft bemüht wird, um die deutsche Psyche zu erklären. Was ist noch eine deutsche Macke? Wo beginnt die französische Halluzination? Greift es nicht zu kurz, Umweltprobleme auf eine nationale Neurose zu reduzieren?

Denn der Protest gegen die Atomenergie ist nicht nur eine Sache der Folklore-Bewegung von Kukate, der Punks und Chaoten. Seit der Katastrophe von Tschernobyl 1986 ist die deutsche Atomwirtschaft wie gelähmt. Die öffentlichen Umfragen zeigen eine starke und konstante Ablehnung der Atomkraft. Auch die braven Bürger im Wendland haben den Ungehorsam entdeckt. Und mit dem Castor-Transport lebt die Bewegung, die Ende der 80er Jahre zurückging, wieder mit neuer Kraft auf. Die Schulkinder blockieren die Straße mit einem stummen Sitzstreik, Mütter in Twinsets machen eine Kollekte und bieten angereisten Demonstranten eine Unterkunft an. Die zu Verschwörern gewordenen Bauern bringen ihre Großmutter mit auf die Demo. Die Ärzte arbeiten Petitionen aus. Notabeln um die Fünfzig im Leinenanzug und Gymnasiallehrer im Shetlandpulli verteilen die Flugblätter am Markttag, die Pfarrer machen gemeinsame Front mit dem Kleinadel. All diese Deutschen, die so sehr auf Ordnung und Disziplin bedacht sind, erfreuen sich an diesem »großen Erwachen der Zivilgesellschaft« und nehmen dafür gerne Unannehmlichkeiten in Kauf. Sie beschweren sich nicht über die Umwege zur Arbeit. Sie nehmen die zur Schau gestellte Macht, die die Ankunft des nächsten Castors bereits zwei Wochen im voraus ankündigt, mit Schrecken zur Kenntnis. In den Hohlwegen liegen Polizeistaffeln auf der Lauer. In der Schlange im Supermarkt haben die Kunden bewaffnete Polizeibeamte hinter sich stehen. Der Besatzungszustand ist ihnen zuwider.

»Marianne ist unsere Mutter! Sie hat nichts mit den Käfern zu tun. Sie ist ganz bürgerlich!« beschreiben sie ihre Kampfgenossen und fügen dem zu sehr einer Beleidigung ähnelnden Adjektiv schnell ein schillerndes Adverb hinzu: »Aufgeklärt bürgerlich!« Marianne Fritzen ist keine Karikatur. Ich habe sie im Krankenhaus von Lüchow besucht, wo sie mit einem gebrochenen Bein liegt. Da sie zu Hause zu viele Treppen steigen müßte, gönnt sie sich sechs Wochen Krankenhauspflege. Die kleine Dame mit Dauerwelle sitzt wie eine Kugel auf ihrem Bett und sieht aus wie ein Plüschmurmeltier, das man in ein handgestricktes himmelblaues Wickeltop gesteckt hat. Die Krankenschwestern habe den Dschungel von Blumensträußen, der das Zimmer überwuchert, in alte Gurkengläser gestellt. Die Fenster sind geschlossen. Marianne Fritzen bietet mir einen Platz hinter den Gladiolen an, auf einem Eisenhocker. 1957 hatte sie Berlin satt und zog mit ihrem Mann, einem Musiklehrer am Gymnasium, ihren fünf Kindern und der Schwiegermutter ins Wendland. Sie sehnten sich nach Ruhe und Abgeschiedenheit. Und entdeckten die Revolte. Im Februar 1977 beschloß die Regierung von Niedersachsen, in Gorleben, dem alten Fischerdorf an der Elbe, die größte Kernkraftanlage Europas zu errichten, einschließlich einer Wiederaufarbeitungsanlage und zwei Atommüllagern.

Das Wendland ist ein von Bauern bevölkerter Landstrich in der Nähe der Grenze. »Hier wird keiner aufmucken«, hatten sich die Regierungsstrategen gesagt, zumal der Wind hier eh' von West nach Ost weht, Richtung Zone. Die Rechnung geht nicht auf. Die Ausmaße des Protests treffen die Regierung völlig unvorbereitet. Marianne Fritzen gründet die »BI«, die Bürger-Initiative Lüchow-Dannenberg. Die Vereinigung koordiniert den AKW-Protest. Ein Elektriker aus Lüchow, der eigentlich seine Werkstatt abgeben und in Rente gehen wollte, stellt der BI einen kleinen, dunklen Raum zur Verfügung. Marianne Fritzen war immer gesellschaftlich aktiv. Als Katholikin setzte sie sich – mitten in dieser Bastion des protestantischen Glaubens – für die ökumenische Bewegung ein, die jedem eine Aufgabe zuteilt, durch die er sich sein Seelenheil auf Erden verdient. Marianne Fritzen, weiß, daß – hätte es Gorleben nicht gegeben – sie sich eine andere, ganz persönliche Aufgabe gesucht hätte. Sie sucht nach einem berauschenden Bild für die Befriedigung, die ihr dieses Engagement verschafft: »Der Kampf gegen die Atomenergie ist ein bißchen wie eine neue Liebe. Wenn man sich erst mal darauf eingelassen hat, kommt man nicht mehr davon los!«

»Mir war schnell klar, daß die Atomkraft viel zu viele Risiken in sich birgt«, sagt sie nachdenklich. »Die Abfälle lagern dort 40 oder 50 Jahre lang. Wir wollen auch nicht, daß dieser Müll woanders gelagert wird, was man uns ja in Frankreich vorwirft. Wir wollen die ganze Atomindustrie abschaffen. Der Kampf gegen die Atomkraft hat nicht das geringste mit den linksextremen Utopien der 70er Jahre zu tun. Er ist keine ideologische Seifenblase, sondern eine Notwendigkeit. Es gibt genug handfeste wissenschaftliche Argumente gegen die Atomkraft. Unser Kampf ist nicht bloß eine oberflächliche und emotionale Abneigung.« Die Aktivisten im Wendland sind keineswegs ahnungslose Laien, sondern knallharte Profis, die sich durch zahlreiche Seminare und Studienreisen zu Experten auf dem Gebiet der Kernphysik entwickelt haben. Raffinierte Strategen, die die Ankunft des nächsten Castor-Behälters bereits Monate im voraus mit militärischer Präzision planen. Sie beherrschen die Theorie des passiven Widerstands und die Techniken der Gewaltlosigkeit. In den Pfarrhäusern werden abends Kurse in Selbstverteidigung erteilt, damit die Demonstranten lernen, der Polizei gewaltlosen Widerstand zu leisten. Sie kennen das Strafgesetzbuch auswendig. Am Anfang wäre Marianne Fritzen nie auf eine verbotene Demonstration gegangen. Gegen das Gesetz zu verstoßen kam für sie nicht in Frage. Die Jahre des Kampfes haben sie mutiger gemacht. 1980 ist sie kaum wiederzuerkennen: die Dauerwelle unter einer bis über die Augenbrauen gezogenen Mütze platt gedrückt, kakifarbener Parka, graue fingerlose Handschuhe, schlammverklebte Plastikstiefel, in dieser Aufmachung teilt sie mit einer riesigen Kelle Suppe aus. Die Anti-Atomkraft-Guerilleros sind aus ganz Deutschland gekommen, um genau auf dem Fleckchen Land ein Dorf zu errichten, auf dem die Bauarbeiten für das Atommüllager beginnen sollen. Das Projekt der Wiederaufarbeitungsanlage wurde bereits 1979 aufgegeben. »Technisch machbar, aber politisch nicht vertretbar«, beschloß der damalige Ministerpräsident von Niedersachsen und gab dem Druck der Straße nach. Aber gegen das Zwischenlager mußte weitergekämpft werden. Marianne Fritzen erinnert sich noch an den legendären Graben, in dem sich die Protestler, Seite an Seite, alle auf einmal erleichterten. Es gab jene, die sich ganz wohl in ihrer Haut fühlten und ihre intimsten Hemmungen überwanden, und solche, die einige Wochen lang einen Darmverschluß riskierten. Da waren Frauen, die zum ersten Mal in ihrem Leben in der Öffentlichkeit rauchten. Schaulustige kamen in Reisebussen aus der Provinz, um diesen großen Menschenzoo zu bestaunen. Als das Dorf gewaltsam evakuiert und mit Dampfwalzen dem Erdboden gleichgemacht wurde, schnappte sich Marianne Fritzen ein Megaphon und hielt eine Ansprache an die Menge. Sie erinnert sich gern an dieses Epos.

Marianne ist Französin, dem Code Napoléon sei Dank. Ihr Vater ist Saarländer und ihre Mutter Elsässerin. Sie hat ihre Kindheit in Haguenau verbracht und spricht ebensogut Französisch wie Deutsch. Ihre Enkeltochter lebt in Kanada. Sie versteht die Öko-Manie der Deutschen nicht. Sie kommt in der Küche ihrer Großmutter nicht mit dem Müll zurecht: Glas hier, Plastik, Papier, Metalldeckel, Eierkartons, biologisch abbaubare Abfälle kommen da hin und alles, was recycelbar ist, dort drüben. Es ist verwirrend, wie Marianne Fritzen die Eimer und Säcke in ihrer Küche aufzählt. Ihre Enkelin kennt das nicht. Muß erst noch dazu erzogen werden. Und das hat sich ihre Großmutter zur Aufgabe gemacht. Sie holt eine Flasche Mineralwasser aus ihrem Nachtschränkchen, inspiziert den Flaschenhals wie eine Hellseherin ihre Kristallkugel, und erklärt: »Die hat einen Ring mehr. Die ist gereinigt und recycelt worden. So ist es besser.« Marianne Fritzen weiß, daß ihr Kampf etwas genützt hat. Alle Parteien, Christdemokraten inbegriffen, waren gezwungen, sich umweltbewußter zu geben. Die Industrie ist vorsichtiger geworden. Vom Katalysatoren bis zum Recyclingpapier wacht das Umweltgewissen über dem deutschen Alltag.

Marianne Fritzen hat kein Verständnis für die Gleichgültigkeit der Franzosen. Ihr französischer Cousin, der 30 Kilometer von einem Kraftwerk entfernt lebt, macht sich nicht die geringsten Sorgen. Marianne Fritzen hüpft von einer Sprache und von einer Geisteshaltung in die andere: »Frankreich leidet immer noch unter seiner Kapitulation. Es war militärisch nicht stark genug und überhaupt nicht auf den Einmarsch der Deutschen vorbereitet. Es hat panische Angst vor einem erneuten Eindringen. Dagegen wollen die Franzosen mit ihrer Atomstreitkraft gewappnet sein. Die Situation in Deutschland ist eine völlig andere. Die Deutschen meiner Generation haben ihre Eltern immer gefragt: ›Was habt ihr im Naziregime gemacht? Wie bitte, ihr habt nichts von den Konzentrationslagern gewußt? Und du hast nichts dagegen unternommen?‹ Die Leute eines gewissen Alters haben ein ganzes Leben mit diesem enormen Gewissenskonflikt gelebt. Ich will nicht, daß mich meine Kinder eines Tages fragen: ›Was hast du gegen die Atomkraft getan? Es gab Hiroshima. Es gab Harrisburg. Es gab Tschernobyl. Und du wußtest davon! Warum hast du nichts unternommen?‹ Heute sind die Leute bereit, Widerstand zu leisten.«

Als jemand zum ersten Mal in meinem Beisein davon sprach, dachte ich, er hätte sich in der Epoche geirrt. Gegen die Atomkraft zu protestieren heißt hier »in den Widerstand treten«. Die Wortwahl überrascht mich. Marianne Fritzen versteht nicht warum. Wenn ich die Atomkraftgegner über die Polizeikontrollen, das Denunziantentum, die Brutalität des Staates, den unverhohlen anti-demokratischen Charakter dieser Entscheidung, die ohne Anhörung der Lokalbevölkerung getroffen wurde, klagen höre, fühle ich mich um 50 Jahre in die Vergangenheit zurückversetzt. Sie haben ihre Chance gegen den Nationalsozialismus vertan. Sie sind wie Schafe gefolgt und wollten nichts sehen oder wissen. Und jetzt, wo es um Atomkraft geht, machen sie es wieder gut, indem sie Widerstandsgruppen bilden. Der Feind ist »der Staat« und sein diktatorischer Apparat: die Polizei, die Bundeswehr, die wie eine Besatzungstruppe empfunden werden, die Gesetze, die nicht die Rechte der Bürger schützen.

Seit der katholische Pfarrer ihrer Gemeinde sich geweigert hat, in den Widerstand zu treten, geht Marianne Fritzen nicht mehr in die Kirche. »Sehen Sie sich dagegen mal die Pastoren an, dann werden Sie mich verstehen«, trägt sie mir auf. Im Wendland erzählt man, daß sich Pastor Kruse in den kargen Gewölben seiner backsteinroten Kirche an so manchem Sonntag flammenden Predigten hingibt, die man ihm auf den ersten Blick gar nicht zutrauen würde. Man sagt, daß er sich regelrecht ereifert und sich zu äußerst kühnen Metaphern hinreißen läßt. Daß er in den Castor-Behältern die Inkarnation des Teufels sieht und die Umweltministerin, eine ostdeutsche evangelische Theologin, als Sünderin degradiert. Man führt seinen rebellischen Geist auf seine Mutter, eine feministische Theologin zurück. Pastor Kruse erkannte seine Berufung, als er zum ersten Mal nach Gorleben kam. Damals war er noch Student. Es war die erste Demo in seinem Leben. Seit diesem Tag war für ihn klar, daß er sich dem Widerstand anschließen würde. Alle Pastoren der Region engagieren sich gegen die Kernkraft. Ich stelle mir im Geiste einen leicht untersetzten Thomas Münzer vor, der seine in der Revolte sublimierten Gefühle eher schlecht als recht im Zaume hält und Horden von Landvolk um sich schart. Doch als sich die Tür des Pfarrhauses öffnet, steht ein großer jungenhafter und etwas verlegen wirkender Mann vor mir, mit kurzrasiertem Haar, damit es ihn nicht im Nacken juckt, die äußere Erscheinung scheint auf das harmonische Beige und Braun abgestimmt. Die evangelische Kirche ist sparsam, maßvoll, verantwortungsbewußt und wird stets von einem schlechten Gewissen geplagt. »Wenn dem Esel zu wohl ist, geht er aufs Eis tanzen.« Diese Maxime trichtern Preußens Mütter ihren Kindern ein, um sie vor der verwirrenden Sinnlichkeit hier unten auf Erden zu bewahren.

Pastor Kruse hat noch eine alte Rechnung mit seinem Großvater mütterlicherseits zu begleichen, der bei der Waffen-SS war, bevor er als Kriegsgefangener in Frankreich inhaftiert wurde. Er erfuhr durch einen Dritten von der Vergangenheit seines Großvaters. Für ihn war unvorstellbar, daß dieser alte Herr, den er so liebte, bei einem solchen Verbrechen seine Finger mit im Spiel hatte. Sein Großvater hat nie von den Kriegszeiten erzählt. Er hat die Fragen seines Enkels nie beantwortet. Er hat ein neues Leben begonnen und den Fehler in die hinterste Ecke seines Gewissens verdrängt. Sein Enkel hat sich von ihm distanziert. Jede Herzlichkeit war aus ihrer Beziehung verschwunden. Der Vater des Pastors hingegen, ein Gegner der Wiederbewaffnung Deutschlands, war überzeugter Pazifist. Pastor Kruse steht, wie Marianne Fritzen, im Bann der deutschen Geschichte. Schockiert von der Brutalität, mit der die Polizei die Demonstranten in die Mannschaftswagen befördert, kommen ihm automatisch andere Bilder in den Sinn: die von Juden, die mit Waggons in Lager abtransportiert wurden. Wenn die Castor-Behälter ins Wendland kommen, tritt Pastor Kruse als Vermittler zwischen den Ordnungskräften und den Demonstranten auf, um Eskalationen zu verhindern.

Pastor Kruse wurde von Graf Bernstorff in sein Amt berufen, durch ein altes Lehnsrecht, das in Gartow noch gilt. Der Lehnsherr wählt sich seinen Gottesdiener selber aus. Der Graf und der Pastor duzen sich und reden einander mit Vornamen an. Sie sind beide Mitglied im Rotary Club von Gartow. Die Frau des Pastors und die Frau des Grafen teilen sich einen Sitz in der Synode, der Stimme Gorlebens. Die Familie Bernstorff hat in der Kirche eine eigene Bank. Der Graf und die Gräfin singen im Chor. Ihre jüngste Tochter ist beim Gottesdienst »sehr aktiv«, freut sich der Pastor. Hinter der Kirche führt eine Allee direkt zum Gartower Schloß.

Ich brauche einen Moment, um die Herkunft der Stimmen, die mir ein klares »Guten Tag« zurufen, zu identifizieren. Hinter einem Berg Tafelsilber versteckt, polieren die Hausangestellten Besteck und Teekannen und stellen sie anschließend in militärischer Ordnung auf ein weißes Laken. Am Wochenende kommt die ganze Familie zur Konfirmationsfeier des Sohns. Die Hausdame entschuldigt sich, daß sie mich durch das Anrichtezimmer führen muß. Der Herr Graf erwartet mich bereits. In steifem Tweedanzug und auf weichen Kreppsohlen steht er da, Andreas von Bernstorff, der größte Waldbesitzer Deutschlands. Als ältester Sohn einer der ältesten Familien des Landes wacht er über einen reich verzweigten Stammbaum. Der Graf und seine Gattin Anna haben ihren

Ast um fünf Kinder und zwei Labrador-Hunde erweitert. Durch die großen Glasfenster des Salons, in dem er mich empfängt, sehe ich einen Zug Wildenten den Elbarm streifen, der am Schloß vorbeifließt. Aus der Küche dringt das helle Klimpern des Silbers zu uns. Im Kinderzimmer sieht sich die jüngste Tochter einen Zeichentrickfilm im Fernsehen an. Das Schloß von Gartow scheint wie durch ein Wunder von der Mühle der klassenlosen deutschen Gesellschaft verschont geblieben zu sein. Das Gewicht der Tradition ist erdrückend. Andreas von Bernstorff macht Konversation. Er ist gerade mit seiner Familie aus Chile zurückgekehrt und beschreibt den Frühling in Santiago. Dann erzählt er aus der Vergangenheit: 1977 ist er 34 Jahre alt. Er hat soeben sein Erbe angetreten. Der Staat will ihm einen Teil seiner Ländereien für ein kleines Vermögen abkaufen: das Sechsfache des realen Grundstückswertes. Zur allgemeinen Verwunderung lehnt der Graf ab: »Der Fideimommiß ist ein altes Gesetz, das nach dem Ersten Weltkrieg in Deutschland abgeschafft wurde, dessen Tradition meine Familie aber fortgesetzt hat. Meine Vorfahren haben immer dafür gekämpft, daß unser Land nicht geteilt oder verkauft wird.« Cornelius, der Zwillingsbruder von Andreas von Bernstorff, der einige Minuten nach ihm das Licht der Welt erblickte, mußte etwas anderes aus seinem Leben machen. Andreas von Bernstorff hat den Wunsch der Familie respektiert: »Wir können mit diesem Land nicht einfach machen, was uns in den Sinn kommt. Wir sind verpflichtet, es wohlbehalten in die Hände unseres ältesten Sohns zu übergeben, wenn er 18 Jahre alt ist.« Andreas von Bernstorff geht mit Wohlgefallen zum Pluralis majestatis über. Im Dorf spricht man ihn mit »Herr Graf« oder »Graf Bernstorff« an. Niemand käme auf die Idee, ihn mit einem einfachen »Herr« anzureden oder seinen Titel zu vergessen.

Er gründet eine Vereinigung von Bauern, deren Grundstücke die Landesregierung gern kaufen würde. Viele Kleinbauern gehen auf die erstaunlich hohen Angebote ein. Redet

Geld, so schweigt die Welt. Das Thermalbad von Gartow und die allzu glänzenden Fassaden an der Hauptstraße wurden mit den Geldern der Atomindustrie bezahlt. »Alles ist käuflich«, sagt der Graf und inspiziert die bröckelnde Fassade seines Schlosses. »Aber ich bleibe standhaft wie eine Eiche im Wind!« Er nutzt seine Bekanntheit und seine Beziehungen, um den Plan zu vereiteln. Er versucht, den Bruder des Altbundespräsidenten Weizsäcker dazu zu bringen, eine Anhörung zu veranlassen, und macht sich für ein Referendum stark, damit sich die Bevölkerung zur Sache äußern kann. Aus Verärgerung verbannt die christdemokratische Partei den Unruhestifter aus ihren Reihen. Andreas von Bernstorff regt sich über die Verlogenheit der Politiker auf, die ihm mittlerweile damit drohen, sein Land zu konfiszieren. Die Familie verfolgt die Kapriolen des Stammhalters mit strengem Blick: Es zeugt von schlechtem Stil, soviel Aufmerksamkeit auf sich zu ziehen, wenn man das Gewicht der Ahnenreihe auf seinen Schultern trägt, und es wird gar nicht gern gesehen, wenn sich so jemand mit dem tobenden Volk verbündet.

Aber was kümmert ihn schon der Unmut seiner Familie: Der »rote Graf« übernimmt die Führung des großen Bauernaufstands im Wendland. »Ich habe die Farbe geändert«, amüsiert er sich. »Seit ein paar Jahren bin ich jetzt der ›grüne Graf‹, wegen meines Engagements in Sachen Umweltschutz und Atomkraft.« »Dabei warst du nie rot«, stellt seine Frau Anna richtig, die gerade gekommen ist, um mit uns Kaffee zu trinken, der auf dem niedrigen Tisch vor dem Kamin serviert wird. Ich habe Schwierigkeiten, mich noch in dieser Regenbogendiskussion zurechtzufinden. Andreas von Bernstorff war nie ein rebellischer Sohn mit ausgeprägtem Freiheitsdrang. 1968 studierte er Forstwirtschaft an der Universität Freiburg und verlebte ausgelassene Nächte mit seinen Studienkollegen. Auch er war vor Gorleben noch nie auf einer Demo. Es wäre ihm nie in den Sinn gekommen, sich links zu engagieren. In den 70er Jahren bot Andreas vom Bernstorff linksextremen Gruppierungen auf seinem Land die Gast-freundschaft an. Fassungslos mußte er mehrere Razzien von Sonderkommandos auf der Suche nach RAF-Terroristen mit-ansehen.

Unter den Anhängern des Widerstands erzählt man sich, daß Anna großen Einfluß auf den Grafen habe. Anna von Bernstorff erinnert sich gut an die düstere Zeit der »bleiernen Jahre«. Sie prangert den Polizeistaat von damals an, die ab-gehörten Telefone, die von der Polizei durchwühlten Akten und Wohnungen. In ihrem bordeauxroten Kaschmir-Pulli und dem um den Hals geknoteten schmalen Seidentuch kommt die Gräfin aus ihrem Büro im Zimmer nebenan und kümmert sich um die Lieferung von frischem Gemüse und Schnittblumen für die Konfirmation. Ein Kunststück, das Gemüse auf die Sekunde genau rechtzeitig zum Putzen und die Blumen im letzten Moment kommen zu lassen, gleich nach den Obstkörben. Sie liebt es, zu organisieren, zu koordi-nieren, anzuordnen. Anna von Bernstorff hat sich sofort in der BI an der Seite von Marianne Fritzen engagiert. Die bei-den Frauen schätzen einander sehr.

Ohne Gorleben hätte sich die Rolle von Graf von Bernstorff wohl auf die Schirmherrschaft von Kirche, Künsten und Wohltätigkeiten beschränkt. Er hätte das Patronat der Stu-denten des Musikonservatoriums Rimski-Korsakov in Peters-burg übernommen. Die modernen Zeiten hätten wenig Raum für die patriarchalischen Traditionen des Landadels gelassen. Die Atomkraft ist eine Chance für den Grafen. Während des zweiten Castor-Transports 1995 nahm der Graf seinen Jeep und eine elektrische Säge. »Das ist mein Land, und Sie kön-nen versichert sein, daß der Baum auf die Wiese und nicht auf die Straße fallen wird«, sagte er den Polizeibeamten, die ihm den Weg versperren wollten. Der riesige Baumstamm fiel selbstverständlich mitten auf die Straße. Der Graf, seine Frau und seine fünf Kinder setzten sich auf den Asphalt und wei-gerten sich, wieder aufzustehen. Es war den 20 Polizisten sehr unangenehm, sie in den Straßengraben tragen zu müssen. Das ganze Wendland hat applaudiert. Weiter hat der Graf seine Provokation nie getrieben. Manchmal scheint er sich über seine eigene Waghalsigkeit zu wundern: »Ich beschränke mich auf den passiven Widerstand. Ich verabscheue jede Gewalt. Ich bin noch nicht zu den Linken übergegangen. Da müssen sie zu meiner Cousine Asta gehen.«

Als er mir rät, seiner Cousine Asta einen Besuch abzustatten, muß sich der Graf merkwürdig räuspern. Ich verlasse das Schloß zu Fuß. Der Deich, der neben der Elbe entlangläuft, ist für Autos verboten. Der Fahrradweg ist hier nicht nur ein Pinselstrich, der ungestraft von Autofahrern überschritten wird, sondern eine kleine Straße neben der normalen mit ihren Ampeln. Ganze Kolonnen Radfahrer radeln mit ihren auf dem Gepäckträger angegurteten und mit Helmen versehenen Kindern im Gänsemarsch hintereinander her. Jahrhundertealte Eichen stehen mit ihren Stämmen im zähen Sumpf. Das Quaken der Kröten zerschneidet die Stille wie ein verrosteter Wasserhahn. Auf einer Lichtung stehen drei kleine Bauernhäuser mit Strohdächern: Elbholz ist ein ehemaliger Fischerweiler, der im Sommer von den Mücken überfallen wird. In dem ersten Häuschen verbringt ein nicht mehr wirklich junger Hamburger Verleger mit seiner zweiten, noch nicht wirklich alten ostdeutschen Frau das Wochenende. In der mit Büchern tapezierten Scheune schläft das Baby in seiner rustikalen Wiege. Dagegen herrscht im Bauernhaus von Asta von Oppen heilloses Durcheinander. Die Möbel stehen kreuz und quer im Garten. Asta von Oppen räumt ihr Haus leer, bevor die Arbeiter kommen, um es zu renovieren. Ganz lässig in Jeans und einem weiten Karohemd umschlingt sie den Kühlschrank. Ihre venösen Hände habe keine Angst vor Arbeit. Ich spüre ihre Tatkraft, mit der sie das Leben und die täglichen Kleinlichkeiten bewältigt, ohne viel Aufhebens darum zu machen. Der Regen hat die Holzbank im Garten aufgeweicht. Unmöglich, sich nach draußen zu setzen, zumal der Regenschirm im Durcheinander der Möbel verschwunden ist. Asta von Oppen zieht die Plastikstiefel aus und macht es sich im Schneidersitz auf dem Bett des feuchten Campingwagens bequem, in dem sie während der Arbeiten im Haus wohnt. Ein Stapel eleganter englischer Zeitschriften am Bettende, »House and Garden«, »The Gardens of Sissinghurst«, fällt aus dem bescheidenen Rahmen und erinnert daran, daß der Wohnwagen und die Möhren hinten im Garten nur die Accessoires eines kleinen bukolischen Wochenend-Extras sind. Als Kind verbrachte Asta von Oppen ihre Ferien auf dem Schloß. Sie ist Lehrerin in Hamburg, eineinhalb Autostunden von hier entfernt.

Vor dem Krieg besaß die Familie von Oppen ein Landgut in Ostpreußen. Auf der Flucht vor den Russen hat sie alles verloren. Sogar wenn Asta von Oppen mit nackten Füssen auf ihrem Federbett thront, verrät ihre stolze Haltung ihre Herkunft. Es sei denn, die elegante Kopfhaltung ist ein Relikt von Meditationssitzungen in den Aschrams, die sie in ihrer Jugend besuchte. »Ich bin ganz eindeutig eine 68erin«, stellt sie klar. Zwar heißen die Kinder der Wendland-68er immer noch Rosa und Karl – zu Ehren der geistigen Vorbilder von früher, die man heute allgemein belächelt–, doch ihre Eltern sind inzwischen Rechtsanwälte (die engagierte Prozesse führen: Terrorismus, Umweltschutz, Atomkraft, Rassismus, Menschenrechte und Gleichstellung der Frau), Krankenhauschefs in Berlin, »Spiegel«-Redakteure oder Schriftsteller um die 50, inzwischen weniger rebellisch denn moralisierend, grübelnde Maler, die zum soliden Handwerk zurückgekehrt sind. Vor einigen Jahren, als sie in die Falle der freien Liebe tappten, zerstörten kollektive Psychodramen und Paarprobleme ganze Wohngemeinschaften. Reihum versuchte es jeder mal mit dem Partner des anderen. Jetzt hat alles seine neue Ordnung. Die Paare haben sich getrennt. Die Männer haben sich jüngere Frauen genommen, die Frauen haben sich emanzipiert und die Kinder studieren an amerikanischen Universitäten

Jura. Heute kommen sie übers Wochenende mit ihrem Geländewagen ins Wendland, bearbeiten ihre Akten in ihrem geschmackvoll nach dem Katalog der Besserverdienenden, »Manufactum« und »Maison de Marie-Claire« eingerichteten Zweitwohnsitz. Sicher, wenn man sie fragt, ziehen auch sie die Toskana und das Roussillon vor. Das Wendland riecht noch zu sehr nach Kuhfladen und Patschuli. Doch um sich der Illusion hingeben zu können, im Alter nicht bürgerlich geworden zu sein, legen sie größten Wert darauf, noch ein Quartier in der Landschaft ihrer Kindheit zu besitzen.

Asta von Oppen zählt die Dinge auf, für oder gegen die sie gekämpft hat: das Recht auf gewerkschaftlichen Zusammenschluß, die Wiederbewaffnung Deutschlands, Rechte von Ausländern und, vor allem, die Atomenergie: »Dabei geht es um viel Geld. Überlegen Sie mal, was für wirtschaftliche Interessen da im Spiel sind. Wenn Deutschland auf die Atomkraft verzichtet, muß es Frankreich den Goldesel überlassen.« Asta von Oppen ist sofort Marianne Fritzens BI beigetreten und hat die »Gorleben-Frauen« zusammengetrommelt, eine der vielen Splittergruppen der Region. Im Jargon der Atomkraftgegner nennt man sie auch »Multiplikatoren«. Es gab die Initiative 60, ein Bündnis älterer Widerständler, die Anti-AKW-Vereinigung der Motorradfahrer, das Hiroshima-Bündnis, den Club der Anti-Atomkraft-Wanderer, die Vereinigung lesbischer Bäuerinnen gegen Gorleben, den Madonna-Fan-Club gegen Castor. Asta von Oppen ließ es sich zur Gewohnheit werden, von der Polizei evakuiert zu werden. Zunächst per Hand wie ein Paket getragen und beim letzten Mal regelrecht vorwärtsgeprügelt: »Wenn keine Kameras in der Nähe sind, fackeln die nicht lange rum!« Gemeinsam mit ihrem Cousin Andreas führt Asta die Prozesse, die gegen die Bauern angestrengt werden, die sich geweigert haben, ihr Land zu verkaufen. Sie mobilisiert befreundete Anwälte in Hamburg und organisiert in ganz Deutschland Kollekten, um die Prozeßkosten aufbringen zu können. Asta und ihr Cousin haben gerade eine Firma gegründet, die den Auftrag hat, das Salz aus dem Sumpfgebiet unter den Ländereien des Grafen zu gewinnen und zu vermarkten. Eine List, auf die sie sehr stolz ist und die, so hofft sie, die Enteignung verhindern wird. Jedes Jahr am 26. April, dem Jahrestag von Tschernobyl, kommt die ganze Region zusammen. Ironie des Schicksals: Die radioaktive Wolke ging genau über dem Wendland nieder, das die höchste Strahlendosis Deutschlands abbekam. »Das ist eine Warnung!« versicherte Asta von Oppen schon damals. Aber Rußland war so weit weg. Die Leute brauchten lange, bis sie daran glaubten. Ein Jahr lang blieben ihre Gärten verschlossen und ihre Kühe im Stall. Sie vergruben die Salatköpfe und verbrannten die kontaminierten Heuschober. Um ihre Sandkästen gebracht, wurden die Kinder von ihren panischen Müttern nach Mallorca verfrachtet. Noch heute müssen Kastanien, Heidelbeeren und Pilze kontrolliert werden, bevor sie auf dem Markt von Lüchow verkauft werden dürfen. Auch das Wild des Grafen. Im Wendland weiß jetzt jeder, welche Vorsichtsmaßnahmen im Ausnahmefall zu befolgen sind: zu Hause sofort umziehen, Hände waschen und Jodtabletten schlucken.

In Hamburg lebt Asta äußerst umweltbewußt. Sie ist sogar fast »radikal« geworden. Einmal in der Woche liefert die Genossenschaft aus dem Wendland Gemüse aus dem Bio-Anbau und Milchprodukte und nimmt die wiederverwertbaren Flaschen und Verpackungen mit. Asta wird nie wieder in einem Supermarkt einkaufen gehen. Sie hat die energiefressenden Kleingeräte auf ein Minimum reduziert: kein Mikrowellenherd, keine Spülmaschine, keine elektrische Zahnbürste oder Heizdecke. Ihr Spülmittel ist umweltfreundlich, und sie setzt ihre Ehre daran, kaum Hausmüll zu produzieren. In ihrem kleinen Hamburger Garten hat sie einen Komposthaufen für organische Abfälle angelegt. Asta erweist sich trotzdem als sehr gemäßigt. Andere Suffragetten des Umweltschutzes im Wendland verwahren die Seifenlauge der Waschmaschine für die Klospülung auf und das Spülwasser zum Blumengießen, eine absurde Knickerigkeit in einer Landschaft, in der es ständig regnet. Ein einziges Laster trübt das blütenreine Gewissen von Asta von Oppen: Wenn sie Lust hat, am Elbufer spazierenzugehen, fährt sie mit dem Auto hin. Aber was soll's. Sie blickt mir tief in die Augen, als erwartete sie, daß ich diese Angeberei gutheiße. Von Zeit zu Zeit muß sie die Umwelt ein bißchen belasten, sonst wär es ja nicht auszuhalten. Noch als ich mich von Elbholz verabschiede, grübelt sie: »Die Deutschen machen alles hundertfünfzigprozentig! Auch den Nationalsozialismus haben sie bis auf die Spitze getrieben!« Im Wendland weiß man, daß Asta sich über alles ernsthafte Gedanken macht.

Ich lasse mich gern von einem Treffen zum anderen treiben und füge meiner Geschichte mit jeder neuen Person eine weitere Masche hinzu. In Gärten und Leben treten. Eigentlich war ich hierhergekommen, um mich über eine deutsche Macke zu amüsieren. Das Engagement der Bewohner des Wendlands, die Entschlossenheit, mit der sie ihre Interessen vertreten und eine Kontrollinstanz bilden, die sie nicht an andere abtreten wollen, und der Einfallsreichtum, den sie dabei an den Tag legen... all das beeindruckt mich. Ich mag dieses Ausüben der Demokratie im kleinen.

Edelgard ist leicht zu finden, dort wo am Dorfeingang eine riesige Sonne mit ihren neongelben Strahlen das Garagentor zum Strahlen bringt. Eine große Hündin mit übelriechendem Atem stürzt in die Diele, die ich nur mit zögernden Schritten durchquere. Es ist drückend heiß. Das Tier beruhigt sich wieder. Edelgard setzt sich an den Gartentisch, mit bloßen Füssen, im Slip und einem weiten Top. Sie zieht die Beine an ihren Bauch. Nach einem Leben voller Diäten hat Edelgard beschlossen, ihre Rettungsringe nicht weiter zu martern und sich so zu akzeptieren, wie sie ist. Mein »Sie« irritiert sie. Das Duzen ist im Wendland ein obligatorischer Non-Konformismus, der auf eine aufdringliche und mir unangenehme Weise eine künstliche Vertrautheit, eine verkrampfte Komplizen-schaft herstellt. Das »Du« ist kein Zeichen von Sympathie, zu dem man sich nach einiger Zeit verführen läßt, sondern ein politisches Statement. Dabei war ich gewarnt worden: Eine Frau von 53 Jahren zu siezen, wenn man sie das erste Mal sieht, gilt hier als Geringschätzung. »Die hält sich wohl für was Besseres! Eine unemanzipierte Tussi, die von der bürger-lichen Etikette gehemmt wird!« wettert Edelgard bestimmt im stillen und beharrt verärgert und mit herrischem Ton auf ihrem »Du«. Ich habe keine Wahl. Ich muß es ihr gleichtun.

Wenn man sie sieht, hat man im ersten Augenblick den Eindruck, daß Edelgard auch gut Jane oder Helen heißen könnte. Mit ihrem hübschen, von blonden Löckchen, die an Lametta erinnern, eingerahmten Gesicht ähnelt sie den verliebten Mimosen viktorianischer Romane. Aber sie heißt Edelgard. Ein alter germanischer Vorname klingt streng, fast drohend. Wenn ich länger darüber nachdenke, würde Jane nicht passen: Ihre von der Gartenarbeit und dem Holzhacken durchtrainierten Arme, ihr schwerer Körper und ihre gegerbte Haut strahlen viel zuviel Kraft aus. Edelgard ist keine blaßhäutige Engländerin mit Porzellanseele, die von Liebes-kummer angeschlagen ist, sondern eine vor Gesundheit strot-zende Frau, die kein Blatt vor den Mund nimmt, laut, herz-lich, emotional. Eine Göre aus den Berliner Straßen der Nachkriegszeit, die das Leben beim Spielen auf den Ruinen des Alexanderplatzes kennenlernte, auf dem ihre Großmutter ein Kino besaß. Als Kind hätte sie viel lieber hinter dem Steu-errad eines Schiffs als hinter der Ladentheke ihrer Mutter ge-standen. Sie liebte die Geschichten über russische Partisanen und die männliche Solidarität, die sie miteinander verband. Ihr echter, biologischer Vater war in einem Lazarett an der Front gestorben. Edelgard hat ihn nie kennengelernt. Sie ging barfuß in die Schule. Sie haßte Regeln. Mit sechs Jahren, wenn sich andere kleine Mädchen mit ihrer Häkelarbeit oder dem Springseil vergnügten, handelte sie, bevor die Mauer errichtet wurde, von West nach Ost mit Kaffee und Zigaretten. Noch heute rast sie auf dem Fahrrad mit vor der Brust verschränkten Armen die Straße zu ihrem Dorf hinunter, ein Kilometer steil bergab. Wenn sie lacht, erscheint zwischen ihren Schneidezähnen eine fröhliche, breite Lücke. Im Widerstand konnte sie ihre Abenteuerlust und ihren Tatendrang ausleben. Das, was sie am Alexanderplatz so liebte.

Im Wendland wurde sie auf den Namen »die Glühbirne Edelgard« getauft. Edelgard hat sich mit Heike Mahlke, der Frau des früheren Pastors von Gartow, Gedanken gemacht: »Wir wollten, daß die Frauen im Widerstand aktiv sein konnten, ohne dafür auf der Straße demonstrieren zu müssen. Und es sind die Frauen, die entscheiden, welche Elektrogeräte in ihren Haushalt kommen. Die Idee war ganz einfach: Siemens ist der größte Kernreaktorhersteller Europas. Er baut alle Kraftwerke in Deutschland. Außerdem übt Siemens seit der Öffnung der Ostgrenzen einen enormen Druck aus, damit das geeinte Deutschland die Anlagen der Ex-DDR, der Ostländer und Rußlands ausbaut, die eventuell stillgelegt werden könnten.« Edelgard hat beschlossen, die Siemens-Glühbirnen zu boykottieren. Das bedeutet, daß sie einen Umweg von mehreren Kilometern machen muß, um ihre Glühbirnen in dem einzigen Supermarkt von Lüchow zu kaufen, der eine andere Marke führt. Und um zusätzlich Strom zu sparen, begnügt sie sich mit 40 Watt. Als sie letzte Woche im »MiniMal« einkaufen war, hatte sie es wie immer sehr eilig. Um Glühbirnen einer anderen Marke zu bekommen, hätte sie zu »JaWohl« am anderen Ende der Stadt fahren müssen. Aus der einfachen Lust heraus, das Leben nicht noch komplizierter zu machen, hatte Edelgard die Glühbirne schon zwischen die Joghurts und Melonen in ihrem Einkaufswagen gesteckt, als sie Gewissensbisse überkamen: »Soll ich? Soll ich nicht?« Eine Schreckensvorstellung überfiel Edelgard: »Ich stehe an der Kasse. Ich habe die Glühbirne gekauft. Und hinter mir taucht plötzlich Heike Mahlke auf und hat alles gesehen.« Edelgard hat sich schnell eines Besseren besonnen und die Glühbirne ins Regal zurückgestellt. Sie, die es sich nie nehmen ließ, in den Küchen ihrer Mitstreiterinnen die mehr schlecht als recht unter einem Berg Schmutzwäsche getarnte neue Siemens-Waschmaschine aufzustöbern, bewertet diese »eigentlich ganz menschliche« kleine Schwäche mittlerweile etwas gnädiger.

Vor zwei Jahren fuhren Edelgard und Heike Mahlke zu Siemens nach München, um den Aktionären eine Petition mit 2000 Unterschriften zu überreichen. Heike Mahlke hat eine sehr schöne Rede über die Schöpfungsgeschichte und die moralische Verantwortung von Siemens gehalten. In diesem Jahr hat Heike Mahlke Untersuchungen angestellt. Sie hat entdeckt, daß Siemens während des Kriegs unbezahlte Arbeitskräfte aus den Konzentrationslagern beschäftigte. Siemens hat diese Zwangsarbeiter nach dem Krieg nie entschädigt. Edelgard und die Gorleben-Frauen haben sich vor dem Sitz des Verwaltungsrats von Siemens postiert und ein Transparent ausgebreitet: »Siemens steht für Tradition.« Daneben auf der einen Seite nur eine Jahreszahl: »1933«. Und auf der anderen die Anti-AKW-Sonne. »Dieses Kolosseum prachtvoller Männer hat uns überhaupt nicht zur Kenntnis genommen!« ereifert sich Edelgard noch heute.

Das mit Siemens, den Frauen und Edelgard ist eine lange Geschichte. Als junge Frau arbeitete Edelgard in den Berliner Siemensfabriken am Fließband. Die schönste Zeit ihres Lebens: »Wir waren eine ganze Gruppe Mädchen und arbeiteten 48 Stunden in der Woche für 36 Mark. Wir gingen zusammen im See baden und tanzen. Wir teilten Butterbrote und Männer miteinander. Da herrschte eine sehr schöne, sehr zärtliche Atmosphäre, die ich im Widerstand wiedergefunden habe. Dieses Füreinander-Dasein.« Besonders die »Frauenbewegte Landschaft« schätzt Edelgard am Wendland. Edelgard schlägt eine Radikallösung für das Problem Atomkraft vor: »Wenn die Frauen sich zusammentun würden, wäre das das Ende des Patriarchats und der Atomindustrie. Das macht den Männern große Angst. Frauen haben einen Sinn fürs Praktische, den ich mag. Nimm zum Beispiel meine Freundin Margarethe: Sie ist Mutter. Sie kocht seit Jahren Obst ein und weiß, daß gar nicht zu verhindern ist, daß eins von den dreißig Einmachgläsern, die sie füllt, undicht ist. Wir wissen nicht, wie lange die Atommüllbehälter dicht sein werden. Frauen haben eine besondere Einstellung zum Leben. Sie schenken Leben. Sie denken nicht in technischen, mathematischen Dimensionen wie Männer. Sie folgen ihrem Instinkt.« Edelgard läßt nichts auf die Überlegenheit der Frauen kommen.

Dabei hat Edelgard wirklich versucht, mit einem Mann zusammenzuleben. 1966 hat sie geheiratet. Sie war 22. Die Ehe hielt vier Jahre. Außer dem Einkauf, dem Haushalt und dem Geschirr machte sie am Samstagabend Liebe und brachte Norman auf die Welt. Wenn sie ganz ehrlich ist, hätte sie lieber eine Tochter bekommen, aus der sie dann eine starke Frau hätte machen können. Norman ist heute 31. Er geht in Berlin seinen Geschäften nach. Er stellt Zigarettenautomaten in Kneipen auf. Und das, wo Edelgard gegen Tabak ist! Norman sollte besser auf Kondomautomaten umwechseln, denkt Edelgard. Sie hat ihrem Norman übrigens vor einer Woche einen Brief geschrieben, um ihre verkorkste Beziehung wieder ins Lot zu bringen.

Vor 21 Jahren haben Edelgard und ihre Lebensgefährtin Marga ihren Bauernhof gekauft. Marga ist eine kleine untersetzte Frau mit einem runden Kopf zwischen den Schultern, als hätte der Allmächtige in der Aufregung darüber, eine Frau zu schaffen, völlig vergessen, ihr einen Hals zu verpassen. Marga trägt einen Pottschnitt wie die Florentiner Mönche des Quattrocento. Während Edelgard ausführlich aus ihrem Leben erzählt, streift Marga ab und zu an dem Kirschbaum im Garten vorbei. »Ich gehe mal mit der Hündin raus!«, »Das Auto steht vor dem Haus, falls du es brauchst!«, »Ich lasse dir das Handy hier, ich bin mal kurz weg. Wenn jemand anruft, dann sag... « Edelgard hört kaum hin. Marga ist Fachfrau für Sanitär- und Heizungsinstallation. Edelgard und Marga wollten alles alleine bewerkstelligen: das Haus renovieren, den Garten gestalten, Holz hacken, die Ferkel züchten, denen sie jedesmal, wenn der Fleischer sie in seinen Laster lädt, um sie zum Schlachthof zu bringen, heiße Tränen nachweinen. Eines Tages standen sie sich mitten auf ihrem Spargelfeld gegenüber, völlig verzweifelt und am Ende ihrer Kräfte. Edelgard brach in Tränen aus. »Ist das das Leben, das du mir versprochen hast, Marga?«

In den Zeiten des Terrorismus hat Edelgard nebenbei in der Baader-Meinhof-Bande mitgemischt: »Sie wollten die Revolution. Ich auch. Wir mußten eines Tages zusammenkommen.« Sie gehörte zur diffusen Gruppe der »Sympathisanten« und organisierte zuverlässige Adressen für Paketlieferungen. Es machte ihr großen Spaß, »mit Ulrike Robin Hood zu spielen«. Eines Tages ließ die Polizei ein regelrechtes Waffenarsenal unter einer dieser Adressen hochgehen. Sie verbrachte ein paar Wochen hinter Gittern. Sie hatte keine Ahnung, was in den Paketen war. Sie riskierte eine Menge: mindestens zwanzig Jahre. Sie lebte in großer Angst und hatte das unangenehme Gefühl, reingelegt worden zu sein: »Sie hätten mich wenigstens vorher fragen müssen, ob ich bereit bin, ein solches Risiko auf mich zu nehmen.« Heute macht sie sich oft Gedanken über ihre Illusionen in jener Zeit, als sie die Generation ihrer Eltern verabscheute, und über ihre Verblendung, ihre fieberhafte Abenteuerlust, durch die sie in diese schlimme Angelegenheit verstrickt wurde. Als sie aus dem Gefängnis entlassen wurde, schwor sich Edelgard, vernünftiger zu werden. Sie trat einer Frauenfußballmannschaft bei und eröffnete in Berlin einen Trödelladen. Sie entdeckte ihr altes Talent wieder, das sie auf dem Alexanderplatz ausgebildet hatte, und kaufte und verkaufte. Sie gewöhnte sich wieder an einfache Menschen ohne ideologischen Überbau. Nachdem sie die Geschichte mit der RAF erlebt hatte, trat Edelgard nur mit zögerlichen Schritten dem Widerstand bei.

Am Anfang glaubte sie noch daran, daß die Atomgegner aus dem Wendland alle zusammen die Castor-Behälter zur Umkehr zwingen könnten. Heute weiß sie, daß die auf jeden Fall ihr Ziel in Gorleben erreichen werden: »Aber das macht nichts. Kämpfen tut mir gut. Da habe ich wenigstens nicht das Gefühl, tatenlos und ohnmächtig danebenzustehen. Ich hasse die Passivität der Deutschen, die der Ansicht sind, daß man sowieso nichts ändern kann, und die ganze Verantwortung auf die Politiker abwälzen.« Edelgard zeigt mir Fotos von ihren Demos: Marga, über einer Trommel zusammengesunken, die sie mit der flachen Hand mitten auf der Straße schlägt. Die Gorleben-Frauen an einem Tisch vor dem Tor des Endlagers in Gorleben sitzend – ein Frühstück mit weißer Tischdecke, Blumensträußen, Brötchen, Thermoskannen mit Kaffee und Strickzeug. »Um unsere Frauenkörper vor den Castor zu legen«, kommentiert Edelgard. Die Schilder mit den Namen der Dörfer aus dem Wendland wurden schwarz übermalt, damit die Polizei sie nicht aufspüren konnte. Ein Trick, den Edelgard den Franzosen abgeguckt hat. Sie hatte gelesen, daß die Résistance vor Hitlers Ankunft in Paris die Straßennamen der Hauptstadt weiß übertüncht hatte. Wir lachen über den Einfallsreichtum der Aktivisten im Wendland. Edelgard nennt das ihre »Lebensfreude«. Zwischen zwei Demo-Fotos taucht »Sternchen« auf. »Mein kleiner Stern!« Edelgards Stimme gerät ins Trillern. Sie betrachtet einen kleinen blonden Jungen, Normans Sohn. Sie ist ganz gerührt von ihrem kleinen Enkel, der sich überall einschleicht. Sie vergißt den Widerstand. Erzählt mir wie eine Mutter von der Geburt, den ersten Wörtern, der Verfolgungsjagd der Entenschar bis zum Gartenteich hinunter.

Die Sonne ist gewandert. Der Schatten unter dem Kirschbaum ist großzügiger geworden. Edelgard stellt zwei riesige Becher Milchkaffee und eine Schale mit schwarzen Oliven auf den Gartentisch. Sie verabscheut jede Art von Fanatismus: »Bio hier, Bio da... diese Leute, deren größtes Lebensabenteuer darin besteht, sich zu entscheiden, ob sie Vegetarier oder Veganer sind!« Wie viele im Wendland legt Edelgard eine subtile Art der Selbstkritik an den Tag und idealisiert die Franzosen: »Wir Deutschen sind immer so verkrampft bei der Sache. Wir können uns nicht richtig gehenlassen. In Frankreich ist es warm, und es gibt gutes Essen und Wein. Ihr nehmt das Leben etwas leichter. Bei uns sind die Vergnügen so selten, das wir die wenigen, die wir haben, schützen sollten. Deshalb müssen wir auch verhindern, daß Atomlager unseren Lebensraum noch weiter beschneiden.« Edelgard weiß, daß das Wendland eine einzigartige Gegend in Deutschland ist. Ein Reservat. Toleranter, phantasievoller, sagt sie: »In Bayern wäre ich sicher im Gefängnis gelandet!« Sie senkt die Stimme, als hätte sie Angst, daß ihre makrobiotischen Nachbarn sie anzeigen könnten. Sie zögert, bevor sie mir ein Geständnis macht: »Gorleben ist ein Fluch. Aber gleichzeitig ist es ein Segen für die Region. Ohne Gorleben wäre das Wendland ein einziges Altersheim für Alt-68er. Das würde nach Inzest und Kuhfladen stinken.«

Ein Frühstück »Berliner Art«

Bei Corinna. Beim Überschreiten der Türschwelle zu Corinnas Wohnung habe ich versäumt, mich einer eisernen Regel zu unterwerfen. »Fühlst du dich ohne Schuhe nicht wohler?« suggeriert Corinna, als ließe sie mir die Wahl und sorge sich lediglich um mein Wohlbefinden. Ich weiß, daß ihre helle, trügerisch beschwingt klingende Stimme nicht die geringste Abweichung von ihrem Verhaltenskodex duldet. Den Körper zusammenklappen, noch bevor man den Mantel abgelegt hat, unter höchst heiklen Gleichgewichtsbedingungen in die Knie gehen, Schuhe ausziehen und sie nebeneinander auf die eigens zu diesem Zweck bereitgelegte Fußmatte stellen: die erste rituelle Handlung, die man als Gast bei einer Krabbelgruppe in Berlin zu vollziehen hat. Corinna fallen gute Gründe für diese Zeremonie ein: das gerade am Morgen frisch gewischte Parkett nicht wieder beschmutzen, vermeiden, daß sich die umherkrabbelnden Kinder durch den Dreck von der Straße und die Bakterien etwas holen, sich ganz ungezwungen fühlen, wie zu Hause. Als ich nun immer noch reglos und mit steifen Armen dastehe, spielt Corinna schließlich ihren letzten Trumpf aus, ein Multikulti-, also unanfechtbares Argument: »Schau dir die islamische Welt an. Die ziehen auch alle ihre Schuhe aus, bevor sie in die Moschee gehen.«

Einige Berlinerinnen bemühen die entferntesten Völker zur Rechtfertigung ihrer Prinzipien. Die von ihnen so verehrten Naturvölker machen grundsätzlich alles besser. Wohl dem, der es ihnen gleichtut. Mit Vorliebe tragen sie ihre Babys in großen, in der Taille verknoteten Tüchern, weil die Frauen in Venezuela mit ihren Kindern im Huckepack aufs Feld gehen. Sie lassen ihre Babys im Elternbett schlafen, weil sich diese Gepflogenheit bei den Afrikanerinnen bewährt hat. Sie verfluchen die Pullover und Mäntel, die der Berliner Winter ihnen aufzwingt und die den symbiotischen Körper- und Hautkontakt zwischen Säugling und Mutter unmöglich machen, wie ihn die Dogon unter der Sonne Afrikas vorleben. Was in der Wüste und im Regenwald Intuition und überliefertes Brauchtum ist, wird in Berliner Wohnungen hin und wieder zum Dogma. Unser Frauenfrühstück erinnert manchmal an einen Kreis von Ethnologen, die sich aus anderen Kulturen die Weisheit herauspicken, die sie in ihrer eigenen nicht vermuten. Denn alles Deutsche ist aus Prinzip und per Definition zunächst suspekt.

Corinnas Argumente sind altruistisch, hygienisch und vor allem weltoffen. Ich ziehe meine Schuhe aus. Corinna ist eine aufmerksame Gastgeberin. Sie stellt ihren Gästen eine große Auswahl Winterpantoffel zur Verfügung. Ein leicht säuerlicher Geruch strömt aus dem Kabuff, in dem die Filzschlappen, mit Schafswolle gefütterte Hausschuhe und dicke Socken aus reiner Schurwolle, die an den Knöcheln kratzen, warten. Sie haben selten die richtige Größe und sind ausgelatscht, sie wurden bereits unzählige Male von fremden Füßen getragen, sind aber schön warm und bequem. Nur ein einziges Mal meldete eine der Eingeladenen kleinlaut Protest an. Sie beschwerte sich, daß sie mit ihren Waden und dem schwerfälligen Gang auf Strümpfen und ohne Absätze ja aussehe wie eine englische Gouvernante! »Wir sind doch unter uns. Dein Aussehen interessiert hier niemanden«, versicherte ihr Corinna, besorgt, daß zuviel individuelle Eitelkeit das allgemeine Wohlbefinden gefährden könnte.

Von ihrer Gastgeberin mit Schuhwerk ausgestattet, begeben sich die Frauen schlurfenden Schrittes in die Küche. Als erstes werden die Babys auf der Patchworkdecke verteilt, die Corinna auf dem Fliesenboden ausgebreitet hat und die mit pädagogisch wertvollem Spielzeug bestreut ist. Dann packt jede ihren Beitrag zu dem Frühstück auf den Tisch. »Du bringst die Brötchen mit, Regina das Obst, Birgit die Salami und Claudia den Käse.« Corinna hat am Tag zuvor die Zusammenstellung des Menüs telefonisch mit jeder einzelnen abgestimmt. Sie sorgt für die Basis: Milch, Butter, Marmelade, Müsli, Kaffee, Milchbildungstee und schwarzer Tee, aufgebrüht in einem dieser langen Baumwollsocken, die als Teesieb verwendet werden und an einem Haken über der Spüle baumeln, vertrocknet und dreckigbraun wie das Fell einer toten Ratte, der man die Eingeweide herausgerissen hat. Auf dem weißen Tischtuch flackern zwei Kerzen. In der Mitte des Tisches ein frischer Blumenstrauß und eine Schale mit nach Gewürzen duftendem Blüten-Potpourri. Mir wird ganz weihnachtlich zumute. Wir fühlen uns wohl, ganz unter uns und mit warmen Füßen ... so gemütlich. »Gemütlich« ist kaum in eine andere Sprache zu übersetzen, es liegt irgendwo zwischen dem französischen »bon enfant« und dem englischen »cosy«. Die Küche ist der gemütliche Ort schlechthin mit ihrer Eckbank, dem summenden Kühlschrank, dem anhaltenden Geruch der gebratenen Zwiebeln vom Vortag und dem gegen alles gewappneten Wachstuch.

Corinna, Gerlinde, Gertrud, Birgit, Regina, Claudia, Marion und ich haben uns mit einem Yoga-Kurs auf die Geburt vorbereitet. Gerlinde legte großen Wert darauf, unseren Kaffeekränzchen, die wir nach Abschluß des Kurses hin und wieder unregelmäßig veranstalten würden, eine solide Struktur zu verleihen. Die Kleinen würden eins nach dem anderen kommen. Und dann wären wir völlig »in Beschlag genommen, isoliert, gefesselt zwischen Waschmaschine und Wickeltisch«. Furchterregende Aussichten. Dem wollte Gerlinde entgegenwirken: mit einem Frühstück. Das würde uns aus unserem streßigen Frauendasein befreien. An jedem ersten Donnerstag im Monat. Um elf Uhr. Immer reihum. Damit wir uns nicht aus den Augen verlieren, damit uns nicht die Decke auf den Kopf fällt, damit wir Tips austauschen können, unsere Babys unter Menschen kommen und damit wir Frauen mal unter uns sind. Gerlinde hat die Adressenliste fotokopiert und hält sie ständig auf dem neuesten Stand. Gerlinde ist Lehrerin. Sie ist eine große, schöne Frau mit robustem Charme, stets vorbildich organisiert, hat auf alles eine Antwort und macht sich über die Dinge Gedanken, als hinge ihr Leben davon ab. Gerlinde hat einen ernsten und zurückhaltenden Humor. Sie versteht meine ironischen Sticheleien immer auf Anhieb und neutralisiert sie mit ihrem gesunden Menschenverstand. Wir haben großen Respekt vor ihr. Sie ist die Chefin unseres Frühstücks. Diejenige, welche Änderungsvorschläge auf die Tagesordnung setzt: Warum verschieben wir unser Frühstück nicht auf den Nachmittag, dann können auch die Frauen kommen, die jetzt vormittags wieder arbeiten? Warum machen wir am 1. Mai nicht ausnahmsweise mal ein Picknick mit den Vätern, damit sie sich nicht so ausgeschlossen fühlen? Oder eine Kleider-Tauschaktion, da könnten Frauen, die seit der Schwangerschaft nicht mehr in ihre Hosen passen, mit anderen tauschen? Gerlinde stellt die Regeln auf, übernimmt die Planung (wegen der Vorbereitungen zum Advent fällt das Frauenfrühstück am ersten Donnerstag im Dezember aus), setzt eine demokratische Diskussion in Gang, sammelt und notiert unsere Vorschläge, telefoniert herum. Es erfordert viel Kraft, ihr zu widerstehen, sich nicht von der Gruppe einnehmen zu lassen.

In Deutschland haben die Frauen ganze Cafés für sich, eigene Reiseagenturen, ihre eigene wöchentliche Seite in verschiedenen überregionalen Tageszeitungen, in einigen Verlagen eine Programmlinie, die sich ausschließlich mit ihren Problemen beschäftigt, ihren eigenen Fernsehsender, eigene Hotels, wo es keinem Mann gestattet ist, die Nacht zu verbringen, eigens für sie reservierte Plätze im Parkhaus und an Autobahnraststätten. In Berlin gibt es ein feministisches Gesundheitszentrum, in dem abends Dia-Vorträge (10. Oktober: »Klitoris«), Videovorführungen (3. Dezember: »Selbstbefriedigung«) und anatomische Seminare (2. Dezember: »Vaginale Selbstuntersuchung in der Gruppe. Entdeckt euren welblichen Körper«) angeboten werden, und sie haben ihre eigenen Fitneßclubs, Tangokurse und Bälle. Manche träumen seit langem davon, wie die Isländerinnen ihre eigene Partei zu gründen. In jedem Land, in jeder Gemeinde wacht eine Frauenbeauftragte über die Einhaltung der Rechte von Frauen. In Berlin können sie sich vielfältigen Organisationen anschließen: Autonomes Frauenprojekt, Runder Tisch politisch engagierter Frauen, Frauenpower im Alter, Treffpunkt unabhängiger Migrantinnen, Weiberwirtschaft ... In meinem Briefkasten finde ich immer wieder Faltblätter über ein neues feministisches Steuerberatungsteam oder eine neue Frauenfinanzagentur für Freiberuflerinnen. Das rebellische und lange Zeit im Abseits existierende Berlin ist immer noch Hochburg des militanten Aktivismus. Hier sind die Frauen emanzipierter als anderswo. Ich sehe sie oft abends im Restaurant unter sich am Tisch sitzen. Ein halbes Dutzend provokanter Freundinnen. In schwarzen Samt gehüllt, die Lippen leuchtendrot. Männer vermissen sie nicht. Ein explosionsartiges Gelächter klärt mich darüber auf, daß sie sich über sie lustig machen, »Ach, die Männer!« Später würden sie zusammen tanzen gehen. Wenn ich meine Mitschwestern vom Frauenfrühstück frage, warum sie so gern unter sich sind, bekomme ich eine wohldurchdachte Antwort: »Die Anwesenheit von Männern stört doch nur!« verfügt Birgit schlecht gelaunt.

Birgit nörgelt immer viel. Sie ist halt so. Sie nörgelt, um uns zum Lachen zu bringen, um die Sorgen des Tages zu verjagen, sie nörgelt aus Koketterie, weil sie weiß, daß ihr die gerunzelte Stirn und der Schmollmund gut stehen, und um sich an »ihren drei Männern« zu rächen: einem Ehemann und zwei Söhnen. Sie fährt am liebsten mit Freundinnen in den Urlaub und arbeitet ausschließlich mit Frauen zusammen, denn wenn Männer dabei sind, ist es aus mit der Intimität. Birgit kommt immer zu spät und hat stets eine Katastrophe auf Lager. Ein Auffahrunfall. Das Baby hat die ganze Nacht nicht geschlafen. Sie inszeniert ihr Leben, um uns zu gefallen. Nach der Geburt ihres ersten Kindes machte sie sich auf die Suche nach einer Krabbelgruppe: »Drei Fehlschläge«, zählt sie auf und streckt uns Zeige-, Ring- und Mittelfinger entgegen. Zeigefinger: »Als ich mein Paket Butterkekse auf den Tisch legte, haben sie mich mit Blicken getötet. Das waren radikale Ökos, die nur Vollwertkram aßen: Körner, Keime, Fruchtsäfte. Weder Tee noch Butterkekse. Ich dachte, ich wäre im falschen Film. Da bin ich nie wieder hingegangen.« Mittelfinger: »Eine Gruppe Frauen aus der evangelischen Gemeinde in meinem Viertel. Ein exklusiver Zirkel. Ärzte- und Juristengattinnen. Hochklassige Pädagoginnen. Sie verbrachten ihre Zeit damit, irgendwelche Theorien über den Köpfen der Kinder zu stricken. Nicht auszuhalten.« Ringfinger: »Mütter und Kinder tanzten im Kreis und sangen dazu.« Birgit vergaß das Ganze wieder ... bis sie mit ihrem zweiten Kind schwanger wurde und zu unserem vergleichsweise freigeistlichen Frühstück kam.

Gertrud geht abends auch am liebsten mit Freundinnen aus. Zu ihrem letzten Geburtstag hat sie nur Frauen eingeladen: »Wenn wir alle über irgend etwas lachen, kommen die Männer einfach nicht mit.« Außerdem liest Gertrud nur Romane, die von Frauen verfaßt wurden. Worüber Männer schreiben, hat nicht wirklich was mit ihrer Welt zu tun. Auf dem Frauenfrühstück kennt man den latenten Konkurrenzkampf der Frauentreffen in südeuropäischen Ländern nicht. Befreit von den ach so lästigen Verführungsstrategien – »Die reinste Sklaverei!« sagen sie –, können sie sich so richtig entspannen. Am Anfang hat mich das ziemlich verwirrt, bisweilen geärgert, immer von dem unangenehmen Gefühl befallen, auf dem falschen Planeten gelandet zu sein. »Da gehe ich nicht mehr hin!« schwor ich während der ersten Monate unzählige Male. Und manchmal habe ich immer noch ein ungutes Gefühl. Aber ich habe gelernt, dieses sehr deutsche Vergnügen weiblichen Miteinanders zu genießen. Ich mag die kollegiale Wärme unserer Donnerstagvormittage,

Birgits Art, uns allesamt in ein- und dasselbe Schicksal zu hüllen, wenn sie sich mit ihrem »Ach, Mädels!« an die lachende Tischgesellschaft richtet. Eine zärtliche Anrede, die soviel heißt wie: »Wir sind unter uns. Wir verstehen uns auch ohne große Worte. Sollen die Männer doch denken, was sie wollen. Wir sind ihnen eh überlegen.« Gerlinde macht sich daran, dieses Ritual, dessen selbsternannte Initiatorin sie immerhin ist, nach reiflichem Überlegen zu analysieren. Sie sieht darin ein Indiz für den Herdentrieb der Deutschen, die stets bemüht sind, zufällige Begegnungen, spontane Sympathie und gemeinsame Interessen in einem Verein oder einer Gruppe zu organisieren. Gerlinde fordert, daß die deutsche Vereinsmeierei die Gleichberechtigung der Geschlechter respektiert. Frauen waren immer verstreut und oft isoliert: »Männer haben ja auch ihre Kegelclubs und Stammtische, warum sollen Frauen also nicht ihr Frauenfrühstück haben?«

Das allgegenwärtige, zwanghafte, alleinige Thema ist: unsere Babys. Jeder erste Donnerstag im Monat steht unter einer besonderen Fragestellung, die sich mit dem fortschreitenden Alter der Neugeborenen ändert. Vor der Geburt steigt die Intensitätskurve der Diskussion jeweils auf den Gipfel. Gebären: zu Hause, in einem Geburtshaus, im Krankenhaus? Mit der verfluchten Rückenmarksspritze oder mit naturbelassenen Wehen, die einen die Erfahrung des Schmerzes in vollem Umfang auskosten lassen? Die zu bekämpfenden Feinde sind Gynäkologen, diese Monster in Weiß, die nicht das geringste davon verstehen, und Krankenschwestern, die den Neugeborenen in ihren Bettchen unbemerkt mit Glukose versetzte Fläschchen verabreichen.

Sind die Babys einmal da, beginnt die Frage der Verwaltung der schlaflosen Nächte und des umstrittenen Nutzens von Impfungen. Dann die nächste Salve: der Sturm auf das Kindergeld, die neue Kinderzimmereinrichtung aus unbehandeltem Bioholz, das Duell zwischen Wegwerf-Pampers und Baumwollwindeln mit Abholservice, die umweltfreundlicher sind und weniger Hausmüll und Hautirritationen verursachen. Aus kleinen praktischen Überlegungen keimen große Gewissenskonflikte. Im Laufe der Monate wird an unserem Tisch so manche Frage einer ernsthaften Untersuchung unterzogen: Ist es nicht doch zu früh, sein Einjähriges für einige Stunden am Tag in die Hände einer vertrauenswürdigen und qualifizierten Person zu geben? Darf man Zucker erlauben, auf die Gefahr hin, schon die ersten Zähne zu zerstören, die wie Schneeglöckchen aus dem rosigen Kiefer sprießen? Dann wird mit wissenschaftlichen Ergebnissen gewetteifert, wird mit fundierten Kenntnissen und persönlichen Prinzipien aufgewartet. Auf dem Nachhauseweg empöre ich mich oft über die Manie dieser Mütter, ihre Prinzipien bis zum Exzeß zu treiben. Zwischentöne sind nicht ihr Ding. Sie lachen nicht oft über die Irrtümer, die uns unerfahrenen Müttern unterlaufen. Sie nehmen ihr Muttersein sehr ernst. Gutes geschieht im Übermaß. Das in den vergangenen Jahren wiederentdeckte Vergnügen des Stillens mutiert bisweilen zu einem erbitterten Wettstreit, wer sein Kind am längsten an der Brust behält. Der Griff zu Fläschchen und Milchpulver gilt als schändlicher Verrat. Jahrelang stillten viele Mütter ihre Kinder nicht. Es war nicht modern. Jetzt machen sie eine Religion daraus. »Der Arzt, der mich daran hindert, mein Kind zu stillen, muß erst noch geboren werden!« beschließt Gerlinde. Ich glaube ihr aufs Wort. »Muttermilch ist immer noch das beste!« erwidert Gertrud jedesmal, wenn eine von uns mutig zugibt, daß sie ihr Kind abgestillt hat. Gertrud gelingt es immer, daß ihr in mitleidsvollem Tonfall ausgestoßenes Verdikt die Schuldigen mit voller Wucht trifft. Corinna ist die einzige, die sich von diesem Korsett eherner Gesetze eingeengt fühlt. Sie gibt zu, daß es ihr manchmal zuviel ist und sie ab und zu einen Donnerstag schwänzt.

Schon bei unserem ersten gemeinsamen Frühstück wurde jeder von uns eine bestimmte Rolle aufgezwängt. Gerlinde sorgt für eine gute Gruppendynamik. Claudia, die Ärztin ist, bietet bei wunden Pos und Husten private Sprechstunden an und trägt einen hartnäckigen Wettstreit mit Birgit aus, die sanfte Medizin predigt und gegen wunden Po Sitzbäder mit Eichenrindensud und gegen Husten Umschläge mit heißem Kartoffelbrei verordnet. Gertrud weiß immer alles: Wo man diese praktischen Babyschühchen bekommt, wer einen gebrauchten Schlafsack verkauft, wo man sich für einen Mutter-Kind-Turnkurs anmelden kann. Regina begeistert sich ausschließlich für ihr Kind und hört nur mit einem Ohr zu. Und ich bin die Ausländerin, die sie zwar nicht so recht einschätzen können, aber im Laufe der Wochen akzeptiert haben. Der Schwebezustand zwischen zwei Kulturen erspart mir einige Vorhaltungen. Sie lassen mich machen. Meine Meinung zählt nicht richtig. Hin und wieder fragen sie mich anstandshalber, wie das denn in Frankreich gehandhabt wird. Sie empören sich über dieses Volk von Kindespeinigern, die ihre Babys in Krippen geben, mit einem schockierten »Wie in der DDR!«, was das schlimmste Urteil ist, das sie fällen können.

Bei Gertrud. Einen Monat später ziehe ich bei Gertrud meine Schuhe aus. Man gewöhnt sich an alles. Dieselbe Zeremonie: Erst lege ich mein Baby auf den Teppich und dann eine Brioche auf den Tisch. Gertrud hat sich, ohne die anderen einzubeziehen, einen Ausrutscher geleistet. Sie hat ihre Nachbarin eingeladen, die mit Tupperware handelt. Die junge Frau bittet um unsere Aufmerksamkeit und beginnt mit ihrer Demonstration. Wir setzen uns hin, keiner lacht. Gerlinde und Regina setzen die demütige Miene der braven Hausfee auf. In der Tiefe meines Sessels wünsche ich mich weit weg. Der Walzer beginnt. Die große eckige Tupperdose für Vollkornkekse, die kleinen runden für die Korinthen, die es statt Bonbons gibt, der verschließbare Becher für den mit Süßholz gezuckerten Kräutertee.

Tupperware erfüllt die praktischen Anforderungen Berliner

Mütter ebenso wie der beliebte Rucksack. In einen riesigen Wanderrucksack stecken sie all das hinein, was das Mutter-Kind-Gespann unterwegs so braucht: Windeln und Kleidung zum Wechseln, Tücher, um Schmutzflecken auszuwaschen, ein kleines Spielzeug gegen die Langeweile, im Sommer Eimer, Schaufeln und Rechen, ungesalzenes Reisgebäck und, stets griffbereit, eine Bio-Banane und Apfelstückchen. Ich frage mich, wie sie es bloß schaffen, jeden Tag den ganzen Haushalt einzupacken, ohne die Hälfte zu vergessen. Im Sturmschritt durchqueren sie die Straßen meines Viertels. Oft zu zweit, Berliner Mütter legen eine fusionsartige Solidarität an den Tag. Die Mütter bilden eine strenge Gilde, die ihre Rechte zu schützen weiß, immer auf der Lauer nach »Egoisten«, die das Reich ihrer Kleinen bedrohen, Rauchern, die ihre Kippen in Sandkästen austreten (»Wenn ich nur eine Kippe sehe, habe ich schon keine Lust mehr, Lukas Sandkuchen backen zu lassen«, beschließt Regina unwiderruflich. »Ich bin für das kalifornische Modell: Rauchverbot in allen öffentlichen Räumen«, setzt Gertrud noch eins drauf), Pennern, die ihre Bierflaschen an Parkbänken zerschlagen, Hundebesitzern, die die Bürgersteige verdrecken, Busfahrern, die brutal die automatischen Türen schließen, Nachbarinnen, die gegen Lärm allergisch sind, Kinderärzten, die dem kranken Kind Antibiotika verschreiben wollen, herrschsüchtigen Schwiegermüttern und kinderlosen Freundinnen, die von alldem nichts verstehen. »Ganz Deutschland ist kinderfeindlich!« Regina spricht das passende Wort aus und liefert gleich folgende Illustration: »Wenn man als Frau in Deutschland ein Kind bekommt, wird man nur noch als Monster betrachtet: fett, schlecht gekleidet und blöd. Dann ist nichts mehr wie vorher. Die Freunde suchen das Weite. Die Leute beschweren sich. Das Kind ist lästig, laut, schmutzig und verbreitet Chaos.« Und als ich anmerke, daß Passanten, Nachbarn, Verkäufer und Busfahrer meiner Meinung nach eigentlich eher sehr freundlich zu meinem Kleinen sind, wollen sie mich unbedingt vom Gegenteil überzeugen. »Deutsche haben nicht diese spontane und herzliche Einstellung zu Kindern wie Italiener oder Russen«, erklärt mir Corinna, sehr bemüht, meine Meinung zu ändern. »Sie kennen nicht dieses fröhliche und zärtliche Mutterdasein.« In Italien heimste Corinna mit ihrem Bauch überall Sympathien ein. Im Laden, bei der Post, überall hatte man einen Hocker und ein paar aufmunternde Worte für sie: »Wann kommt es denn? Ein Junge oder ein Mädchen?« Als sie wieder in Berlin war, hatte sie das Gefühl, auf einmal unsichtbar zu sein. Italiener und Russen sind da besser als Deutsche. Diese ständigen Selbstanklagen machen mich wahnsinnig.

Gertrud nimmt am Schöneberger Mutter-Aktions-Kreis teil. Eine Versammlung militanter Mütter, die sich zweimal im Monat treffen, um – wenn sie schon nicht die Welt verbessern können – wenigstens das Leben im Viertel angenehmer zu gestalten. In einem Land, das ihrer Meinung nach zu sehr auf Ordnung und Produktivität bedacht ist, kämpfen sie für einen Platz der anarchistischen Welt der Kinder. Sie kommen alle zwei Wochen zusammen und notieren die Früchte ihres Einsatzes in einem großen Heft. Sie haben schon einige Missionen vollbracht. Die Hundehaufen-Aktion: Mütter, die es satt hatten, die Schuhsohlen ihrer Kinder immer wieder von Hundedreck befreien zu müssen, steckten ein buntes Fähnchen in jeden Haufen, den sie in einem Park ihres Viertels fanden. Nach ein paar Stunden sahen Wiesen und Wege von weitem aus wie ein pointillistisches Gemälde. Die Geschäfte-Aktion: Aus Wut darüber, daß ihre Kinder in Supermärkten unerwünscht waren, haben sie einen ausführlichen Fragebogen verteilt und eine *Top ten* der freundlichsten Geschäftsinhaber aufgestellt. Sind die Türen breit genug für einen Kinderwagen? Gibt es einen Wickeltisch? Eine gemütliche Stillecke? Sind die Süßigkeiten außer Reichweite für die Kinder? Gertrud ist stolz darauf, daß der Mutter-Aktions-Kreis die Rotphase an der Fußgängerampel gegenüber vom Schöneberger Rathaus verlängern konnte. Jetzt kann sie mit ihren beiden Kinder in Ruhe die Straße überqueren. Als ich sie auf die Vielzahl und Qualität der Kinderspielplätze und Grünanlagen in Schöneberg aufmerksam mache, zuckt Gertrud nur mit den Schultern. Sie findet die riesigen Sandkästen und Holzkonstruktionen, auf denen die Kinder klettern, rutschen und balancieren können, nur mittelmäßig. Ich stelle mir Gertrud auf einem kleinen, kümmerlichen Kiesplatz zwischen zwei Pariser Hochhäusern vor. Gertrud versucht ihrem frustrierten Dasein als deutscher Mutter noch mehr Nachdruck zu verleihen. Sie fordert die Schaffung eines Gehaltes für Mütter und Hausfrauen. Die Bezahlung wäre doch eine Möglichkeit, die Arbeit einer Mutter anständig zu würdigen.

Der unermüdliche Aktivismus von Gertrud flößt Regina Komplexe ein. Gertrud ist leidenschaftliches Mitglied mehrerer Mutter-Kind-Gruppen und geht jeden Nachmittag, im Novembernieselregen besonders heldenhaft, auf den Spielplatz, weil ihre Kinder Bewegung und frische Luft brauchen. Gertrud versäumt es nicht, die obligatorische Beschwerde über die verschmutzte Berliner Luft loszuwerden. Hier ist sogar die Erdatmosphäre kinderfeindlich. Im Winter erkenne ich die »équipage« auf dem Markt schon aus der Ferne. Eingehüllt in verschiedene Schals schiebt sie, Mutter Courage auf den orthopädischen Sohlen ihrer hochgeschlossenen und an den Zehen breit auseinanderlaufenden Schuhe, ihren mit Schafswolle gefütterten Kinderwagen. Drei Lauchstangen stecken ihren haarigen Kopf aus dem Rucksack.

Gertrud ist »Doktorin« der Mathematik, ein akademischer Titel, der ihr die Schamröte in die Wangen treibt. Sie zeigt mir ihre Doktorurkunde nur, um mir zu beweisen, daß die Feministinnen die Sprache von ihren patriarchaischen Regeln befreit haben. Sie haben eingefordert, daß im Plural das Femininum die Regel ist und nicht mehr das Maskulinum. Gertruds Augenlider beben vor Aufregung, als sie in die Debatte eingreift. Zurückhaltend und seelenruhig, wie sie ist, läßt sie sich immer viel Zeit, bevor sie etwas sagt, und hebt niemals die Stimme. Gertrud hat mehrere Jahre in der Stahlindustrie gearbeitet, dem männlichsten Milieu, das man sich vorstellen kann. Sie und eine weitere Mitarbeiterin waren damit beauftragt, die Rechner für ein großes Unternehmen einzurichten. Als ihr zweites Kind auf die Welt kam, ging sie in den Erziehungsurlaub.

Sie möchte Marie mindestens acht Monate stillen, ihre ersten Schritte miterleben, ihre ersten Wörter hören und ihre Ausbildung zur Yoga-Lehrerin beenden. Sie möchte nicht, wie ihre Mutter, die immer ganztags gearbeitet hat, auf diese schönen ersten Jahre verzichten. Gertrud rechnet: 10 Prozent ihres Lebens nicht arbeiten, ist wenig, um zwei Kinder zu erziehen. Aber Gertrud weiß, daß trotz aller Gesetze, die in feierlichen Paragraphen die Gleicheit von Mann und Frau in wesentlichen Bereichen beschlossen haben, die Realität ganz anders aussieht. Sie wird es sehr schwer haben, sich wieder in die Arbeitswelt einzugliedern. Diese Pause ist ein Luxus, der sie sehr teuer zu stehen kommen könnte. Nur schwer kann ganztägige Berufstätigkeit mit der Kindererziehung koordiniert werden. Kindergärten (städtische oder private) sind teure Mangelware. Die Regierung hatte ab 1996 jedem Kind einen Kindergartenplatz versprochen. Diese Absichtserklärung blieb reine Makulatur. Die Schulen schließen am Mittag, und Schulkantinen gibt es so gut wie keine.[1] Auch das Hitzefrei ist eine dieser pervers ausgeklügelten Erfindungen. Etwas Unvorhersehbares, das die Mütter zu Hause festnagelt. Im übrigen wird es gar nicht gern gesehen, wenn Mütter ihre Kinder in die Krippe geben, wenn diese noch keine drei Jahre

---

[1] In Frankreich steht jedem dreijährigen Kind ein Kindergartenplatz kostenlos zu. In den meisten Schulen gibt es eine Kantine, und die Kinder haben nachmittags Unterricht bis vier Uhr. Und es ist in Frankreich üblich, das Kind vor dem dritten Lebensjahr in eine Krippe zu geben.

alt sind. Das Gespenst der Rabenmutter ist immer in der Nähe, um der ganztägig berufstätigen Mutter ein schlechtes Gewissen einzujagen. »Ich habe doch kein Kind bekommen, um es dann bei irgendwem abzugeben!« empört sich Corinna. Ich habe oft das Gefühl, daß man in Deutschland dem Ideal einer allgegenwärtigen und überbewerteten Mutter nachhängt. »Du wirst doch Mutter!« lautet die pikierte Reaktion auf die schwangere junge Frau, die sich Sorgen über die Zukunft macht. Gertrud hat schon eine böse Ahnung, wie es laufen wird: »Ich werde drei Jahre zu Hause bleiben. Und anschließend wird mir mein Arbeitgeber einen Ganztagsposten anbieten. Aber mein Sohn kommt mittags aus der Schule, und der Kindergarten meiner Tochter macht um vier Uhr zu. Also kann ich den Job nicht annehmen. Ich werde vor einer schwierigen Entscheidung stehen: den Beruf aufgeben oder mächtig jonglieren, um meine Kinder 40 Stunden in der Woche mal hier und mal dort unterzubringen. Und sollte ich mich für meinen Beruf entscheiden, werde ich von meiner Familie und anderen Müttern dafür verurteilt.«

Die sinkende Geburtenrate in Deutschland beunruhigt die Demographen. »Wir überlegen noch«, antworten Paare mit gerunzelter Stirn auf die Frage, ob sie einmal Kinder haben wollen. Nur Türken und Russen setzen hier noch vier Kinder in die Welt.

Birgit meint, daß der militante Feminismus nur deshalb noch nicht ganz ausgestorben ist, weil nach wie vor ein Gegengewicht zum gesellschaftlichen Usus und patriarchaischen Denken nötig ist, die die Frauen immer noch entschieden behindern: »Die Frauen steigen nicht mehr so schnell auf die Barrikaden wie in den 70ern. Aber sie haben diesen Rebellionsgeist verinnerlicht, der ihnen sagt: Das lassen wir uns nicht gefallen! Tun wir was! Wir müssen kämpfen! Eine unvermeidbare Reaktion auf eine Gesellschaft, die Frauen in Schubladen steckt!« Birgit läßt uns ihre halben Sätze beenden: »Eine Frau, die einen Minirock trägt, ist eine ...?«

»Schlampe!« »Und eine Frau, die einen langen Glockenrock trägt, ist eine ...?« »Ökotante!« Sie faßt sich wieder. »Nein, das war jetzt gemein. Das ist halt eine natürliche Frau.« Birgit kommt aus einer kleinen Stadt in Norddeutschland. Im wilden Berlin ist man ja noch ganz gut dran. Frauen der 70er Jahre gründeten Kinderläden, von Eltern organisierte Kindergärten. In dunklen, muffigen Hinterräumen sieht man die Eltern rund um große Holztische sitzen und die Aktivitäten ihrer Kinder planen. In der kleinen Stadt, in der Birgit aufgewachsen ist, ist eine arbeitende Mutter automatisch eine schlechte Mutter, weil sie ihre Kinder jemand anderem anvertraut, und eine schlechte Ehefrau obendrein, weil sie der ganzen Welt offenbart, daß das Gehalt ihres Mannes nicht ausreicht, um die Familie zu ernähren. Birgits ältester Sohn war zwei, als er zum ersten Mal in den Kindergarten ging. Ihre Mutter und ihre fünf Schwestern waren schockiert: »Bei uns ist das ganz einfach: Wenn du ein Kind hast, bist du Mutter und sonst gar nichts, aus und vorbei. In meiner Heimatstadt gehen vierjährige Kinder höchstens zwei Stunden am Tag in den Kindergarten. Und das ist auch nur freiwillig. Viele bleiben bis zum Schulalter zu Hause. Was hab' ich mir schon alles anhören müssen: ›Das arme Kind!‹ Das Reich meiner Mutter war Heim und Herd. Sie war nicht mal in der Lage, allein zur Bank zu gehen. Und das Ganze auch noch gepaart mit diesem bigotten Katholizismus.«

Gertrud kann sich die widersprüchliche Verknüpfung von einem virulenten Feminismus, dessen Kampfgeist sich in ideologischen Streitereien aufgelöst hat, und dieser so wenig emanzipierten Wirklichkeit nicht erklären. Auf der einen Seite das Wahlrecht, das Frauen 1918 in der Weimarer Republik zuerkannt wurde, und auf der anderen Seite eines der rückständigsten Abtreibungsgesetze Europas. Auf der einen Seite haben sich politische Parteien und einige Landesregierungen für eine Quote stark gemacht, die Frauen, gleiche Qualifikation vorausgesetzt, bei einer Stellenbesetzung den

Vorzug gibt, auf der anderen Seite zeigen die Statistiken, daß es in Deutschland eindeutig weniger berufstätige Frauen gibt als in Frankreich und daß sie seltener verantwortungsvolle Posten in Unternehmen und der höheren Verwaltung innehaben als Frauen in anderen europäischen Ländern. Und dieses Ungleichgewicht setzt sich fort. An der fehlenden Bewußtseinsbildung kann es jedenfalls nicht liegen. Kaum eine öffentliche Debatte oder Talkshow, ohne daß eine Frau scharfzüngig das Wort ergreift, um das jeweilige Thema unter einem feministischen Gesichtspunkt zu betrachten und eine heftige Kontroverse loszutreten. Deutsche Universitäten bieten »Frauenstudien« an, und über den Zettelkästen der Berliner Staatsbibliothek rühmt ein Plakat die Erfolge eines Seminars für Frauen, die mehr über Selbstverwirklichung und die Kunst der Selbstsicherheit erfahren wollen. Bei Kiepert, der großen Buchhandlung in Berlin, ist ein ganzes Regal für feministische Veröffentlichungen reserviert. In der rege besuchten Abteilung zwischen den Bereichen Gesundheit und Religion wird für Ratgeber mit zumeist kämpferischen Titeln geworben: »Let's kill Barbie. Wie aus Mädchen tolle Frauen werden«, »Gute Mädchen kommen in den Himmel und böse überallhin«, »Das Kind, das seinen Vater mit einem Samstag verwechselte«, »Mut zur Wut. Befreiung aus Gewaltbeziehungen«, »Kinder, Haushalt und Beruf«, »Alle Männer wollen nur das eine«, »Was ist dran am Mann? 18 Frauen und ein Thema«. Die Verfasserinnen kommen aus Amerika oder Deutschland, und oft sind diese Bücher Bestseller. Neben der Kasse liegt die *Emma*, die erste feministische Zeitschrift Deutschlands und, mit einem Alter von über 20 Jahren, eine der letzten Europas. Ihre Erfinderin ist die Grande Dame des deutschen Feminismus: Alice Schwarzer, die Anfang der 70er Jahre das Manifest verfaßte, in dem sie die sexuelle Ausbeutung und Unterdrückung von Frauen durch Männer anprangerte, und die dem harmonischen Miteinander der Geschlechter keine Chance gibt. Der Bestseller wurde in 14 Sprachen übersetzt, Japanisch inklusive. Unser Kreis findet das Buch ein bißchen überholt. Aber »die Schwarzer« bleibt ein überschwenglich gefeiertes Monument der deutschen Öffentlichkeit, dekoriert mit dem Bundesverdienstkreuz, Gast in allen Talkrunden, lange Zeit fester Bestandteil einer Spielshow im Fernsehen und Autorin erfolgreicher Biographien zeitgenössischer Frauen.

Birgit, Regina und Gertrud lehnen den Begriff »Feministin« für sich ab, er gefällt ihnen nicht. Veraltet und zu sehr dem Feindbild verhaftet. Sie sprechen von einem bitteren Nachgeschmack und finden, daß er nach Frustration und Männerhaß klingt. Doch alle unterstützen den Mythos der »starken Frau«. Die Frauen, die sie bewundern, sind kräftig, lebendig, großzügig, intuitiv, treu und selbstbewußt. Das absolute Gegenteil der ätherischen Verliebten oder der eleganten Kurtisane. Die Berliner Großmutter von Gertrud war eine Trümmerfrau und befreite die Hauptstadt gemeinsam mit ihren Leidensgenossinnen nach den Bombardierungen vom Schutt, während die Männer in Gefangenschaft waren. Diese muskulösen Frauen, die sich mutig ihrem schweren Schicksal stellten und ihren blassen, von der Erfahrung des Krieges gebrochenen Männern sagten, wo es langging, besitzen hier fast Kultstatus.

Bei mir.   »Wie wär's, wenn wir einen Frauenabend organisieren? Wir könnten doch mal alle zusammen ohne Babys einen trinken gehen.« Es war Gertrud, die eines Donnerstagmorgens, als sich die Diskussion über Sicherheitsstandards von Fahrradsitzen langsam erschöpfte, diesen Einfall hatte. Ich nehme die Sache in die Hand. Ich lade sie zur mir zum Abendessen ein, weil ich ihr gerne ein paar Fragen stellen möchte. Ich rufe sie der Reihe nach an. Regina ist wieder schwanger. Sie hält abends nicht mehr so lange durch und trinkt keinen Alkohol mehr. Ihr Kalender ist durchorganisier-

ter als der einer Geschäftsfrau. Sie konsultiert das wie ein
Sandwich vollgestopfte Filofax: »Am Montag habe ich Yoga.
Am Dienstag kommt meine Mutter. Mittwoch muß ich meinem Mann im Laden helfen. Donnerstag habe ich einen Termin beim Kinderarzt. Nein, diese Woche geht es nicht mehr.
Und nächste Woche ist genauso schwierig.« Birgit geht auf
die Palme: »Was, ausgerechnet diese Truppe scheint dir repräsentativ für die deutsche Frau? Da liegst du ja so was von
daneben! Meine Freundinnen arbeiten und sind viel emanzipierter!« Daß Birgit eine derartige Verräterin ist, war mir nicht
klar. Für diese neue Gattung westdeutscher Frauen, die aus
der alternativen, pazifistischen Öko-Welle der achtziger Jahre
stammen, hat sie nun wirklich überhaupt nichts übrig. Nach
Birgits Einschätzung handelt es sich hier um einen vom Aussterben bedrohten Mikrokosmos. Außerdem gibt es diese
Frauen nur noch in Berlin, dem Brutkasten alternativer Le-
benskultur. Und in bestimmten sozialen Schichten. Birgit ist
sauer. Sie wird nicht kommen. Habe ich einen Fehler gemacht? Bin ich zufällig in einem ganz besonderen Milieu
gelandet? Die letzte Enklave der aussterbenden alternativen
Szene? Ist unser Frühstück repräsentativ für die westdeutschen Frauen? Als Berlinerinnen und Spätgebärende gehören
Gerlinde, Gertrud und Corinna sicher zu einem bestimmten
Milieu, das es in Frankreich so nicht gibt. Marion gesteht mir,
mit der Bitte um Diskretion, daß sie die autoritäre Art einiger
der Teilnehmerinnen nicht mehr erträgt und ihr diese ver-
krampften Treffen auf den Nerv gehen. Dann bin ich also
nicht die einzige, die sich dort unwohl fühlt? Die davon
träumt, ihre unbequemen, aber verführerischen Pfennig-
absätze auf ihrem Küchenfliesenboden klappern zu hören?
Die insgeheim die Herzlichkeit von Männern und ihre Blicke
vermißt? Die Lust hat, sich über die Außenwelt zu unterhalten, um diesem erstickenden Kokon für kurze Zeit zu entkommen?

Gertrud und Corinna nehmen die Einladung zum Abend

essen an. Gerlinde freut sich auf die Diskussion. Sie macht sich viele Gedanken über die Situation der deutschen Frau. Um Punkt acht Uhr sägt ein kurzes, schrilles Klingeln durch den Flur. Gertrud erscheint als erste, mit einem Strauß roter Nelken. Als sie ihren Fahrradhelm, ihr Regencape und den Beutel abgelegt hat, den sie an einem breiten Ledergürtel um die Hüften trägt – die Fortsetzung des Rucksacks, hier verwahrt sie Schlüssel, ein Taschentuch, das Portemonnaie und den Schnuller ihrer Tochter –, ist Gertrud auf einmal wie verwandelt: auf den Lidern ein zarter Kajalstrich, taillierter Seidenbolero und weiße Spitzenbluse. Sie hat sogar ein Paar knallblaue Ohrringe angelegt. Sie trennt sich nicht von ihrer Fußbekleidung, sondern geht entschiedenen Schrittes und beschuht ins Wohnzimmer, nimmt sich ein Glas Wein, setzt sich aufrecht aufs Sofa und freut sich, außer Haus zu sein. Drei Minuten später klingelt Gerlinde, in der Hand eine Flasche Pfälzer Wein. Sie fragt – und ich fürchte, sie tut es aus purer Höflichkeit –, ob sie ihre Stiefeletten ausziehen soll, die sie über einer bunten Strumpfhose trägt, deren Streifen wiederum unter einem Minirock verschwinden. Corinna ist unpünktlich. Da ist verständlich: Ihre Mutter ist Spanierin, und sie hat zwei Jahre in Italien gelebt. Sie ist konsequent und zieht als einzige die Schuhe aus und setzt sich auf Strümpfen an den Tisch. Alle drei beantworten meine Fragen aufgeregt und gewissenhaft. Ich sehe, daß sie angestrengt nachdenken und in ihrer Vergangenheit wühlen. Es macht ihnen Spaß, über die deutsche Frau zu reden.

Gerlinde ist 37 Jahre alt. Gertrud 33. Corinna 36. Sie machen sich über die Feministinnen der 70-80er Jahre lustig. »Du kannst dir gar nicht vorstellen«, sagt Gerlinde, erfreut darüber, mich aufzuklären, »wie verbissen sich die Frauen über die Generation von Männern, die heute so zwischen 45 und 55 sind, hergemacht haben. Ein Liebhaber, der etwas älter war als ich, erzählte mir mal von militanten Feministinnen, die einen Minirock trugen und die Männer ohrfeigten, wenn sie ihnen auf die Beine schauten. Er sagte, er mußte erst wieder lernen, Frauen auf die Beine zu schauen und charmant zu sein. Kavalierstum wurde als Zeichen der Verachtung gedeutet: Eine Frau ist nicht in der Lage, sich allein durchzuschlagen. Sie ist hilfe- und schutzbedürftig.« Ich eröffne die Debatte: im Sitzen oder im Stehen pinkeln. »Ein Kampf aus uralten Zeiten, den heute keine Frau mehr führt. Da liegst du falsch, es ist eine Karikatur. Das ist zu einfach«, hatte man mich gewarnt. Ich werfe den Köder trotzdem aus. Nur, um zu sehen. Sie beißen sofort an, lassen ein amüsiertes, aber schnell verstummendes Glucksen ertönen und stürzen sich in die Diskussion. Ein heftiger Streitpunkt, von dessen Existenz ich vor meiner Ankunft in Deutschland nichts ahnte, der aber immer noch Paare in ihrem intimsten Miteinander entzweit. Diese Verordnung ist ein Erbe der Wohngemeinschaften, in denen Männner und Frauen gleichermaßen für die Reinigung des Badezimmers zuständig waren. Mehrere Studien beweisen, daß der stehend pinkelnde Mann die Badezimmerfliesen in beträchtlichem Umfang bespritzt. Die Frauen waren es satt, diese wenig hygienischen und stinkenden Spuren mit dem Schwamm beseitigen zu müssen, und beschlossen, daß ihre Männer sich beim Pinkeln von nun an – genau wie sie – auf die Klobrille setzen müssen. Ein Slogan wie »Im Stehen pinkeln verboten« hängt über dem Toilettendeckel und befiehlt Machos, unverzüglich die Position zu wechseln.

Gertrud erzählt, daß Regina letzte Woche im Park ziemlich entsetzt war, als Gertruds ältester Sohn Leo (fünf) seine Mutter um die Erlaubnis bat, im Stehen an einen Baum pinkeln zu dürfen. Gertrud gab diesem ersten Akt männlicher Bestätigung beschämt und mit gesenkter Stimme ihren mütterlichen Segen. Leo schritt genüßlich zur Tat und kam, an seinem Hosenschlitz fummelnd, mit stolzgeschwellter Brust zurück. Regina läßt diese Grundsatzfrage keine Ruhe. Sie hat sich ein Buch besorgt, in dem das Problem »mit Humor« behandelt wird. In dem Computer-Geschäft, das sie mit ihrem Mann zusammen führt, wurden extra Toiletten für die Geschäftsleitung – die sich setzt – neben den Toiletten für die Kundschaft installiert, die es hält, wie sie will. Regina macht sich bereits Gedanken, welchen Kurs sie mit ihrem Sohn Lukas einschlagen soll, der zum Glück noch in allen denkbaren Positionen und ohne schlechtes Gewissen in seine Windeln pinkelt. Gertrud sieht das locker: »Im Moment ist das nicht so wichtig. Leo ist noch zu klein, um irgend etwas vollzuspritzen. Wenn er größer ist und das Zielen schwieriger wird, werde ich mit ihm drüber reden.« Gertrud hat das Gesetz der Schwerkraft unter die Lupe genommen: je größer die vertikale Distanz zwischen dem im Stehen Pinkelnden und der Kloschüssel, desto größer die Wahrscheinlichkeit, daß er daneben pinkelt. Leo ist also ein harmloser Pinkler. Eine einfache Erfindung machte auf einer Messe für Sanitäranlagen Furore: ein billiger wegwerfbarer Papiertrichter, der den Strahl bündelt und direkt in die Schüssel lenkt. Regina kämpft dafür, daß jedes Restaurant über so einen Trichterspender verfügt.

Das fanatische Bedürfnis, jeden Unterschied zwischen den Geschlechtern zu tilgen, macht mich stutzig. Haben sie nicht ein kleines bißchen das Gefühl, ihre Männer zu kastrieren? Und finden sie den Anblick eines Mannes von hinten, der im Stehen pinkelt, nicht auch erotischer als den eines Mannes von vorne, der mit runtergelassenen Hosen auf dem Klo hockt? Und überhaupt, warum lassen sie sie nicht pinkeln, wie sie wollen, und bringen ihnen statt dessen bei, das Bad zu putzen? Gertrud empfiehlt den anderen ein Büchlein, das ihr eine Freundin wärmstens ans Herz gelegt hat. Sein Titel: »Männer sind anders.«

Gerlinde sieht im militanten deutschen Feminismus ein kollektives Pubertätsphänomen, das um so krasser zur Geltung kommt, da es darum geht, ein zweifaches Rollenbild aus dem Weg zu räumen: das der perfekten Hausfrau der Adenauer-Ära, die durch das Wirtschaftswunder der 60er Jahre zurück an den Herd beordert wurde, bekleidet mit einer in der Wespentaile verschnürten Rüschenschürze, und das der von den drei »Ks« regierten Nazifrau: Kinder, Kirche, Küche. Gerlinde ist etwas irritiert, daß in Deutschland immer alles »darauf« hinausläuft. Im Dritten Reich wurde die arische Mutter verherrlicht und von Hitler mit dem Ehrenkrez der deutschen Mutter dekoriert, als Anerkennung dafür, daß sie so viele kleine Blondschöpfe zur Welt gebracht hatte. Gerlindes Großmutter, die sieben Kinder zur Welt gebracht hat, wurde mit dem Ehrenkreuz in Silber ausgezeichnet. Gertruds Mutter, vier Kinder, bekam das Ehrenkreuz in Bronze.

Gerlinde erinnert sich an ein Sprichwort, das ihre Mutter immer sagte:
»Eigenkleid und Innenleben,
absatzlos und Reif im Haar.«

Diese Maxime, die noch aus Zeiten des »Wandervogels« stammt, der Gruppierung von naturliebenden Jugendlichen, beschreibt das gesittete Traumbild der deutschen Frau. Gerlinde erinnert sich: Als Jugendliche weigerte sie sich, Parfüm zu benutzen, weil sie nicht »wie eine Drogerie«, sondern lieber wie ein »menschliches Wesen« und die »Natur« riechen wollte. Ihre Mutter trug Lippenstift und eine flüchtige Spur Lidschatten nur auf, wenn sie in die Stadt oder am Sonntag ausging. Gerlinde findet es wichtig, daß Frauen ihren Körper akzeptieren und nicht andauernd nach Tricks suchen, um ihn zu kaschieren. Durch übertriebene Koketterie (zum Beispiel ein zu verführerisches Parfüm, enthaarte Beine, lackierte Zehennägel oder eine getönte Tagescreme an trüben Tagen) unterwirft sich die Frau auf erniedrigende Art der Begierde des Mannes und begeht Verrat an den gesunden Gesetzen der Natur. Der deutsche Feminismus, erklärten meine Gäste, hat ein gespanntes Geschlechterverhältnis geschaffen, in dem kaum noch Raum für spielerische Spontaneität ist. Die Frau ist in der Defensive, und der Mann muß ständig fürchten, in flagranti des Machotums bezichtigt zu werden. Vielsagende Blicke und unschuldige Flirtereien kommen in Berliner Kneipen kaum vor. Die Stimmung ist hier oft androgyn. Dieses Streben nach Gleichheit ist traurig. Reginas türkischer Mann beklagt sich oft, daß jedesmal, wenn er einer deutschen Frau ein Kompliment macht, diese sich gleich um ihre Jungfräulichkeit sorgt. Der Anblick all der Frauen in Schwarz, die ihre Weiblichkeit nicht mehr mit geblümten Blusen und engen Korsetts betonen, macht ihn traurig. Als Gertrud sich zum ersten Mal schminkte, war sie 28. Ihr amerikanischer Onkel war schockiert über ihr schmuckloses Äußeres und hatte ihr eine komplette Schminkausrüstung geschenkt. Bevor sie schwanger war, hatte sie noch nie einen BH getragen, ein unnatürliches Folterinstrument, das viele Männer nicht als aufregend zu bezeichnen wagen. »Hier hast du doch keine Wahl!« Ich spüre ihre verletzte südeuropäische Ader: »Plötzlich sind barocke Modelle in roter und schwarzer Spitze, in denen du aussiehst wie eine Puffmutter, angesagt und dann wieder omamäßige fleischfarbene Baumwolleibchen.« Wenn Corinna und ihre Schwester von einem längeren Aufenthalt in Spanien zurückkommen, haben sie oft das Gefühl, im »Bärenland« gelandet zu sein, weil hier immer noch so viele Frauen mit behaarten Beinen herumlaufen. Und seit ihre Mutter nach Barcelona zurückgekehrt ist, hat sie sich geändert. Sie ist wieder koketter und achtet auf ihr Äußeres. Alle wissen, daß Birgit Kosmetikerin ist, und wundern sich darüber. Birgit hat ihnen das Unsagbare eines Morgens anvertraut, als sie sich stark genug fühlte, Verachtung und Sarkasmus zu ertragen: »In dieser Ausbildung mußte ich mehr lernen als in meiner gesamten Schulzeit«, erklärte sie ihnen. »Und was denken die Leute, wenn du ihnen erzählst, daß du Kosmetikerin bist? Daß du gehirnamputiert bist. Daß du blond und blöd bist und dir die Fingernägel bonbonrosa lackierst. In den 20er Jahren waren die Berlinerinnen sehr kokett, aber im Krieg stürzte alles zusammen. Deutschland knüpfte wieder an seine preußischen Traditionen an, war wieder puritanisch und streng. So haben uns auch unsere Eltern erzogen. Wer sich schminkte, galt im Dorf als Nutte. In Deutschland ist man immer noch der Ansicht, daß nicht das Äußere, sondern nur die inneren Werte zählen. Also machen sich die Frauen unsichtbar. In der jüngeren Generation kommt die Sache ein bißchen in Bewegung, aber viele Frauen in meinem Alter gehen doch nur zur Kosmetikerin, in die Sauna oder zum Friseur, um spätere Gesundheitsprobleme zu verhindern, als reine Prophylaxemaßnahme. Von dieser Einstellung müssen sich die deutschen Frauen erst mal verabschieden. Das ist nicht so einfach.«

»Was soll's, es nützt ja eh nichts!« Gertruds resignierte Stimme unterbricht die Flut von Anekdoten und Meinungen. Ein Schimmer von Verbitterung liegt auf ihren hellen Augen, die abends, wenn die Kinder im Bett sind, Liebesromane lesen: »Frauen können lange warten, bis ihnen ein Mann mal ein Kompliment macht. Deutsche Männer sind sehr zurückhaltend. Als ich noch arbeitete, habe ich mich nie getraut, einen Rock anzuziehen, aus Angst, die Arbeitsatmosphäre zu zerstören. Das ist so frustrierend. Sie reagieren überhaupt nicht, da kannst du dich noch so sehr ins Zeug legen. In Deutschland brauchst du wirklich Mut, richtig weiblich zu sein. Unglaublichen Mut ... «

Gertrud hat recht. Gerlinde und Corinna glauben, daß die aggressive Frauenbewegung das Verhältnis zwischen Frauen und Männern verkorkst hat. Daher ihre Liebe zu Italien und Frankreich, Ländern, in denen Weiblichkeit, wie sie sagen, noch geehrt und respektiert wird. »In Deutschland ist eine Frau entweder schön oder intelligent. Beides geht nicht«, sagt Gertrud. Zwischen Barbie und Blaustrumpf, Glucke und Emanze sieht Gertrud keine goldene Mitte. Sie ist streng mit sich. Deutsche Frauen tun sich schwer, die verschiedenen Rollen miteinander in Einklang zu bringen. Es gibt kein deutsches Adjektiv, das auf ebenso subtile und aufwertende

Weise dem französischen *féminin* entspräche. »Weiblich« klingt nach Möbelpolitur und Melkfett, während *féminin* nach Coco Chanel und Reispuder klingt. Ein »Weib« ist ein erdiges und listenreiches Wesen, das gegen die Unterdrückung der Männer kämpft.

Ich habe mich schon vor einiger Zeit zurückgelehnt und nicht mehr in die Debatte eingegriffen, die nun einer eigenen Dynamik folgt. Die Frauen galoppieren mir davon. Ich traue meinen Ohren nicht. Ich war auf alles vorbereitet: auf ein feministisches Manifest, eine Verherrlichung der Mutter, eine Kriegserklärung an die Männer ... auf alles, nur das nicht. Bei mir, der Französin, genehmigen sie sich die Freiheit des Bedauerns. Fernab von ihrem Frauenfrühstück träumen die Berlinerinnen von dem höfischen Charme südlicher Gefilde.

Kosmetik Zalon

Wenn Sengül über Deutschland spricht, wird der Druck ihrer Finger stärker. Sie knetet fester, fährt mit ihrem scharfen Nagel das Rückgrat entlang, dehnt mit der Handfläche die gerötete Haut des Schulterblattes, quetscht ein kleines Fettröllchen zwischen Zeigefinger und Daumen, walkt, streicht und kneift. Hin und wieder zuckt der auf der Massagebank ausgestreckte Körper vor Schmerz zusammen. Sengül bändigt den Ruck durch den festen Druck ihres Unterarms, und der Körper sackt wieder träge auf dem rosafarbenen Frotteehandtuch zusammen. Sengül wird brutal, wenn sie über Deutschland spricht.

Seit 26 Jahren will es Sengül nicht gelingen, Deutschland zu mögen. Seit jenem Morgen im Mai 1971. Sie war 17 Jahre alt und besaß einen superkurzen Minirock und ein Traumbild von Deutschland, als sie, aus ihrer Geburtsstadt Ankara kommend, in München landete. Sengül war eine der letzten, die die damals noch weit geöffneten Tore Deutschlands durchschritten. Die wohlgenährte Bundesrepublik suchte ihre Gastarbeiter, die für wenig Geld die Drecksarbeit machten, erst in Italien, Spanien, Griechenland und später auch verstärkt in der Türkei. 1973 stoppte Deutschland, von der ersten Ölkrise und der weltweiten Rezession geschüttelt, diese Rekrutierung. Sengül wurde von der Firma Bosch »geholt«, für die sie in den Werken von Baden-Baden am Fließband arbeiten sollte. Sengül ist geschmeichelt, zu den Auserwählten einer so angesehenen Firma zu gehören. Sie unterschreibt einen einjährigen Arbeitsvertrag. Bosch zahlt ihr Flugticket. Ein einfacher Flug von Ankara nach München. Das Deutschland, das sie im Kopf hatte, war das erreichbare europäische Vorzimmer des strahlenden Amerikas: futuristisch, lebendig, kosmopolitisch, von bunten Neonreklamen und Schildern übersät. Ein Sprungbrett in die Freiheit für einen Backfisch wie Sengül, der sich das Leben wie eine endlose Party vorstellte.

Im Abteil des Zuges, der sie von München nach Baden-Baden bringt, schüttelt Sengül ihre Illusionen eine nach der anderen ab. Deutschland rast hinter dem Fenster vorbei. Häuser und Gärten. Leere Straßen ohne Menschentrauben und Kinder. Keine Menschenseele. Kein Schmutz. Keine Sonne. Und grün, grün, soweit das Auge reicht. Als sie zum ersten Mal ihren Fuß auf den kleinen Bahnsteig in Baden-Baden setzt, ist Deutschland nur noch ein niedliches Kurstädtchen, das sich in die Landschaft wie in ein Schmuckkästchen zwängt. Baden-Baden ist sehr wohlhabend und sehr angepaßt, aber kein Metropolis. Eine Stadt, die sich des Nachts nicht amüsiert und deren Caféterrassen nur rheumageplagten, gutsituierten Rentiers ihre Gastfreundschaft anbieten. Auf diesem Bahnsteig spricht Sengül laut ein Versprechen aus, das sie nie halten würde:»Ich gehe zurück nach Ankara!« 26 Jahre später ist Sengül immer noch hier. Aber die Sehnsucht nach ihrer großen orientalischen Heimatstadt hat sie nie verlassen, und auch nicht dieses Wirrwarr widersprüchlicher Wünsche, die sie nicht mehr auseinanderhalten kann. An die Stelle des schnell zerbrochenen Traums von Deutschland trat im Laufe der Jahre eine beschönigende Erinnerung an die Türkei, in der sie nicht mehr leben könnte – das weiß sie, und es tut ihr weh, es sich einzugestehen. Sengül ist sich ihrer Situation als Staatenlose sehr bewußt:»Ich habe meine Heimat verloren.« Sengül ist in der Türkei nicht mehr richtig türkisch und in Deutschland noch nicht richtig deutsch. Sengül ist 42 Jahre alt und hat noch nie in ihrem Leben gewählt – weder in Deutschland, wo sie nicht darf, noch in der Türkei, wo sie nicht mehr wüßte, wem sie ihre Stimme geben sollte. Zwischen zwei Kulturen, zwei Identitäten hin- und hergerissen, braucht sie eine flexible Nationalität. Sie weiß nicht mehr so richtig, wer sie ist. In der Türkei behandelt man sie wie eine Deutsche. In Deutschland will man kaum glauben, daß sie Türkin ist, bei den hellen Haaren und ihrem »modernen Wesen«. Sengül haßt diese zweifelhaften Komplimente ihrer Kunden, die klingen, als wollten sie sagen: »Du bist eine ganz akzeptable Türkin, assimiliert und von Deutschland einverleibt.«

Sengül macht sich über das »Multikulti«-Getue der Deutschen lustig. Diese raffinierte Zauberformel ermöglicht sprachlich die harmonische Fusion, die Deutschland gesetzlich lange nicht zuließ. »Multikulti« erinnert an eine Flasche Multivitaminsaft. Man mischt alle möglichen exotischen Früchte, seltene, rote, gelbe, und schüttelt sie zu einem Mix. Sengül freut sich, wenn ihre Türkei auf das Leben der Deutschen abfärbt. Die Dönerkebabs, die an jeder Straßenecke verkauft werden, machen den Frankfurter Würstchen Konkurrenz. In Berlin ist das Bauchtanzfieber ausgebrochen. Als Therapie gegen jede Art von Unterleibsbeschwerden empfohlen (unerfüllter Babywunsch, Menopause, Inkontinenz, Verstopfung), steht der Bauchtanz auf dem Programm eines jeden Berliner Fitneßclubs. Sengül verzieht den Mund: diese steifen deutschen Frauen im Trainingsanzug oder in Leggings! Die ganz Mutigen knoten sich ein Seidentuch um die sorgfältig unter einem weiten T-Shirt versteckten Hüften, während sich die türkischen Tänzerinnen mit nacktem Bauch und mit Pailletten und Straß geschmückt auf den Tischen der türkischen Restaurants von Kreuzberg wiegen. Sengül kräuselt hübsch ihre Nase, bevor sie ihren letzten, von kühler Verachtung getragenen Kommentar fallenläßt: »Die Frauen hier haben das nicht im Blut. Bei uns wird man erst von der Musik erfüllt, und dann bewegt man sich. Ich tanze, weil es mir Freude macht. Hier geht den Leuten die Musik zuerst ins Gehirn. Alles muß man ihnen erst erklären. Wie man den Busen und den Po bewegt. Die Frauen wollen lernen, sich zu bewegen und weiblich zu sein. Und das ist auch ganz gut so. Das liegt an ihrer Erziehung. Viele sehen ja schon aus wie Männer.«

Sengül liebt es, hochtrabende tautologische Gleichungen auf-
zustellen: »Frau ist Frau und Mann ist Mann.« »Türke ist
Türke und Deutscher ist Deutscher.« »Türken leben, um zu
leben.«

Sengül wurde wie ein Mädchen erzogen und hatte, als sie
zu Bosch kam, keine Ahnung, wie ein Motor aussieht. Noch
heute hat sie Schwierigkeiten, den technischen Sinn des kleinen schnellen Handgriffs zu beschreiben, den sie einige dut-
zendmal in der Stunde ausführte: »Das Motorteil kontrollie-
ren und ein grünes Ding draufkleben.« Sengül wurde schon
bald krank. Eine Allergie: »Als der Notarztwagen mich ins
Krankenhaus brachte, wurde mir klar, daß ich noch ein Kind
war. Und daß ich in Deutschland ganz allein war.« Sengül hat
die deutsche Grammatik ein für allemal abgehakt. Sie unter-
schlägt die Artikel der Wörter, deren Genus und Flexion sie
nicht kennt, und setzt Relativsätze auf ihre ganz eigene akro-
batische Art zusammen. Statt an das Ende verbannt zu werden, thront bei ihr das Verb in der Mitte des Satzes. Sengül
verlegt auch lieber die Vergangenheit in die Gegenwart, das
ist einfacher. Aus all diesen Kunstbegriffen entsteht schließlich ein klappriges Gebäude, in dem sich nur Sengül zurecht-
findet. Dabei hat sie in so manchem Abendkurs mit der deutschen Grammatik gekämpft!

In Baden-Baden lebt Sengül ein Jahr lang in einer Baracke.
Sie sind vier Mädchen auf dem Zimmer. Als ihr Vertrag ausläuft, geht sie zu ihren Schwestern nach Berlin. Eine erneute
Enttäuschung, nur mit einer Farbe: »Grau, grau, alles war
grau ... überall Löcher und alles viel häßlicher als in Ankara.
Damals sah Berlin noch nicht so aus wie heute. Überall liefen
nur Omas rum. Uns rief man ›Knoblauchtürken‹ und ›Scheiß-
türken‹ hinterher.« Man sagt, Berlin sei die drittgrößte Stadt
der Türkei, so sehr hat sich die Einwanderung auf diese Stadt
konzentriert. Sengül mag Berlin nicht. Für sie ist Kreuzberg
ein primitiver Basar. Die schwarz verhüllten Mamas, die unter Einkaufstaschen und Kindern stöhnen, findet sie unmög-

lich. Die Berliner Türken kommen aus dem hintersten Anatolien. Das sind keine modernen Menschen. Sengül ist abwechselnd Zimmermädchen, Kellnerin, Aushilfe in einem Reisebüro, bevor sie wieder einmal beschließt zurückzukehren. Im Wartezimmer der Polizeidienststelle, in der sie vor der Rückkehr ein letztes Mal ihre Aufenthaltsgenehmigung verlängern muß, trifft sie Ali. Ein schöner, forsch auftretender Mann mit kleinem Schnurbesen. Er lädt sie zu einer Tasse Kaffee ein. »Es war sofort die große Liebe. Mein ganzer Körper brannte.« Sengül läßt endlich all den Gefühlen freien Lauf, die, wie sie glaubte, die deutsche Kälte in ihrem romantischen Jungmädchenherz eingefroren hatte. Sie heiraten. Sie bekommen schnell hintereinander zwei Kinder. Sie lieben sich eine Zeitlang. Er betrügt sie. Sie ist unglücklich. Sie verläßt ihn. Er nimmt ihr das übel.

Heute ist Sengül eine Dame, die ihren eigenen Schönheitssalon führt, am Ende der Fuggerstraße, im Herzen des brisanten Viertels von Berlin. »Kosmetik Zalon«, flötet sie mit einem fingierten französischen Akzent und einer Piepsstimme, die besonders chic klingen soll, ins Telefon. Das Wort »Institut« klingt zu sehr nach Krankenhaus und bringt Sengül um die eleganten und pariserischen Bilder, die »Zalon« in ihr weckt. Sie schert sich nicht um die Stundenhotels und Nachtbars von zweifelhaftem Ruf in ihrer Nachbarschaft. Das Schaufenster des Kosmetik Zalons ist kaum zu sehen, zwischen einen Spielsalon und einen Trödelladen gequetscht. In demselben kahlen Gebäude logiert ein Stundenhotel und eine halbseidene Pension. Sengül kommentiert den regen Verkehr im Treppenhaus, amüsiert sich über die hastig trippelnden Schritte in der Etage über ihr. Im Haus nebenan liegt ein englischer Pub in den letzten Zügen, dessen angelaufene Fenster vermuten lassen, daß er seit langem nicht mehr richtig geheizt wurde. In diesem so adretten Deutschland ist Berlin nunmehr die letzte Stadt mit solch schäbigen Straßen. Der Abfall auf den Bürgersteigen befleckt Sengüls Traum ein bißchen. Sie setzt sich für den guten Ruf ihres Salons ein: »Auf der Straße würde man keinen Kosmetik Zalon vermuten!« Sie schmückt sich gern mit ihrer auserwählten Kundschaft: eine ehemalige Miss Germany, heute Verkäuferin in der Parfümerie-Abteilung des KaDeWe, ein Lufthansa-Steward, ein Professor und seine Frau Gemahlin, die ihr einen Mantel mit falschem Leopardenfellkragen geschenkt hat, der ihr zu kurz war, mehrere Manager, eine berühmte Schauspielerin »mit großem Busen und sehr behaart«, wie Sengül voller Stolz auf die kleinen Indiskretionen, die sie ihren Kunden exklusiv mitteilen kann, offenbart. Sengül ist die Freundin der Schwulen des Viertels geworden, denen sie ihre aufmerksamen Dienste zukommen läßt. Und sie weist verirrten Familienvätern, die mit lüsternen Absichten an ihrer Tür klopfen, den richtigen Weg. Sie erklärt ihnen trocken, daß sie sich in der Adresse geirrt haben. »Erst heute verspürte ein Kunde wieder ein steifes Gefühl«, vertraut sie mir etwas verlegen an. Und als ich diese bemäntelte Formulierung nicht sofort verstehe, gluckst Sengül wie ein junges Mädchen ungeduldig los: »Na, du weißt schon!« Ohne den Ausrutscher beim Namen zu nennen. Wenn das Handtuch, das sie während der Massage über dem Becken ihres Kunden ausbreitet, sich hebt und wölbt, beruhigt sie den verwirrten Herrn mütterlich: »Na, na. Das ist ganz normal: Sie entspannen sich. Los, drehen Sie sich mal auf den Bauch!« Im übrigen bürgen die braven Großmütterchen des Viertels, die hier, ohne den Hut abzusetzen, hinter einem kleinen Schleier wie im Beichtstuhl ihre Hühneraugen behandeln lassen, für die Ehrenhaftigkeit des Kosmetik Zalons.

Der Kosmetik Zalon ist ein Boudoir, und Sengül gebietet über sein mondänes Treiben. In Kostüm und Seidenbluse, mit Perlenkette und der Sonnenbrille, die sie selbst an verschneiten oder nebligen Tagen auf ihr langes kastanienbraunes Haar klemmt, beobachtet Sengül von ihrem kleinen Schreibtisch aus, einem alten Stück im Empirestil, das sie auf dem Floh-

markt auf der Straße des 17. Juni gefunden hat, die Straße.
Auf einem kleinen runden Tisch steht eine der *Art nègre* nach-empfundene erotische Statue neben dem Samowar für Thy-miantee und dem Honigtopf, die vor der Pflegesitzung auf den Kunden warten. Sengül zählt ihr Herbarium auf: Thy-mian bei Schnupfen und verschleimten Bronchien, Kamille für die Nerven, Rosenblüten gegen trockene Haut, Basilikum für die Leber, Löwenzahn für die Nieren. Auch ihr Vorname scheint aus dem Pflanzenbuch zu stammen, in dem sie ein Mittel gegen jedes Übel findet. *Songül* bedeutet »die letzte Rose«.

Ich sehe, wie Sengül nach einem verständlichen und wirk-samen Weg sucht, mir die Geschichte zu erklären, unter der sie ihr Leben lang leiden mußte. Ihr Vater ging zum Standes-amt von Ankara, um die kleine Songül anzumelden. Aber der Angestellte verstand ihn nicht richtig. Er schrieb *Sengül*, »du bist eine Rose«. Sich mit den türkischen Behörden anzulegen, um den Fehler zu korrigieren, schien ein so aussichtsloses Un-terfangen, daß ihre Mutter es vorzog, die Sache auf gütlichem Wege zu regeln: »Auf dem Papier bist du eine Rose. Und für uns bist du die letzte Rose.« Ihre Eltern wollten eigentlich keine Kinder mehr, als das kleine Mädchen kam. Und sie war nicht die letzte ... Nach ihr kam ihre kleine Schwester Gülsen, »fröhliche Rose«. In Huldigung an den Großvater, der Kräu-tersammler war und im Taurus wunderbare Rosenstöcke züchtete, tragen alle weiblichen Familienmitglieder einen Rosennamen: ihre andere Schwester heißt Gülderen, »Rosen-sammlerin«, und ihre Mutter Aygül, »Mondscheinrose«. Nur deren ältere Schwester weicht von der Familientradition ab: Der Großvater hat sie Fatima genannt, aus Liebe zu seiner Frau, der er beweisen wollte, daß er kein Monster ist und seine Gattin den Schönheiten aus seinem Rosengarten vor-zieht. »Schreib das, schreib!« befiehlt mir Sengül. »Wenn du aus meinem Leben erzählen willst, mußt du über meinen Großvater reden.« In dem Großvater aus dem Taurus kristallisieren sich alle Sehnsüchte von Sengül. Er schickte sie Kräuter sammeln. Sengül erinnert sich noch an den kristallenen Regenschleier zwischen den Tannen. In ihrem Zalon hat sie ein golden eingerahmtes Aquarell von einer Alpenlandschaft über dem Radiator aufgehängt. Mit Tannen und hohen Berggipfeln. Einem Bach und ewigem Eis. Was Besseres konnte sie beim Trödler nebenan nicht finden. Als ihre Tochter auf die Welt kam, fand Sengül, daß es genug Rosen in der Familie gab. Sie nannte sie Yelis, »weiße Mähne im Wind«. Sengül macht sich über die männliche Härte der Vornamen deutscher Frauen lustig. »Wie kann man eine Frau nur Adelheid nennen! Ute! Anke! Mechthild! Erna! Frauke! Hilde! Elke! ... « Bei jedem Vornamen simuliert Sengül Atemnot. Sie schlägt die Hand vor die Brust, reißt den Mund auf und schnappt nach Luft. —

Was Sengül an Deutschland gefiel, war die Sauberkeit und die Männer. Die Sauberkeit, weil sie eine gepflegte und ordnungsliebende Person ist. Und die Männer, weil sie eines Tages in Ankara, als sie aus der Schule nach Hause kam, gelauscht hatte, wie Nachbarn, kultivierte Menschen, die viel gereist waren, ihrer Mutter von den deutschen Männern erzählten. Sengül hatte schon immer ein Faible für die Geschlechtergleichheit. »In der Türkei entscheiden die Männer für die Frauen – als hätten die Frauen ihren Schutz nötig. Ich wollte selber über mein Leben bestimmen. Und an jenem Tag erzählten die Nachbarn eben, daß die Deutschen sehr tolerant sind und ihre Frauen selber denken lassen. Die Nachbarn sagten auch, daß ein Mann, wenn er eine Frau anspricht und sie ihm ›Nein‹ sagt, sie gleich wieder in Ruhe läßt. In der Türkei kann sie ihm hundert Mal sagen, daß sie nicht will, er läßt sie trotzdem nicht in Frieden. Er prügelt sich für sie, ob sie will oder nicht. Ich mag die primitiven Sitten der Männer aus den anatolischen Dörfern nicht. Sie glauben, sie können mit den Frauen aus der Stadt machen, was sie wollen. Mit der Arbeitssuche ist es dasselbe. In der Türkei muß eine Frau ihrem zukünftigen Chef etwas anbieten. Wenigstens ein Abendessen und ein bißchen Flirten. In Deutschland muß eine Frau andere Prüfungen bestehen, wenn sie in einer Bank anfangen will, keine körperlichen.«

Ich sehe bei ihr oft einen kleinen blassen Herrn unbehaglich auf der Kante eines Polstersessels sitzen. Er hat Sengül schweigend den Hof gemacht. Sengül ist damit beschäftigt, ihre auf dem Schreibtisch verteilten Papiere zu sortieren, und ignoriert ihn. Sie rechnet, organisiert ihre Termine, plaudert mit ihren Kindern auf türkisch am Telefon. Fünfzig weiße Rosen ersticken den engen Raum. Sengül hat den monumentalen Strauß in eine der Kristallvasen gestellt, die sie in der Küche unter der Spüle aufbewahrt. Nun steht er wacklig auf dem Schreibtisch. Das elegische Blattwerk hindert sie daran, das Geschehen auf dem Bürgersteig zu verfolgen. Sie spielt die Aufgebrachte. Nimmt entnervt 30 Rosen aus der Vase und wirft den überbordenden Schwung Blumen in meinen Korb. Ich protestiere. Ich bemitleide den kleinen, auf den Sessel genagelten Herrn. Sengül ist in ihrer Großzügigkeit gnadenlos: »Los, nimm schon! Glaub mir, ich bin froh, wenn sie weg sind!« Und ich bringe es weder fertig, sie abzulehnen, noch wage ich, dem Verehrer ins Gesicht zu sehen, der die Schmach ertragen muß, sein überdimensionales Geschenk in den Händen einer Fremden zu sehen. Er wird nächste Woche mit Lilien wiederkommen.

Sengül gefällt den Deutschen. Sie sind von ihrer strahlenden Weiblichkeit fasziniert. Als wir am Vormittag auf einen Cappuccino ins Café Berio gehen, hakt sie sich bei mir unter, lehnt sich an mich und krümmt sich vor Lachen. Ich rieche den Tropfen Parfüm, den sie mit dreifacher und zielsicherer Geste hinter jedem Ohrläppchen, auf den Handgelenken und dem Dekolleté verteilt hat. Eine reichhaltige Pflegecreme läßt die Haut ihrer runden Wangen erstrahlen. Sie ist winzig und tanzt in ihren Mary Poppins-Schnürstiefeln an meiner Seite umher. Die Männer drehen sich nach ihr um. Gaffen sie an.

Als ihr zum dritten Mal das Fahrrad gestohlen wurde, hat ihr Fahrradhändler sie zum Trost zum Essen eingeladen. Sengül verwahrt in ihrer Brieftasche – zwischen einem Foto ihrer Tochter im Bikini am Strand von Susanoglu und dem ihres schnauzbärtigen Schwagers – ein Polaroidfoto von diesem Essen. Er, in Satinweste, verschlingt sie mit den Augen. Sie lächelt, posiert. Auf dem Tisch drei rote Rosen und eine Kerze. Er hat ihr ein Gedicht geschrieben, das sie mir zeigen will. »Ganz nett, aber nicht sportlich genug!« Sie kann es sich erlauben, wählerisch zu sein. Damit man es ihr nicht wieder klaut, stellt Sengül ihr neues Fahrrad – ihr Verehrer hat ihr gestattet, es sofort mitzunehmen und erst später zu bezahlen – jetzt auf dem nachtblauen Teppichboden ihres »Zalons« ab, zwischen dem Empiresekretär und dem Sessel.

Während ich zusehe, wie sie einen sichelförmigen kaminroten Lippenabdruck auf dem Rand ihrer Tasse hinterläßt, frage ich mich, was sie für Deutsche so anziehend macht. Ist es ihr üppiger Busen, der ihr Komplexe macht und den sie vergeblich in enge Korsetts zwängt? Oder besitzt sie auf natürliche Art, was so viele emanzipierte Berlinerinnen nicht haben: maniküriert, parfümiert, kokett, wohlgerundet, anmutig, ist sie eine blaue Blume aus einer anderen Zeit, die bisweilen die Züge einer Femme fatale trägt. Sengül kann orientalisch flirten, den Blick, den sie seit einer Weile auf sich ruhen fühlt, erwidern, ihn zurückweisen, ihn mit einem kurzen Seitenblick hinhalten, ihn anscheinend ignorieren, um ihn besser einzufangen, sich darüber empören, wenn er zu insistierend wird, und, ganz von dem bewundernden Blick getragen, mit wogenden Hüften verschwinden. Sengül findet die deutschen Codes weniger raffiniert. Guckt die Frau zurück, heißt das »Ja«, wendet sie den Blick mit einem gereizten Wimpernschlag ab, heißt das »Nein«, und der Verehrer insistiert nicht weiter. Die Nachbarn in Ankara hatten auch erzählt, daß die Frauen in Deutschland allein über die Straße spazieren können, ohne von irgendwem angesehen zu werden. Aber seit sie in Baden-Baden ist, fühlt sich Sengül beobachtet. Sie kam als junges Mädchen aus einer großen Stadt, attraktiv, geschminkt, in einem kurzen Rock. »Modern und gepflegt halt!« empört sie sich. »Die Deutschen konnten sich solche Türken überhaupt nicht vorstellen. Sie erwarteten bis über die Augen verschleierte Frauen. Ich hätte sie für gebildeter gehalten.«

Wenn sie es sich genau überlegt, findet Sengül die deutschen Frauen gar nicht so besonders emanzipiert. Auf einen Widerspruch mehr oder weniger kommt es ihr nicht an: »In der Türkei tragen die Männer ihre Frauen auf Händen. Sie kommen für ihre Pflege und Kosmetik auf. Sie bewundern ihre Schönheit.« Sengül verdammt die Freigiebigkeit, die die sexuelle Befreiung deutschen Frauen aufgezwungen hat: »Bei uns betrügt eine anständige Frau ihren Mann nicht. Die türkischen Frauen sind sich ihres eigenen Wertes nicht bewußt. Sie wissen, daß Männer Frauen immer ausbeuten. Kein Mann, nicht mal dein eigener Lieblingsonkel, würde nein sagen, wenn er mit dir ins Bett springen könnte.« Nach all dieser in Deutschland verbrachten Zeit wurde ihre Sicht auf Menschen und Dinge schließlich von feministischen Theorien eingefärbt. Selbstbewußtsein, Selbstverwirklichung, Emanzipation ... Nein, wenn sie Lust hat, sich toll anzuziehen, kümmert sie sich nicht darum, was andere sagen, und sie verteidigt ihre Schwester, die deren türkischer Mann immer zu selbstbewußt findet. Sie stiftet sie zur Rebellion an. Als ihre Tochter irgendwann auf einmal einen Schleier tragen wollte, hat Sengül rot gesehen: »Ein Teenager-Fimmel! Der schlechte Einfluß in der Schule! Der Minirock steht ihr so gut!«

Hinter dem kleinen Salon, der auf die Straße führt, erstreckt sich eine sinnenfreudige und wohlriechende Höhle. Die beiden Kabinen werden durch einen dünnen Vorhang getrennt. Eine Lampe mit drei gelben Schirmen hellt den Halbschatten leicht auf, während auf dem Tonbandgerät eine ätherische

Melodie knistert. Ab und zu bleibt das Band mit einem kurzen Knacken stehen und läuft dann automatisch in die andere Richtung weiter. Sengül spielt abwechselnd meditative Musik und die türkischen Hits vom vergangenen Sommer. Der Hinterraum des Kosmetik Zalons ist eine Reise in den Orient, weit weg vom trüben Deutschland am Ende der Fuggerstraße. Ein Ort der feuchten und warmen Intimität, wo sich auf der Massagebank neutralisierte Männer über die mangelnde Zuneigung ihrer Frauen beschweren. Ihre Klagen liefern Sengül einen weiteren Beweis für die Kaltherzigkeit der deutschen Frauen. In Sengüls Augen sind deutsche Männer immer die Opfer deutscher Frauen: »Bei mir finden sie, was sie noch nie bekommen haben.« Wenn die Frauen – mit in die Höhe gelifteten Beinen und von lauwarmem Dampf benetztem Gesicht – sich den Ärger mit ihren Männern von der Seele reden, läßt Sengül drei Tropfen Öl auf die kleinen Sorgenfalten ihrer Stirn fallen. Ihre Kundinnen sind nett, und Sengül ist stolz darauf, ihnen ein wenig von ihrem Deutschsein abzunehmen. Geburtshelferin der Beichten, verspricht Sengül Linderung der Leiden durch drei Vitaminampullen oder eine übelriechende, aber wirksame Salbe. Sengül wäre gern Diplom-Psychologin. Das Adjektiv spricht sie mit besonderem Respekt aus. Sie wollte »die Seele und den Körper des menschlichen Wesens« studieren. Als sie neulich abends mit ihrer Freundin Fatima im Café saß, entspann sich eine Unterhaltung mit dem Mann am Nachbartisch. Ein ansehnlicher blonder Kerl, ein bißchen weibisch und sehr unglücklich: Von seiner Frau verlassen, die den Sohn mitgenommen hat, will er nun eine Frau aus dem Orient heiraten. Er ist nichts für sie. Zu schwach. Diese Deutschen mit ihrer Manie, die Rollen zu vertauschen! Aber da Sengül ein großes Herz hat, schaut sie, ob sich da nicht bei ihrer Freundin Fatima was machen läßt.

»Einen Deutschen? Nie wieder!« ruft sie, als ich nach ihren Liebschaften frage. Sengül war so oft fest entschlossen. Mit den Deutschen klappt es einfach nicht. Sie segelt von einer Enttäuschung in das nächste Drama. Sie schwört, sich nie wieder darauf einzulassen. Und bei unserem nächsten Treffen im Café Berio spielt sie wieder das schüchterne Mädchen, klimpert mit ihren getuschten Wimpern, gluckst und hüpft, vor Aufregung in die Hände klatschend, herum. Sie hegt ein großes Geheimnis. Nein, nein, sie verrät nichts. Ich bohre nach, und das gefällt ihr. Nein, wirklich nicht. Ich bohre weiter. Sie erzählt es doch, erst nur ein Stückchen, dann noch eins, und schließlich die ganze Wahrheit. Sengüls Vorsätze schweben mit dem Wiener Walzer davon, der aus den Lautsprechern tönt. Jedesmal, wenn der Walzer lauter wird, rückt Sengül mit einer neuen Episode ihres Abenteuers raus. Er hat sie zu einem Abendessen bei Kerzenschein eingeladen. Er hat ihr Rosen geschenkt. Er ist ganz anders als die anderen. Im ersten Augenblick gar nicht ihr Typ, aber kein Macho und sehr höflich. Ein Seelenverwandter. Er ist verrückt nach ihr. Er will sie heiraten. Sie kennen sich seit zwei Wochen. Sengül vergißt ihre Prinzipien und ihre Weisheit. »Und, wie heißt er?« Sengül hat ihr Versprechen und Günthers Nationalität völlig vergessen. Sie gibt sich große Mühe, schwört sie, die Beine und die Schamgegend ihrer deutschen Liebhaber sorgfältig mit Bienenwachs zu enthaaren, bevor sie sich hingibt. Sie mag nur bartlose Deutsche mit Säuglingshaut. Sie erträgt nur gepflegte Männer: schon wieder »gepflegt«, das ist ihr Lieblings-Adjektiv. Und das sind die Deutschen in ihren Augen nicht. Große, etwas ungehobelte Kerle, die nur Wasser und Seife benutzen und nicht den Unterschied zwischen einem Waschlappen und einem Scheuerlappen kennen. Unzivilisierte Barbaren, die ihre Füße und ihre Kartoffeln in demselben Wasser waschen. Sengül macht es Spaß, die nicht sehr appetitlichen Geheimnisse ihrer Pflegekabine auszuplaudern: Pusteln, Schichten von Schmutz und Hautschuppen, Gestank. Sie trägt dick auf und verzerrt ihr Bild von Deutschland zu einer Karikatur mit verblüffender Chuzpe, die die tausend Verletzungen ihres Lebens als Immigrantin rächt.

Der stille Portier

Auf einem karierten Blatt Papier hat die Dame aus dem dritten Stock handschriftlich 13 Namen und die einzelnen Schicksale notiert: Geburtsdatum und den Tag ihrer Deportation. Drei Dinge verband sie: Sie waren Juden, sie starben im Konzentrationslager, und sie lebten in demselben Haus. Verschollene Mieter des letzten Hauses, bevor meine Straße in einer Sackgasse ausläuft. Die Dame aus dem dritten Stock hat die Angaben methodisch gegliedert und alphabetisch geordnet:

Aus diesem Haus wurden deportiert:

Nach Auschwitz:
  Hedwig Bachmann 20.7.1900 – am 1.3.1943
  Emma Lewy 23.4.1892 – am 1.3.1943
  Marianne Lewy 30.4.1923 – am 19.4.1943
  Gerhard Winter 18.7.1887 – am 3.3.1943
  Else Winter 6.10.1901 – am 3.3.1943
  Rudolf Winter 17.3.1924 – am 3.3.1943.

Nach Theresienstadt:
  Jaque Nahaum 21.9.1894 – am 10.3.1944
  Alfred Wachsmann 12.12.1881 – am 11.9.1942
  Jenny Wachsmann 19.4.1864 – am 10.7.1942.

Nach Riga:
  Karl Gotthelf 17.4.1868 – am 25.1.1942
  Sofie Guttmann 21.2.1897 – am 19.10.1942
  Ida Lewinsky 25.2.1896 – am 25.1.1942.

Nach Sachsenhausen:
  Alfred Fürst 28.10.1903 – Todestag 25.5.1942.

Die Dame aus dem dritten Stock wollte die Erinnerung wachrufen. Wenn die Namen erblassen, bleibt nichts mehr. Sie hat sich die Liste der früheren jüdischen Mieter ihres Hauses besorgt. Die Gestapo teilte die Namen der Juden, deren Eigentum sie konfiszierte, mit Gründlichkeit der Oberfinanzdirektion in Berlin mit. Die sorgfältig dokumentierten Unterlagen sind heute die einzigen bleibenden Spuren der früheren Bewohner. Eines Morgens hängte die Dame aus dem dritten Stock die Liste in den Hausflur. Noch am selben Abend war sie bereits wieder verschwunden. Jemand hatte sie abgerissen. Störte sie die schöne Ordnung? War es nicht erlaubt, dort etwas aufzuhängen? Oder weckte sie böse Geister? Also schrieb sie mit ihrer eckigen Handschrift eine neue Liste und hängte sie wieder in den Flur. An dieselbe Stelle. Am Abend fand sie die Liste zerknüllt auf dem Fliesenboden wieder. Sie hat nicht insistiert, aber sie hat einen zornigen Rundbrief geschrieben, den sie ihren Mitbewohnern in den Briefkasten warf: »Niemand in diesem Haus hat mich unterstützt, mir geholfen oder wenigstens Hilfe angeboten. Ich ekel' mich, in einem Haus zu leben, wo ich von Nachbarn umgeben bin, die in ganz direkter Nachfolge der Nazis leben und handeln. Ich ekel' mich, in einem Land zu leben, wo die Existenz eines Menschen zerstört werden kann, sein Ruf, seine Ehre, seine Gesundheit, seine Heimat zerstört werden. Die Deutschen haben sich kein Stück geändert.« Niemand reagierte auf diesen hitzigen Vorwurf. »Da hat sich die Spinnerin aus dem dritten Stock ja wieder was geleistet!« schnatterten die Mitbewohner. Man hat nie erfahren, wer die Liste aus dem Flur entfernt hat.

Das Haus am Ende meiner Straße gehört zu jenen Berliner Gebäuden, in denen die Zeit stehengeblieben zu sein scheint, ganz plötzlich, nach dem Krieg. Es ist das einzige, das den Bomben standhielt. Ein verschonter Altbau zwischen zwei funktionalen Klötzen, die in den 50er Jahren schnell hochgezogen wurden, um die Lücken der Bombeneinschläge zu füllen. Der durch Granaten abgestoßene Jugendstildekor der Fassade erhielt einen neuen Putz aus schwarzem Zement, eine rauhe Maske, die sie verunstaltet. Das häßliche Parkett wirkt noch düsterer durch die dicken Vorhänge, die das Innere vor den Blicken von der Straße schützen. Im Winter trocknen Blumenkästen mit zerzauster Erika auf den Fensterbrettern vor sich hin. Im Sommer gibt die Balkonausstattung genauen Aufschluß über die Identität der Mieter: eine Reihe Petunien in Habachtstellung, Liegestuhl und Sonnenschirm im zweiten Stock. Ein dunstiges Gewirr von Blättern und Wiesenblumen (der im ersten Stock muß ein Bohemien sein, seine Gewächse quillen über, klettern die Regenrinne entlang, ergießen sich über das Geländer). Im dritten Stock begnügt man sich damit, in einem Pflanzenkübel ein von Blattläusen heimgesuchtes Kraut zu züchten. Der Balkon ist nackt und die Fenster sind geschlossen.

Ich hätte mich sicher nie auf dem gegenüberliegenden Bürgersteig postiert und »Wem gehört dieser Balkon?« gespielt, hätte nicht der *Schöneberger Stichel*, das kostenlose Blättchen meines Viertels, der zugleich traurigen und tröstenden Geschichte des Hauses ein paar Zeilen und ein Foto gewidmet. Ich stand oft im Erker meiner Wohnung und beobachtete das von den eisigen Böen des Berliner Winters umwehte Haus. Und wenn der Schneefall nachließ, stieg ich manchmal die ächzenden Stufen hinauf oder streunte im Hinterhof umher. Tiefe Risse ziehen ein feinadriges Netz über die Mauern. Unter einem Vordach drängt eine Batterie Mülltonnen dem Hausmüll seine militärische Ordnung auf. Drei Container – weißes Glas, grünes Glas, braunes Glas – fordern zu obsessivem Rassismus auf. Um nicht die Mieter mit Fenster zum Hof zu belästigen, ist die Altglasentsorgung durch einen strikten Zeitplan geregelt. Nur zwischen 7 und 13 Uhr und zwischen 15 und 20 Uhr dürfen Flaschen eingeworfen werden. An Sonn- und Feiertagen gar nicht. Ein kleiner, aber ins Auge springender Aufkleber erinnert die Vergeßlichen daran, daß Glasbehälter zuvor von ihren Verschlüssen befreit und gereinigt werden müssen. Ein anderer Aufkleber appelliert mit einem Reim an das Gewissen: »Weniger Müll tut gut!«

Gutnachbarschaftliche Streitereien und kleine Geheimnisse lauern auf jeder Etage. Die Girlande aus blinkenden Lämpchen, die Wagner und Treichel, die schwulen Hausmeister aus dem Hinterhaus, in der Adventszeit an ihren Fenstern aufgehängt haben, war dem Nachbarn von Gegenüber ein Dorn im Auge. Der Nörgler steckte einen anonymen Brief in den Kasten der Hausmeister, in dem er ihnen befahl, die blendende Festbeleuchtung, »die höchstens für einen großen Supermarkt angemessen wäre«, auf der Stelle zu beseitigen. Verärgert füllten Wagner und Treichel die Kästen mit einem Rundbrief, in dem sie dem mutigen Anonymen, über dessen Identität sie selbstverständlich einen Verdacht hegten, den schlichten Rat gaben, die Vorhänge zuzuziehen und die Rolläden herunterzulassen. Der Streit hielt das Haus bis Januar in Atem. Aus Rache an dem Querulanten ließen sich Wagner und Treichel mit der Entfernung ihrer Lichtkette richtig schön Zeit. Hin und wieder zerschneidet ein fauchendes »Ruhe!« den Hinterhof, wenn die Schüler der Yogaschule im Erdgeschoß mit starkem deutschem Akzent Sanskrit-Mantras vor sich hin brummen. Ein ziemlich verrücktes Haus, in dem jeder für sich lebt und keiner keinen kennt. In dem manche nie das Tageslicht sehen. In dem strenge Witwen einem um zehn Uhr morgens »Mahlzeit!« wünschen. In dem man zornige Beschwerden in Briefkästen wirft. In dem Rundbriefe und Drohungen munter zwischen den Etagen umherspringen. Diese amüsanten Nachbarschaftskräche, deren Verlauf ich wochenlang begleitet habe, milderten das Gefühl von Traurigkeit, das ich jedesmal verspürte, wenn ich meine Straße überquerte, um die Mieter im Haus gegenüber zu besuchen, etwas.

Nur Arvid Erlenmeyer, der Psychoanalytiker aus dem ersten Stock, war bewegt von der Aktion der Nachbarin von oben:

»Ich hatte mir noch nie Gedanken darüber gemacht, wer früher in meinem Haus gewohnt hat. Obwohl ich mich intensiv mit dem Holocaust beschäftigt habe. Es war so einfach. Ich fand, daß uns diese Frau den richtigen Weg zeigte. Und daß man sich darum kümmern mußte.« Arvid Erlenmeyer nahm die Sache in die Hand. Auch er schrieb einen freundlichen, aber bestimmten Rundbrief an alle Mieter, in dem er sie bat, die Liste nicht mehr zu entfernen, und vorschlug, eine Gedenktafel im Haus anzubringen. Er wollte sie nicht bevormunden oder anfeinden, sondern ihnen sein Anliegen vorsichtig näherbringen. Eines Dienstagabends um acht Uhr lud er das ganze Haus ins Lithos ein, das griechische Restaurant an der Ecke, um gemeinsam über eine Möglichkeit nachzudenken, wie man das Gedächtnis an die deportierten Mieter von früher aufrechterhalten könnte.

Von 40 Mietern erschienen nur vier: Wagner (oder Treichel?), die Dame aus dem zweiten Stock (oder war es die aus dem vierten? Die anderen Teilnehmer erinnern sich auch nicht mehr) und Jacqui und Andrew Strutton-Smith, die beiden jungen Tänzer aus dem Balletcorps der Staatsoper. An jenem Dienstag war keine Vorstellung. Sie ist Australierin, er Engländer. »Wir hielten das für eine gute Idee. Was in unserem Haus passiert ist, ist nicht nur eine deutsche Angelegenheit. Das Ziel dieser Initiative war nicht, die Deutschen anzuklagen, sondern dem Vergessen entgegenzuwirken. Das hat uns wirklich berührt. Und das geht uns alle etwas an. In Australien ebenso wie in Deutschland.« Die beiden Ausländer haben sich ganz selbstverständlich zu ihren deutschen Nachbarn gesellt.

Dirk Wagner ist überzeugt, daß der Doktor aus dem ersten Stock Jude ist. »Es hat schon seine Gründe, warum er sich so einsetzt. Bei dem Vornamen ... Wie auch immer, man weiß ja, wie das mit Psychoanalytikern ist!« Das väterliche Erbe von Arvid Erlenmeyer ist belastet. Sein Vater hatte als junger Soldat im Ersten Weltkrieg gekämpft. Der Mathematiker und

Physiker wurde kurz nach der Machtergreifung der Nazis Mitglied der NSDAP. 1934 lehrt er in Budapest. Hier trifft er seine zukünftige Frau, die Tochter eines Rechtsanwalts und Enkelin eines bayerischen Generals. Als der Krieg ausbricht, kehrt er freiwillig nach Deutschland zurück, um mitzukämpfen. Er wird Meteorologe in der Luftwaffe. Dann reist er zurück nach Budapest. Zu Beginn des Krieges ist er in Frankreich und bringt von dort Mathematikbücher mit, die er bei den Bouquinisten am Ufer der Seine gekauft hat, und erzählt seiner Familie harmlose Geschichten. Arvid Erlenmeyer: »Mein Vater hat nie von seiner Zeit in Budapest erzählt. Die Generation unserer Eltern war eine Generation von Stummen. Als ich vor drei Jahren seine Briefe an meine Mutter las, erfuhr ich, daß er schon 1944, also ein Jahr vor Kriegsende, in Ungarn war. Ich bin sicher, daß er oben aus seinem Flugzeug die Deportationen beobachtet hat. Die Luftwaffe war immer besser informiert als die anderen. Er wußte ganz bestimmt, was in der Stadt vor sich ging. Das Ghetto, die mit ungarischen Juden vollgestopften Waggons, die nach Auschwitz fuhren, beladen von Adolf Eichmann und den Pfeilkreuzlern, der Ungarischen Nationalsozialistischen Partei, die unzähligen Exekutionen, die grausamen Massaker. Ich denke, er muß gewußt haben, was in den Lagern geschah. In einem Brief vom 15. November 1944, meinem ersten Geburtstag, schrieb er an meine Mutter: »Das jüdische Ghetto ist evakuiert worden. Wir fürchten einen Aufstand wie in Warschau.« Das ist das einzige Mal, daß er die furchtbaren Ereignisse erwähnte, die sich in Ungarn in den letzten Kriegsmonaten abspielten. Für Arvid Erlenmeyer stürzte eine Welt zusammen. Er läßt sich nicht weiter über die schmerzhaften Monate aus, in denen er in der Bibliothek Literatur zur Geschichte Ungarns während des Zweiten Weltkriegs studierte. Er wurde krank und sah sich mit dieser »moralischen Hypothek« belastet.

Es gab zwei weitere Treffen im Lithos. Dirk Wagner, der seinen breiten Berliner Akzent nicht so gern in der Öffentlichkeit preisgibt, hat allen Mut zusammengenommen und dem Arzt aus dem ersten Stock seine Meinung gesagt. Wagner und Treichel, Ostberliner, zogen in diese Straße, die an das Ausgehviertel der Schwulen grenzt, um sich zu emanzipieren. Nach dem Fall der Mauer hatte Dirk Wager sein »Comingout«, wie er mit Betonung auf der ersten Silbe und schnalzendem »T« am Ende sagt. Er hat auf dem Balkon seiner Hausmeisterloge die bunte Regenbogen-Fahne, das Erkennungszeichen der Berliner Homosexuellen, ausgerollt und sich einen falschen Diamanten durchs rechte Ohrläppchen geschossen. Er plädiert für eine anonyme Gedenktafel an der Außenwand des Hauses, die jeder Passant sehen kann: »Das war ein bürgerliches Haus, aber die Leute hatten bestimmt Personal, das auch aus Juden bestand. Und es ist nicht korrekt, daß deren Namen nicht genannt werden. Es gibt so viele Denkmäler zu Ehren der Juden. Aber das waren nicht die einzigen, die in den Lagern umkamen. Es stört mich, daß man nie an die Homosexuellen denkt. Sicher gab es in diesem Haus auch welche. Ich muß manchmal daran denken, daß ich dasselbe Schicksal wie die Juden hätte erleiden können.« Dirk Wagner hat die Exkursion nach Buchenwald, die jährlich von der Brigade seines Kombinats organisiert wurde, nicht vergessen. Für ihn ist Frau Ernsthaft, die sehr betagte jüdische Dame aus dem zweiten Stock und die einzige Überlebende, sicher eine »vornehme deutsche Dame«, »schließlich wohnt sie in diesem Land«. Und dann setzt er übergangslos und in vertraulichem Ton zur Klage über die schlechten Erfahrungen, die er mit Ausländern gemacht hat, an. Die mit dem BMW durch die Gegend fahren, obwohl sie arbeitslos sind wie er. Die sich nicht den Sitten ihrer neuen Heimat beugen wollen, wie er es tun würde, wenn er im Ausland lebte.

Die anderen Mieter erzählen, daß die Pankows aus dem Hinterhaus »prinzipiell gegen alles und jeden sind und gute Gründe haben, sich bedeckt zu halten«. Die Pankows hätten sich bei einer Plauderei im Treppenhaus sogar beschwert, eine Tafel an der Außenwand des Hauses könnte sie alle in Gefahr bringen. Sie hätten Angst vor neofaschistischen Schmiereien, Brandstiftung, antisemitischen Sabotageakten. Der Grotesktänzer aus Zeiten vor dem Krieg, der sich seit Jahren zu Hause verschanzt, hat gar nicht begriffen, worum es überhaupt geht. Herr Tieg, vierter Stock, schließt seine Tür – es ist vier Uhr nachmittags, und er ist in Wollstrumpfhosen – mit der Bemerkung, er habe »im Moment keine Zeit, sich um die Vergangenheit zu kümmern«. Frau Horst, die Rentnerin aus dem ersten Stock, wollte nichts damit zu tun haben, auch wenn sie Frau Ernsthaft seit vielen Jahren als angenehme Flurnachbarin schätzt. Mehrere Mieter haben grundsätzlich ihr Einverständnis erklärt, dann aber vergessen, sich aktiv zu beteiligen oder wenigstens einen finanziellen Beitrag zu leisten. Andere entgegneten, eine symbolische Geste dürfe nicht soviel kosten. Frau Ernsthaft und die Yogalehrer aus dem Erdgeschoß haben sofort gespendet. Nach und nach verschwand die Frage der Finanzierung aus Arvid Erlenmeyers Rundbriefen. Unterm Strich waren am Ende noch 13 Interessierte übrig: elf Deutsche, eine Australierin und ein Engländer. 13 Mieter von heute, die 13 früheren Mietern des Hauses am Ende meiner Straße gedenken wollten.

Sie haben sich am Ende auf etwas Einfaches und Billiges geeinigt. »Wenn das mein Haus gewesen wäre, hätte ich die Namen in die Marmorwände des Eingangs, in den Hauskorpus selbst hauen lassen«, träumt Arvid Erlenmeyer noch heute. »Aber wäre das nicht vielleicht zu ästhetisch, zu feierlich geworden?« Die 13 Beteiligten wollten auch keine Erläuterung unter der Tafel. Ein kurzer pathetischer Text, der Betroffenheit ausdrückte, wäre ihnen lächerlich erschienen. Also einigten sie sich auf einen »stillen Portier«, ein Schild, das etagenweise die Namen der Mieter aufzählt.

Arvid Erlenmeyer gab die Arbeit bei dem Schreiner Siegfried Suin de Boutemard in Auftrag. Siegfried, weil im März

1942 Hitler die Babynamen-Mode diktierte. Suin de Boutemard, weil sein französischer Vorfahr Armand der Lieblings-
komödiant Friedrichs des Großen, König von Preussen, war,
der den Adligen aus Chalon-sur-Saône auf sein Schloß in
Rheinsberg holte. Siegfried ist nicht stolz auf seinen Vorfahren, dessen Portrait – »ein schön gerahmter Ölschinken« –
vor dem Krieg in einem Vorzimmer des Charlottenburger
Schlosses hing, bis es die Russen mitnahmen. »Das waren
Schweine«, sagt er über seine Vorfahren. »Die trieben es ununterbrochen mit mehreren Frauen. Und außerdem waren
sie schwul.« Um die Ausschweifungen ihres skandalumwit-
terten Vorfahren zu büßen, ergriffen Siegfrieds Vater und sein
Cousin den Pastorenberuf. Siegfried Suin de Boutemard paßt
nicht gut zu ihm. Er entschuldigt sich dafür, als er einen mit
Fettflecken übersäten Pulli über seinen aufgeblähten Bauch
zieht. Unter den Neonröhren seiner Werkstatt im Kellerge-
schoß kippt er ein Schnapsfläschchen nach dem anderen hinunter, im Wechsel mit einem lauwarmen Schluck Weißwein.
Der Psychoanalytiker von nebenan ist sein bester Kunde. Er
freut sich: »Ich habe inzwischen Regale und kleinere Arbeiten
für alle Berliner Psychoanalytiker gemacht. Diese Clique
bringt was ein!« Als ihm Arvid Erlenmeyer seine Vorstellung
unterbreitet, ist er zunächst bestürzt. Das einzige Mal, daß
Siegfried – damals war er 13 – seine Mutter bat, ihm zu erzählen, was sie im Dritten Reich getan hätte, wirft sie ihm
einen nassen Putzlappen ins Gesicht und bricht in Tränen
aus.

Siegfried Suin de Boutemard gräbt im Gerümpel seiner
Werkstatt eine Tür aus massivem Mahagoni aus, die er sich
für eine besondere Gelegenheit reserviert hatte. Daraus
macht er einen Rahmen: »Einen schöneren können Sie gar
nicht finden!« und rät Arvid Erlenmeyer zu einer Plexiglas-
scheibe: »Ist zwar teurer als normales Glas, hält aber auch
mehr aus.« Siegfried Suin de Boutemard wischt sich mit dem
Hemdsärmel über die geröteten Augen. »Meine Mutter hat

wenigstens geweint! Die meisten Deutschen haben sich nicht einmal das getraut!« Ich bin nicht sicher, ob es die Erinnerung an den ranzigen Geruch des Putzlappens, der eines Tages unvermutet in seinem neugierigen Kindergesicht landete, oder das endlose Ballet der Schnapsfläschchen ist, das ihn in diese rührselige Gemütslage versetzt. Die Geschichte des Hauses gegenüber hat ihn den ganzen Herbst hindurch begleitet. Für die Zeichnung der 13 Namenszüge wollte er kein Geld nehmen. Er betrachtete das als seinen persönlichen Beitrag: »Weil ich mich für diesen Scheißstaat schäme. Es geht nicht darum, irgendwen zu verurteilen. Und auch nicht darum, über die Vergangenheit zu jammern. Man muß etwas dafür tun, daß diese Menschen nicht in Vergessenheit geraten. Eine saumäßige Arbeit, all die Namen aufzuschreiben!« Siegfried Suin de Boutemard hat sich solche Mühe gegeben, daß er den Namen »Jaque« im Theresienstadt-Absatz verhunzt hat.

Hausmeister Wagner steht auf der Leiter und begutachtet den stillen Portier im hellen, marmorgetäfelten Hauseingang neben dem Aufzug, der seit dem Krieg stillsteht. »Ein bißchen zu hoch, so kann man es nicht richtig lesen«, nörgelt Schneider, der Krankengymnast aus dem Erdgeschoß. An einem Sonntagmorgen im November fand die Einweihung statt. 50 Personen drängten sich zwischen den an die Wände geschobenen Massagebänken der Praxis für Krankengymnastik, einem ehemaligen Luxusbordell, in dem sich früher angeblich die Beamten aus dem Rathaus Schöneberg vergnügten. Die Dame aus dem dritten Stock ist zu Hause geblieben. Sie will nichts mehr von dieser widerlichen Angelegenheit hören. Sie hat ein Verfahren eingeleitet, um von der deutschen Staatsangehörigkeit befreit zu werden, und will einen französischen Paß beantragen. Dirk Wagner, der »sich nicht gern in den Vordergrund stellt«, ist nur kurz in Begleitung seines Schäferhundes Tino vorbeigekommen, um nach dem Rechten zu sehen. Herr Deuble, Jurist und Eigentümer des Hauses, hat sein Einverständnis und seine besten Wünsche

übermittelt und bedauert, daß er der Festlichkeit nicht beiwohnen konnte. Siegfried Suin de Boutemard ist gekommen,
um sein Werk zu bewundern. Frau Ernsthaft, eingerahmt von
zwei kräftigen Matronen und mit einem hübschen kleinen
Hütchen herausgeputzt, war aufgekratzt und fragte sich, was
an diesem Tag wohl so Ungewöhnliches passieren würde.
»Kann mir irgend jemand sagen, worauf wir hier im Flur alle
warten?« fragte sie im bewegendsten Moment der Zeremonie
laut. Erna Proskauer, eine frühere Mieterin, die im April 1933
nach Palästina ausgewandert war, betrat an diesem Tag zum
ersten Mal seit ihrer Rückkehr nach Berlin das Haus ihrer
Jugend. Sie hat sich geweigert, einen Fuß in die Praxis von
Dr. Erlenmeyer zu setzen. Hier hat sie 1930 geheiratet. Sie
hatte nicht die Kraft, die Zimmer ohne die Möbel und voller
Erinnerungen an früher wiederzusehen. Sie hat ein paar
Schritte durch die Yogaschule gemacht, in der die befreunde-
ten Juristen wohnten, mit denen sie nach Haïfa ausgewandert ist. Auf ihrem Rundgang durch die Zimmer reiht sie
Anekdoten aneinander: »Meine Schwiegermutter hatte die
Wohnung damals möbliert. Und weil ich so klein bin, mußte
ich alle Möbel ein Stück absägen. Mein Mann machte sich
immer über mich lustig: ›Erna verstümmelt schon wieder
irgendwas!‹« Sie hat die Namen auf dem stillen Portier nicht
wiedererkannt und daraus geschlossen, daß die Juden, die zur
selben Zeit wie sie im Hause wohnten, wahrscheinlich noch
fliehen konnten. Seit ihrer Rückkehr hat sich Erna Proskauer,
die älteste Anwältin Berlins, in Deutschland nicht mehr richtig zu Hause gefühlt. Sie will sich von der Erinnerung an das
Haus in Schöneberg nicht erschüttern lassen. Erna Proskauer,
93 Jahre, schaute Lilli Ernsthaft, 94 Jahre, mit ihren großen
Augen an: »Sie erinnert sich nicht mehr an mich. Ich erinnere
mich nicht mehr an sie.«

Ein Nachbar ist gekommen, um sich eine Inspiration für
das eigene Haus zu holen. Siegfried Suin de Boutemard stellte
im Geiste schon eine Rechnung auf: Mehr als 6000 Juden

wurden aus diesem Viertel deportiert. Das macht mindestens 20 bis 30 stille Portiers. Wenn er ein paar in Serie produzierte, könnte er sogar Mengenrabatt anbieten. Zwei Damen aus dem Schöneberger Rathaus haben einige Worte gesprochen. Arvid Erlenmeyer hat einen Kranz niedergelegt und eine Rede gehalten, die ihn mit seiner eigenen Geschichte versöhnte: »Wir hoffen, daß durch diesen Hinweis auf den Holocaust, die Shoa – in diesem Haus – für die Menschen, die diese Erinnerungstafel wahrnehmen, auf welcher Seite sie auch familiengeschichtlich stehen, Erinnern, Denken, Fühlen, Einfühlen, insbesondere auch Fragen ermöglicht wird. So kann diese Erinnerungstafel auch zu einem heilsamen Trauerprozeß beitragen.«

Einige Mieter waren mit dem allzu offiziellen und therapeutischen Charakter dieser »Zeremonie« nicht einverstanden. Sie hätten es lieber etwas diskreter gehabt. Unter sich. Nikola Rudolph, die Bibliothekarin aus dem vierten Stock, ist 30 Jahre alt und fühlt sich nicht persönlich für die Verbrechen von vor 50 Jahren verantwortlich: »Ich nehme es Herrn Erlenmeyer ein bißchen übel, daß er die Sache so an sich gezogen hat. Es war natürlich sehr bequem, daß er alles für uns organisiert hat. Aber auch schade. Ich mag nicht, wie er uns seinen Willen aufzwängt, indem er stillschweigend voraussetzt: ›Gerade weil ihr Deutsche seid, müßt ihr mitmachen!‹ Das gibt dieser kleinen Aktion etwas sehr Beklemmendes.« Nikola Rudolph hatte gerade am Morgen dieses Tages eine große Liebe zu deklamieren. Sie, die eigentlich gar nicht in der Stimmung war, las die 13 Namen im Hausflur laut vor. Zwei Journalisten haben Fotos gemacht. Und anschließend gingen alle auf ein Glas ins Lithos. »Es war fast dieselbe Stimmung wie auf einer Beerdigung. Ein merkwürdiger Leichenschmaus, ohne daß wir wirklich traurig gewesen wären. Wir hatten das Gefühl, gute Arbeit geleistet zu haben«, erinnert sich Andrew Strutton-Smith. »Das Gedenken hatte eine plastische Form bekommen«, sagt Bernd Schneider. Auch die

Yogalehrer, ehedem eifrige Verfechter aller hehren Belange der 68er-Revolte, waren erleichtert: »Es war ein komisches Gefühl, sich einzugestehen, daß in diesem so harmonischen Zimmer, in dem wir heute unsere Kurse geben, so grausame Dinge geschehen sind. Die Tafel hat eine beruhigende, fast erheiternde Wirkung: Nach so vielen Jahren wurden diese Ereignisse nun ans Tageslicht gebracht. Ein Gefühl, daß Gerechtigkeit stattgefunden hat. Endlich!«

Das Haus trägt nun die Spuren seiner Vergangenheit. Das Pendant der Mieter von früher hängt gegenüber von dem Schild mit den Namen der jetzigen Mieter. Die Zusammenkunft hat die Mieter einander nicht nähergebracht. Sie haben wieder ihre alten Gewohnheiten angenommen, schikanieren sich insgeheim und grüßen sparsam im Treppenhaus. Siegfried Suin de Boutemard klagt über den Geiz der Deutschen, »diese Meister der Verdrängung und Unbelehrbarkeit«. Nur zwei Häuser im Viertel haben die Aktion nachgemacht. Der Schreiner ertränkt seine Enttäuschung in Fluten von Schnaps und wütenden Metaphern: »Nichts als ein Strohfeuer, diese Zeremonie!«, »Das Gift der Eltern fließt noch in den Adern der Leute meiner Generation!«, »Aber als Hitler im Olympiastadion gleich hier um die Ecke sprach, platzte der Saal aus allen Nähten!« Neulich haben Jacqui und Andrew Strutton-Smith, die diesen Herbst nach Australien zurückgehen, den stillen Portier mit ihrer Videokamera gefilmt. Ein Souvenir aus Berlin für die Familie in Medindie Gardens. Nikola Rudolph erzählt, daß Freunde, die zu Besuch kommen, nach der Bedeutung der Tafel fragen: »Dann unterhalten wir uns kurz darüber. Es ist wichtig, nicht zu vergessen. In der Bibliothek kam letzte Woche ein junger Kerl zu mir. Er suchte ein Buch über das Dritte Reich. Ich gab ihm ein Buch mit dem Titel ›Die Juden und der Nationalsozialismus‹. Er guckte blöd und erwiderte, ich hätte mich in der Epoche geirrt. Er wußte nicht, daß das dasselbe war. Ich habe mir gesagt: Ruhig bleiben, Nikola, erklär es ihm einfach. Jetzt, da die Tafel unten im Hausflur hängt, frage ich mich häufiger, wer wohl in meiner Wohnung gelebt hat. Eine unangenehme Vorstellung, ich versuche, nicht so oft dran zu denken, was in meinen Zimmern passiert sein könnte. Es ist wie in einem Horrorfilm. Die Geschichte beginnt ganz idyllisch in einem schönen, ruhigen Viertel und endet im Grauen. Auschwitz ist so furchtbar, daß es mir schwerfällt, es mit meinem Leben in Verbindung zu bringen. Sechs Millionen Juden, das ist nur eine Zahl. Aber wenn ich mir vorstelle, was in meinem Haus in Schöneberg passiert ist, wird die Geschichte der Juden auf einmal sehr präsent.«

Einen stillen Portier im Haus anzubringen löste anfangs Skepsis bei mir aus. Ich sah darin ein weiteres Zeichen für die verwickelte Lage vieler Deutschen, in die sie unentwegt ihr notorisches schlechtes Gewissen treibt. Der unlösbare Konflikt zwischen Deutschland und den Deutschen. Haben sich die Zeitgenossen der Republik nicht jahrelang in dem Streit über die Notwendigkeit zerstritten, am Potsdamer Platz die erste nationale Gedenkstätte zu Ehren der Opfer des Holocaust zu errichten? Sie waren sich weder einig, welchen Namen das Monument tragen soll (nationales Denkmal für die Opfer des Holocaust oder für die ermordeten Juden Europas?), noch über den genauen Standort, die Ausmaße (eine riesige Marmorplatte oder lieber etwas Diskreteres?), die Architektur, die zu ehrenden Opfer (nur die Juden? Oder auch die Sinti und Roma und Homosexuellen? Und was ist mit den Sozialisten und Sozialdemokraten?), noch über die Finanzierung. Ich erwartete eine ähnliche Debatte in Kleinformat. Ich sah das Haus schon in zwei Lager gespalten: Auf der einen Seite würden die von ihren Schuldgefühlen geplagten Moralisten den deutschen Fehler büßen wollen, mit der Beflissenheit, alles immer »richtig« zu machen, was sie selbst unweigerlich verkrampft und pathetisch macht. Und auf der anderen Seite würden mir die professionellen Verdränger mit einem aggressiven »weiß von nichts« die Tür vor der Nase

zuschlagen. Aber im Laufe der Zeit, je öfter ich das Haus gegenüber betrat, berührte mich die Schlichtheit dieser Geste
immer mehr. Und wenn ich wieder in meiner Wohnung saß,
habe ich mir dieselben Fragen gestellt wie Nikola Rudolph:
Wer hat in meinem Badezimmer gebadet? Wer zitterte abends
in der Küche, weil seine Cousins und Freunde schon verhaftet worden waren? Wie viele wurden im Morgengrauen im
Hinterhof zusammengetrieben? Und wenn gar keine jüdische
Familie in meiner Wohnung gelebt hat? Waren die Mieter
dann Parteimitglieder, eingefleischte Antisemiten? Oder feige
Mitläufer? Der Holocaust nahm furchtbar alltägliche Dimensionen an.

6069 Juden wurden von 1941 bis 1945 aus meinem Viertel
deportiert. Die Summe ist genau und zuverlässig in die Regi-
ster eingetragen. In einem von zwei Häusern wurden sie von
der Gestapo abgeholt. Um nicht mitgehen zu müssen, begin-
gen einige Selbstmord. Andere konnten sich verstecken oder
noch rechtzeitig auswandern. 16 000 Juden lebten vor dem
Krieg in Schöneberg, im vornehmen Bayerischen Viertel, das
zu Beginn des Jahrhunderts entstanden war. In den großen
Häusern mit den hellen, karamelfarbenen Stuckfassaden und
ihren gewölbten, von kräftigen Karyatiden getragenen Bal-
kons lebten Ärzte, Rechtsanwälte, Notare, Industrielle und
Intellektuelle. Das assimilierte jüdische Bürgertum stellte
einen Großteil der Notabeln der Hauptstadt dar. Die »Drei-
Tage-Juden«, die nur dreimal im Jahr in die Synagoge gingen
und sich als »deutschnational« bezeichneten, brauchten
lange, viel zu lange, um die Konsequenzen zu ziehen aus den
Schikanen, die ihnen ihr geliebtes Deutschland auferlegte.
Die armen und sehr religiösen »neuen« Juden aus dem Osten
mit dem starken jiddischen Akzent, meist kleine Handwerker,
die in den stickigen Hinterhöfen am anderen Ende der Stadt,
rings um die Synagoge in der Oranienburger Straße, lebten,
hatten das Viertel die »jüdische Schweiz« getauft – mit einer
Prise Neid und dem leidenschaftlichen Wunsch, auch eines

Tages hier zu leben. Die Mieter des Hauses am Ende meiner Straße waren sehr stolz auf ihre berühmte Nachbarschaft. Wilhelm Reich war ein Nachbar, bis er 1933 nach Norwegen auswanderte: Er hatte seine Praxis einige Häuser weiter in derselben Straße. Sein Kollege Erich Fromm übte seinen Beruf auf dem Bayerischen Platz aus. Billy Wilder wohnte ein Jahr auf dem Viktoria-Luise-Platz, bevor er in die Vereinigten Staaten emigrierte, und Walter Benjamin in der Kurfürstenstraße, bis er 1933 ins Pariser Exil ging. Albert Einstein wohnte in der Haberlandstraße Nr. 5, gegenüber von Gisèle Freund. Eine Bombe hat sein Haus zerstört. An der Mauer des nach dem Krieg wiederaufgebauten Hauses erinnert eine Tafel daran, daß der Wissenschaftler von 1918 bis 1933 hier lebte, bis er eine Auslandsreise nutzte und nicht mehr zurückkehrte.

Lilli Ernsthaft ist zu klein und zu kurzsichtig, um die nicht berühmten Namen auf dem stillen Portier zu lesen. Aber sie kannte den Hals-Nasen-Ohren-Arzt aus dem Erdgeschoß, der von einem Tag auf den anderen verschwand, und den Modesalon seiner Schwiegermutter in der darüberliegenden Wohnung, in der heute Frau Horst wohnt. Ihre Namen stehen nicht auf der Liste. Sind sie ausgewandert? Wenn sie mit kleinen, abgehackten Schritten die drei großen aneindergereihten Räume ihrer Wohnung durchquert, verfestigen sich die von der Zeit zerstreuten Erinnerungen und kommen abrupt wieder zum Vorschein. 1942 wurde ihre Wohnung von der Gestapo beschlagnahmt und zur Unterbringung von jüdischen Familien benutzt, die aus ihren »arisierten« Wohnungen vertrieben worden waren. Die Gestapo pferchte sie in dieser »jüdischen Wohnung« bis zu ihrer Deportation zusammen. Die mit Damast bezogenen Sofas und die Mahagonibuffets sind mit Erinnerungen durchweicht. Der stille Portier hat die Namen, die Lilli Ernsthaft vergessen hatte, wieder zum Leben erweckt. Im Herrenzimmer war eine Mutter mit ihrer Tochter einquartiert. Emma Lewy war 50 Jahre alt, ihre Tochter Marianne 19. Im Musikzimmer lebten Gerhard und

Else Winter. Sie glaubt sich zu erinnern, aber bei den Namen ist sie nicht ganz sicher. Ihr Sohn Rudolph schlief im Dienstmädchenzimmer ganz am Ende des elf Meter langen Flurs, das heute zur Nachbarwohnung gehört. Die Tür zum Flur wurde zugemauert. Neben der Diele, in dem kleinen Zimmer, das heute die Küche ist, lebte Karl Gotthelf, ein alter Herr von 70 Jahren. Lilli Ernsthaft, ihr Mann und ihr Sohn mußten sich mit dem »Berliner Zimmer« begnügen, dem großen Eckzimmer, das die Empfangsräume im vorderen Teil mit den Zimmern der Angestellten und der Küche im hinteren Teil verband. Arvid Erlenmeyer hat versucht, die Geschichte der 13 Mieter zu rekonstruieren: Wo wohnten sie, bevor sie hier einquartiert wurden? Wie viele Schikanen und Verluste hatten sie schon über sich ergehen lassen müssen? Aber sein Versuch, die unterschiedlichen Daten miteinander in Einklang zu bringen, lieferte nur wenige Informationen und viele neue Fragen. Karl Gotthelf wurde am selben Tag wie Ida Lewinsky nach Riga deportiert. Waren sie Verwandte oder Freunde? Waren Marianne und Rudolph, die beiden jüngsten Hausbewohner, ein Liebespaar, vielleicht schon verlobt? Als Marianne, die Tochter, eineinhalb Monate später nach Auschwitz kam, war ihre Mutter Emma Lewy da bereits tot? Wann kamen »sie« sie holen? Um welche Tages- oder Nachtzeit? Arvid Erlenmeyer konnte keine Zeugenaussagen finden, und Lilli Ernsthaft erinnert sich nicht mehr.

Lilli und Heinrich Ernsthaft hatten Glück. »Es ist ein Wunder, daß wir überlebt haben«, sagt Lilli Ernsthaft mit der zittrigen Stimme eines fast tauben Menschen. Hin und wieder gerät ihre Erzählung ins Taumeln, verstummt in einem heiseren Flüstern. Dann rafft sie wieder all ihre Kraft zusammen und hält nach einigen Anläufen erneut inne, um mit offenem Mund und hervorspringenden Venen am Hals nach Luft zu schnappen. Nur ihr konstanter bläulicher Blick besänftigt die Krämpfe ihrer Stimme: »Mein Mann war viel älter als ich und sehr krank. Wir hatten zwar ein Affidavit für Amerika, aber mein Mann wollte nicht auswandern. Er war Deutscher. Er wollte nicht wahrhaben, daß ihn seine eigenen Landsleute eines Tages verfolgen würden. Doktor Goebbels beschloß, daß 250 Juden, Alte und Kranke, in Berlin bleiben durften. Ich habe mich immer gefragt, warum. Das war bestimmt die einzige gute Tat in seinem ganzen Leben. Ich blieb also bei meinem Mann im jüdischen Krankenhaus von Berlin. Am Anfang besuchten wir ihn jeden Tag. Da Juden aber keine öffentlichen Verkehrsmittel mehr benutzen durften, brauchten wir für den Fußmarsch zweieinhalb Stunden. Eines Tages ging ich zur Polizei und fragte, ob wir den Bus benutzen dürften. Ich bekam ein kategorisches ›Nein‹ zur Antwort. Wie alle jungen Juden mußte mein Sohn die Schule verlassen und arbeiten. Er wurde Müllmann.«

»Wir wußten nicht über alles Bescheid. Aber schon so war das Leben schlimm genug. Wir durften weder ins Kino oder Theater gehen, noch durften wir uns auf eine öffentliche Bank setzen. Eines Tages kam ein junger Mann zu uns. Ich zeigte ihm unsere Ausnahmeerlaubnis. Und begann zu zittern. Er lachte. Und ich sagte ihm, daß ich gerne wüßte, ob er auch noch so lachen würde, wenn er eines Abends nach Hause käme, und seine Eltern wären nicht mehr da. Wir hatten solche Angst. Jeden Tag hörte man die grausamen Geschichten. Eines Tages geriet mein Sohn in eine Straßenkontrolle. Er wurde mit anderen Juden am Lehrter Bahnhof festgehalten. Da sagte sich mein Sohn: ›Jetzt versuch ich mein Glück.‹ Er ist geflohen und rannte nach Hause, wo schon seine gepackten Koffer warteten. Er kam zu uns ins Jüdische Krankenhaus, wo ich damals an der Anmeldung arbeitete. Der Cousin meines Mannes, dessen Tochter christlich erzogen worden war, hat meinen Sohn eine Woche lang versteckt. Aber dann wurde es zu gefährlich. Während der Bombenangriffe konnte Harry nicht in den Keller hinunter, weil er nicht in dem Haus gemeldet war. Eine Bombe hat das Bett in seinem Zimmer verwüstet.« Lilli Ernsthaft hat ihren Sohn

Harry bei ihrem früheren Kindermädchen, Fräulein Grete, auf dem Land versteckt: »Sie hat unglaublichen Mut bewiesen!« Sie streckt nacheinander ihre Finger aus, deren Nägel noch einen blassen Schimmer rosafarbigen Nagellack tragen, und zählt die Lebensstationen ihrer Familie auf. Harry lebte zweieinhalb Jahre lang auf einem Dachboden. Heinrich Ernsthaft starb 1947, einige Tage vor ihrer Silbernen Hochzeit. Und Harry starb in den Vereinigten Staaten, in die er nach dem Krieg ausgewandert war, 1978 an Leukämie.

»Nun nehmen Sie doch ein Stückchen Schokolade zur Stärkung!« Lilli Ernsthaft unterbricht plötzlich ihren Bericht, um mir diesen ungeduldigen Befehl zu erteilen, und fragt mit gespieltem Erstaunen: »Naschen Sie denn nicht gerne?« Sie erzählt, wie schlank sie früher war, streicht mit der flachen Hand ihr wassergrünes Kleid glatt, legt sie auf ihre knochigen Hüften, tadelt die eigene Naschsucht, gibt sich als kokettes Mädchen. Das ist ihre Art, sich noch einmal Mut zu machen, bevor sie sich der Traurigkeit stellt. »Auf diesem feuchten und kalten Dachboden, in dem er sich versteckte, hat er sich den Tod geholt!« Lilli Ernsthaft reiste nach New York, um die Asche ihres Sohnes zu holen. Im Flugzeug, das sie nach Deutschland zurückbrachte, nahm sie die Urne auf ihren Schoß und drückte sie ganz fest an ihren Bauch. Sie hat Harry in Berlin neben Heinrich beerdigt, auf dem jüdischen Friedhof Weissensee in Ostberlin. Auf Heinrichs Grabstein steht: »Meinem innig geliebten Mann und guten Vater.« Neben ihnen wurde Elsbeth Doller, ihre Mutter, im Geiste beerdigt. Sie starb in Theresienstadt, vier Tage nach ihrer Ankunft im Lager. Lilli Ernsthaft wird das richtige Datum nie erfahren. Ihre Leiche wurde nie gefunden, aber Lilli Ernsthaft vertraute Arvid Erlenmeyer eines Tages an, daß sie ihrer Mutter zum Geburtstag, dem 27. Januar (genau wie Kaiser Wilhelm), einen Kuchen nach Theresienstadt geschickt und nie eine Antwort darauf bekommen hätte. Heute folgert sie daraus, daß ihre Mutter zu diesem Zeitpunkt bereits tot war. Als Lilli

Ernsthaft in einem Fernsehbericht sah, wie sich eine Frau im Nachthemd aus dem Fenster einer Baracke in das eisige Wasser draußen fallenließ, hatte sie das sichere Gefühl, auch ihre Mutter sei auf diese Art gestorben.

Das bronzene Klingelschild an ihrer Tür trägt die gemeinsame Initiale der beiden Vornamen, die ihr lieb sind, »H. Ernsthaft«. »H« wie Heinrich. »H« wie Harry. Als würden sie irgendwie noch dort bei ihr leben. Seit 74 Jahren wohnt Lilli Ernsthaft in demselben Haus. Sie wurde hier um die Ecke geboren, in der Motzstraße. Sie ging ins Chamissogymnasium für Mädchen auf dem Barbarossaplatz am Ende der Straße. Heute ist die Fassade der Schule mit Graffitis verschmiert: »Nazis raus! Überall!« Lilli Ernsthaft zog in das Schöneberger Haus nach ihrer Hochzeit mit dem Operettensänger Heinrich Ernsthaft, der der erste Mieter des 1902 erbauten Hauses war. »Wie alt war ich denn da ... ich muß mal nachrechnen. 22 + 92 − 4. Ja, das muß es sein: 24 Jahre. Oder doch 20? Mit den Jahreszahlen komme ich immer durcheinander.« Lilli Ernsthaft unterbricht sich zwischendurch immer wieder, um sich dieser komplizierten Rechenkunst hinzugeben, deren Logik nur sie selber durchschaut. Sie war zierlich und zärtlich und begleitete ihren Operettensänger jeden Tag auf dem Bernstein-Flügel, der mittlerweile hoffnungslos verstimmt ist. Er dient nur noch als Altar für die Dahliensträuße von Besuchern. Die Partituren liegen immer noch in einer Kommode gestapelt. Als Lilli Ernsthaft die beiden Glastüren öffnet, durchströmt der Geruch vermoderten Papiers das Zimmer.

Damals hatte das frivole Berlin nur sein Amüsement im Sinn. Heinrich sang die »Fledermaus«, dirigiert von Johann Strauss, und die kurzweiligen Melodien von Friedrich Hollaender und Walter Kollo, seinem Nachbarn von gegenüber. Lilli Ernsthaft sah Caruso in der Oper Unter den Linden. Deutschland war noch unbeschwert. Lilli Ernsthaft erinnert sich gern an diese Zeit. »Berlin war viel schöner als heute. Nicht so hektisch. Nicht so viele Autos. Wir gingen oft ins

Theater, ins Deutsche Theater im Wintergarten und ins Metropol. Wir unternahmen schöne Reisen nach Paris. Ich war sehr, sehr glücklich. Meine Ehe war ein wahrer Glückstreffer. Ich habe meinen Mann in der Traunsteiner Straße kennengelernt. Welche Nummer? Weiß ich nicht mehr. In dem Haus, das gerade renoviert wird. Man kann es aus meinem Küchenfenster sehen. Acht Tage später haben wir uns zufällig an der Bushaltestelle wiedergetroffen. Und dann sind wir monatelang zusammen mit dem Bus gefahren. Ich war Stenotypistin, und er war gerade Geschäftsführer einer Brauerei geworden. Auf dem Weg trällerte er mir alle Operetten vor, die er kannte. Er hat sich singend in mein Herz geschlichen. Ich war 17 Jahre. Oder 18? Mein Mann war älter als ich und schon verheiratet. Wir mußten noch warten. Wir haben 1922 geheiratet. Unser Sohn Harry kam 1924 auf die Welt.«

Lilli Ernsthaft sitzt kerzengerade auf der Kante ihres Sessels, der viel zu tief für sie ist. Für Töchter aus preußischen Familien der gehobenen Schicht gehörte es sich nicht, sich anzulehnen. Der Kaffee am Nachmittag ist ihr letztes Zeremoniell. Vor meinem Kommen hat Lilli Ernsthaft das Porzellangeschirr auf die bestickte Tischdecke gestellt. Sie verbrennt sich fast, als sie heißes Wasser über den löslichen Kaffee in unseren Tassen gießt. Als sie ihr flaumiges Haar zurechtzupft, schlägt sie mit den Schmetterlingsärmeln ihres Kleides. Der schwerfällige Name, den ihr ihr Mann hinterlassen hat, paßt nicht so recht zu dem munteren Vornamen. Lilli ... eine junge, unbeschwerte Frau, der Nachname kündigt die dunklen Schleier an, die ihr Leben überschatten werden. Über dem mit Kissen überhäuften Sofa, auf dem sie ihre kurzen Nächte verbringt, hat sie das Foto von Harry aufgehängt, das ihn als kleinen, pausbäckigen Jungen in Samtjacke und weißem Spitzenkragen zeigt. Er hockt im Reitersitz auf den Knien seines etwas steif dasitzenden Vaters. Lilli Ernsthaft erinnert sich lieber an die heilen Tage, als sie glücklich war. Die Lager? Die Schikanen gegen die Juden im Berlin der 30er Jahre? Um diese Dinge schlägt ihr Gedächtnis einen großen Bogen. »Die vom Fernsehen meinen ja immer, sie müßten all das jeden Tag wieder aufwärmen. Und jedes Mal wird mein Kummer neu geweckt. Alle Leute aus diesem Haus wurden ermordet. In Polen. Alle. Es ist geschehen, und nichts kann sie je ersetzen.« Lilli Ernsthaft nennt die Lager nie beim Namen. Sie spricht von »Polen« wie von einem normalen Reiseziel. Die Auslassung mildert den Schmerz.

Ein Toaster, ein Herd, der Fernseher und das Telefon sind die einzigen modernen Eindringlinge in diesem Museum der 20er Jahre. Die Wellenlänge des Rundfunkempfängers entspricht noch den Dimensionen des Reichs. Auf dem Schreibtisch ihres Mannes steht ein kleines, in Bronze gegossenes Paar Kinderschuhe. Sie zeigt mir das Foto der liebsten Freunde auf dem Buffet im Herrenzimmer. Die Familie Kutschera, die die beste Konditorei auf dem Kurfürstendamm besaß. Ein »guter Umgang«, auf den Lilli Ernsthaft noch heute stolz ist. In elegantem Deutsch (sie spricht noch das Deutsch der Weimarer Republik, amüsieren sich die Mitbewohner) erzählt sie von den Sonntagnachmittagen in der großen Villa der Kutscheras am Ufer des Wannsees. Während Harry mit Karin und Gert durch den Park rannte und die Männer Billard spielten, saßen Lilli und ihre Freundin im Salon auf dem Sofa und plauderten. Lilli in schwarzem Samtkleid, Blumenstrauß an den linken Träger gesteckt, die Schulter der Freundin sanft umfassend. Lilli Ernsthaft zeigt mir in einem ovalen Emailrahmen ein Foto von Karin mit einem um die Stirn geknoteten Band. »Polen«, übersetzt sie. Wenn sie im Fernsehen Skinheads durch die Straßen ziehen sieht, bekommt die alte Dame Angst, alles könnte von vorne beginnen.

Lilli Ernsthaft ist ausgeglichen. Sie hat keine übellaunigen Ausbrüche, die alte Menschen manchmal haben. »Lange geht's nicht mehr«, kündigt sie bei jedem Besuch an, aber sie freut sich immer, wenn sie über Harry und Heinrich reden und die alten Fotoalben zeigen kann, und vor allem, wenn sie mal mein Baby auf den Arm nehmen darf: »Ein Baby bei den Ernsthafts! Da werden die Nachbarn aber staunen!« Dann vergessen sie mich beide, damit beschäftigt, sich mit ihren piepsigen Stimmchen, die einander so ähneln, zu unterhalten und sich gegenseitig zu betrachten. Mein Sohn sieht in ihr faltiges, etwas unheimliches Gesicht, das immer näher an seins herankommt. Sie streichelt mit ihrer Wange über seine weiche Haut. Es ist lange her, daß Lilli Ernsthaft ein Baby an ihr Herz gedrückt hat. Harry hatte keine Kinder. Nur einmal überraschte ich sie, wie sie »Harry! Harry!« in den Nacken des Kleinen seufzte. Einmal in der Woche kommt eine Sozialarbeiterin von der Jüdischen Gemeinde, um sie zum Augen- und Zahnarzt zu bringen. Zweimal in der Woche bekommt sie eine warme Mahlzeit nach Hause geliefert. An ihrem Geburtstag breitet Lilli Ernsthaft ihre schönste Spitzendecke auf dem niedrigen Tisch im Musikzimmer aus und empfängt. Die Männer reden im Herrenzimmer bei Berliner Bouletten über Politik und die Themen des Tages, die Frauen im Musikzimmer bei knallrosa Schwämmen von Erdbeerbiskuit. Der Geburtstagsempfang ist jedes Mal eine große Anstrengung. Schon in den drei Nächten davor kann Lilli Ernsthaft kein Auge mehr zutun. Am Tag sitzt sie dann benommen in einem zu großen Sessel. Sie läßt sich umarmen und dreht mechanisch den Kopf, wenn »Herzlichen Glückwunsch, Tante Lilli!« hinter einem Rosenstrauß erklingt. Wenn alle gegangen sind und nur noch ihre Nichte in der Küche aufräumt, fragt sie, ob jemand bei ihr sein wird, wenn ihre letzte Stunde gekommen ist. Es ist der einzige Tag im Jahr, an dem das Musikzimmer bis spät in die Nacht hell erleuchtet bleibt. Die restliche Zeit über lebt sie allein in ihren Erinnerungen.

Als sie ihre Stelle als Stenotypistin und Rezeptionistin am Jüdischen Krankenhaus im Mai 1945 aufgab, lobte ihr Vorgesetzter in ihrem Zeugnis: »Sie hat ihre Arbeiten immer prompt und sauber zu unserer vollsten Zufriedenheit ausgeführt. An welche Stelle auch immer das Schicksal Frau Ernsthaft stellen wird, sei ihr bescheinigt, daß sie ehrlich, fleißig und korrekt gearbeitet hat.« Lilli Ernsthaft ist stolz auf dieses Kompliment, das aus vergangenen Zeiten stammt. Nach dem Tod ihres Mannes zog Lilli Ernsthaft mit ihrem Sohn in die Wohnung in Schöneberg zurück. Sie ließ sich sofort wieder im Kommissariat eintragen, das zum Glück gleich gegenüber lag. Während der sechs Kriegsjahre blieb das Haus auf den Namen Heinrich Ernsthaft eingetragen. Die Fenster hatten keine Scheiben mehr, und der Parkettboden war ruiniert. Hat sie nach dem Krieg jemals daran gedacht, Deutschland zu verlassen? Diese Frage erscheint ihr albern. Im übrigen kam das für sie nie in Frage: »Ich bin ein sehr konservativer Mensch. Ich will dort leben, wo ich geboren bin und wo ich immer gelebt habe. Ich bin einmal nach Israel gereist, aber leben möchte ich in Berlin.« Schon das Wort »Altersheim« läßt sie vor Entsetzen hüsteln: »In meinem ganzen Leben habe ich nur in drei Wohnungen gewohnt. Lieber Gott, mach, daß ich bis zum letzten Moment zu Hause bleiben kann!« Die gerettete Wohnung ist das einzige, was ihr von der Vergangenheit bleibt. Seit dem Krieg geht Lilli Ernsthaft regelmäßig in die Synagoge: »Um Gott dafür zu danken, daß er mich verschont hat.« Wer von den Nachbarn war mehr oder weniger Nazi? Wer hat andere angezeigt? Wer hat sich gefreut? Wer hat geschwiegen? Wer hat weggesehen, um nicht mit hineingezogen zu werden? Lilli Ernsthaft wollte es nie wissen: »Niemand hier im Viertel hat uns etwas getan. Ich komme mit den Nachbarn sehr gut aus.« Über den Krieg hat nie jemand mit ihr geredet. Keine unfreundlichen Bemerkungen. Kein zerknirschtes Bedauern. Keine demonstrative Schambezeugung. Vor der Einweihungsfeier des stillen Portiers wußten ihre Mitbewohner nicht einmal, daß die feine alte Dame aus dem zweiten Stock Jüdin ist.

Einmal Königsberg und zurück

Hinter den weißen Tüllgardinen, die der Sommerwind wie die Unterröcke einer Erstkommunikantin aufbläht, sehen die Reisenden Bruchstücke der Landschaften ihrer Kindheit vorbeirasen. Ein blasser, von weißen Birken gestreifter Wald. Ein wogendes Meer Schilfrohr. Kleine backsteinrote Bahnhöfe. Ein Zug Wildgänse in der August-Dürre über aufgesprungenem Moor. Enten tauchen im Dreieck in den Teich. Ein Ochse zieht seinen Pflug, dieses mittelalterliche Gespann, langsam den Rücken der Furche entlang. Heumühlen drehen sich auf ausgedehnten Feldern. Und rundliche Wolken purzeln wie die Paradiesengel von Tiepolo über den klaren blauen Himmel. Sie entdecken einen mythischen Ort wieder. Die Lieder des Kirchenchors und die süßlichen Gedichte, die sie in der Schule auswendig lernen mußten, haben nicht gelogen: Ostpreußen ist eine große, schwermütige Schönheit.

Der Speisewagen des Schnellzugs Berlin-Kaliningrad ähnelt einem Bordell, das die Kunden mit seiner verblühten Pracht nicht mehr bezaubern kann. Die safrangelben Kugeln der Wandleuchten malen helle Ovale über die blutroten Samtsitze. Auf jedem Tisch versucht ein Arrangement, von der profanen Häßlichkeit der Resopalmöbel abzulenken: drei Plastikrosen in einer schmalen Flötenvase aus Porzellan auf einem rosa Spitzendeckchen. Die stark geschminkte polnische Kellnerin tanzt von einem Tisch zum anderen. Fast wie eine junge Verführung. Doch die schöne Illusion wird von den Knien abwärts zerstört: von Schnürsandalen über weißen Socken, die bis zu den behaarten Waden hinaufreichen. Sie serviert pikante Schweinespieße in Pappschalen. Der Geruch von angebranntem Fett hat sich in den Sitzpolstern festgesetzt. »Heiligenbeil!«, »Groß Hoppenbruch!«, »Hier, hier, Ludwigsort!« ... Ab und zu stößt ein Passagier den Namen eines Ortes aus, den er wiedererkennt. Sein Ruf erstickt den Lambada, der aus dem rauschenden Lautsprecher über der Theke jault. Wenn der Zug sich einem Dorf nähert, wird er langsamer, fährt Schrittempo. Eine Bande russischer Jungen hängt sich einen Moment lang an die Zugtüren. Andere laufen neben ihm her und wühlen die Schokoladentafeln und Kaugummis aus der Plastiktüte, die ihnen ein Tourist aus dem Fenster zugeworfen hat. Dieselbe staunende Kinderschar, die die GI's vorfanden, als sie, auf ihre Lastwagen gepfercht, in das befreite Frankreich kamen. Die Kinder wälzen sich auf dem Boden, prügeln sich im Dreck und drängeln sich dann wieder mit ihren kleinen kahlrasierten Schädeln und ihren von der Sonne verbrannten Schultern auf dem Damm, der neben der Eisenbahnlinie verläuft. Der Zug fährt vorbei. »Guten Tag! Guten Tag!« Ihr Gelächter trübt den groben Gruß, den sie den geschmeichelten Reisenden wie eine Beleidigung hinterherbrüllen.

Eine lärmende Tischgesellschaft spielt ein anspruchsvolles Rätselspiel. Sie glauben, etwas wiederzuerkennen. Sind sich nicht ganz sicher. Zögern. Nehmen einen Schluck Königs Pilsener. Sind sich uneins. »Brandenburg!«, »Nein, nein, auf keinen Fall! Wir haben doch gerade erst den Wald hinter uns gelassen!« Sie entdecken die Schule wieder, die Kirche, die wuchtigen Scheunen. Diese überlebenden Anhaltspunkte, an die sie sich bei ihrem Versuch klammern, der von der Zeit entstellten Landschaft ihr früheres Aussehen wiederzugeben. Ein Rentner in Bermudashorts heftet seit Tagesanbruch sein Auge an den Sucher seiner Videocamera. Andere sehen nach der Nacht im Schlafwagen abgespannt aus und sind aufgeregt, zum ersten Mal nach all den Jahren nach Ostpreußen zurückzukehren. Ein altes Paar sitzt sich, die Hände auf dem Tischchen verschränkt, weinend gegenüber. Ein schulmeisterlicher Herr hat zwei Generalstabskarten auf der Spitzendecke ausgebreitet: die Region Königsberg, 1937. Die Oblast Kaliningrad, 1991. Eine Reihe üppiger Gärten zieht vorbei,

Streifen von Holzzäunen, pastellfarbene Mauern. Hinter dem Tüll, der sich bläht und wieder zurücksinkt, ziehen wieder die Wäscheleine, die Cousinen mit blonden Zöpfen, der Weg zur Schule, die Schaukel unter der Linde im Garten vorbei. Einige blieben lieber gleich im Gang stehen. Sie umarmen sich vor den heruntergezogenen Fenstern, um einander Kraft zu geben. Der wogende Zug wiegt ihre Umarmung.

Sie haben sich gestern abend im Bahnhof Zoo getroffen. Mit ihren von Abzeichen geschmückten Rucksäcken, »Bayerische Alpen«, »Tirol«, »Kanton Appenzell«, Trophäen anderer Ausflüge in die germanische Welt, ihren Rollkoffern und Gehstöcken bildeten sie eine kleine unruhige Gruppe, die sich am Ende des Bahnsteigs drängte. Unter karierten Hemden eine Anschwellung in Brusthöhe, der Brustbeutel, den sie an einer Kordel um den Hals tragen. Hier verwahren sie Reisepaß und Reiseversicherung und ihre D-Mark. »Der Russe klaut«, hat man ihnen beigebracht. Sie haben den Kopf voll von üblen Geschichten über Taschendiebe und die Mafia. Neben dem Intercity Berlin-Hamburg, der auf dem gegenüberliegenden Gleis einrollt, wirkt der IC Berlin-Kaliningrad wie ein Schiff, das den Fluß der deutschen Geschichte gegen die Strömung hinaufschwimmen muß. 700 Kilometer, einmal quer durch Polen. 50 Jahre im Rückwärtsgang. Seit sich Moskau am 1. Januar 1991 entschlossen hat, das Militärgebiet von Kaliningrad, das seit 1945 hermetisch abgeriegelt war, wieder für Ausländer zu öffnen, kommen die Deutschen wieder her, um in disziplinierten Trupps durch die Straßen dieser lange Zeit verbotenen Stadt zu marschieren, in der sie geboren wurden und die sie verjagt hat. Von den Russen, die diese zur Schau gestellte Melancholie lächerlich finden, werden sie zum Spaß »Nostalgietouristen« genannt.

Am 2. August 1945 teilt das Potsdamer Abkommen das deutsche Ostpreußen zwischen Polen und Rußland auf. Der Norden der Region, in der die deutsche Seele teilweise geschmiedet wurde, wird der UdSSR angeschlossen. Königsberg, die Stadt von Immanuel Kant, ist nun russisch. Die gesamte deutsche Bevölkerung wird vertrieben, gezwungen, ihren Grund und Boden zu verlassen. Die Rote Armee nimmt eine systematische Säuberung der Region vor. Die letzten Vertriebenen verlassen Ostpreußen 1948. Viele sterben unterwegs. Die neuen Einwohner kommen aus der ganzen UdSSR. Die Mehrheit sind Russen. Aber auch Ukrainer, Weißrussen, und einige Litauer. Moskau macht Baltijsk (das frühere Pillau), dessen Hafen das ganze Jahr über frei von Eis ist, zum Stützpunkt der Baltischen Flotte. Sicher, die Deutschen aus Ostpreußen haben sich ein neues Leben im Ruhrgebiet oder Schleswig-Holstein aufgebaut, aber Tilsit, Insterburg, Gumbinnen, Cranz und Tapiau, die kleinen Dörfer ihrer Jugend, haben sie nie vergessen. Die Sehnsucht nach der verlorenen Heimat hat nie aufgehört, sie zu quälen.

Und jetzt kommen sie zurück. Der Leiter eines kleinen Reisebüros im Schwarzwald, ein Eisenbahnliebhaber, hatte die Existenz der hundertjährigen Eisenbahnlinie, die die Russen nur für seltene Militär- oder Warentransporte befuhren, nicht vergessen. Er hat die Schikanen der polnischen und russischen Bürokraten hartnäckig durchgestanden. Am Anfang beobachtete die polnische Obrigkeit diese neu entstandene Nabelschnur zwischen dem nördlichen Ostpreußen und Berlin, der Mutter des neuen geeinten Deutschland, mit großer Skepsis. Vorher mußten die Züge einen Riesenumweg über den polnisch-weißrussischen Grenzposten Brest machen, um nach Kaliningrad zu gelangen. Der Eisenbahnfan erhielt eine Ausnahmegenehmigung für die direkte Linie. Seit 1994 gibt es eine regelmäßige Verbindung. Der Nachtzug verläßt Bahnhof Zoo jeden Abend um 22 Uhr. Am Ende der Reise warten Babuschkas mit Körben voller Bernsteinanhänger und verknickten Postkarten auf die Ankunft der Truppe aus dem fernen Deutschland. Die Kinder reichen den Damen Chrysanthemensträuße.

Im Hotel Jaïka sind die Deutschen ganz unter sich. Die

deutsche Villa im Wohnviertel Amalienau, das von den Bombenangriffen verschont blieb und den Namen »Oktoberviertel« erhielt, ist eine für Deutsche reservierte Insel des Luxus und Komforts. Hier werden die Reisebekanntschaften mit lautem Anstoßen von Bierkrügen besiegelt. Freundschaften werden von Tisch zu Tisch geknüpft, Grüppchen formieren sich. Sie erleben dasselbe Abenteuer, kommen aus demselben Land und haben dasselbe Schicksal hinter sich. Sie verbrüdern sich miteinander und fachsimpeln über die Qualität der zu kurzen, zu weichen, in der Mitte ausgehöhlten und an den Seiten aufgerissenen Matratzen. Sie lachen über den Defekt der Wasserleitungen, die man nachts in allen Etagen dröhnen hört. Gestern abend mußten sie sich mit kaltem Wasser waschen: Sie hatten das warme Wasser verpaßt, das nur von sieben bis zehn Uhr morgens fließt. Sie wundern sich über das salzige Mineralwasser, mit dem sie sich aus Angst vor dem Bleigehalt des Leitungswassers die Zähne putzen. Sie berichten vom Quietschen der Straßenbahn, das ihnen in der Nacht den Schlaf raubte. Mit gekünstelter Entrüstung sprechen sie über den schwachen Rubel, sie sind geblendet von der enormen Stärke der Mark. Sie wundern sich darüber, daß die lokalen Telefongespräche kostenlos sind und der Bummelzug, der sie in den Badeort an der Ostsee gebracht hat, so billig war. Mit jeden Morgen aufs neue erwachender Freude vergleichen sie unermüdlich die Preise »bei ihnen/bei uns«, »bei uns/bei ihnen« ..., mit der Versessenheit des Wohlhabenden, der noch einmal Glück gehabt hat. Und sie verdammen »den Russen«, den schmutzigen und faulen Russen, der ihr Land zerstört hat.

Vor der Tür des Hotels Jaïka lauert eine ganze Armada »Führer« – russische Arbeitslose, die drei Wörter Deutsch stottern und ihren Lada kurzerhand in ein Taxi umgewandelt haben –, sie warten darauf, von »ihrem Deutschen« auserwählt zu werden. Jeder sucht sich ganz spontan einen Führer aus und nimmt einen väterlichen Ton an. »Unser Sascha ist sehr hilfsbereit.« »Unser Sergej ist immer pünktlich.« »Unser Anatoli kennt die Gegend wie seine Westentasche.« »Unser Aljoscha, ein ehemaliger Offizier der Baltischen Flotte, hat uns zu sich nach Hause zum Tee eingeladen. Stellen Sie sich vor: sechs Personen in einer Drei-Zimmer-Wohnung ... Und die Toiletten ...! Ich habe mich gar nicht getraut, mich hinzusetzen!« Voller Mitleid für ihren lieben Russen, geben sie ihm, außer seinem Tageslohn in D-Mark, zusätzlich noch ein Päckchen Jakobs Kaffee. Echter deutscher Kaffee, gemahlen und in glänzender Folie vakuumverpackt. Eines Tages würde ich gerne mal die Tonnen Jakobs Kaffee abwiegen, mit denen die Deutschen die Tassen der Oblast Kaliningrad gefüllt haben.

Die Deutschen kommen in genealogischen Abordnungen. Ein Großvater, sein Sohn und sein Enkel. Eine alte Mutter, flankiert von ihren beiden Töchtern. Die noch lebenden Schwestern und Brüder, auf ihrem ersten Familienausflug seit der Kindheit. Der Pastor, der seinen genervten Sohnemann gewaltsam herschleppt. Hilde ist ganz alleine gekommen, wie jedes Jahr. Die Gastgeber kennen von ihr nur den Vornamen und das Rasseln von ihrem Lachen. Sie ist Lehrerin im Ruhestand und die Stimmungskanone im Hotel Jaïka. Wenn sie in Königsberg ist, bekommt Hilde wieder die Züge eines jungen Mädchens in ständiger Ekstase. Sie wird wieder jünger, mit hohen Wangenknochen, frischem Teint und blonden lockigen Haaren. Sie kommt nicht nur, um zu sehen, sondern auch, um zu helfen. Vorher war sie Patin einer sozialen Einrichtung in Afrika, und nun fährt sie jedes Jahr die Strecke nach Kaliningrad. Mit einem großen Koffer bewaffnet (»30 Kilo Übergewicht!« triumphiert sie, als sie ihren Koffer vor dem Hotelrezeptionisten abstellt.) macht sie sich auf die Jagd nach Bedürftigen. Es ist ganz einfach: Sie fährt in die Dörfer, stellt sich auf den Marktplatz und fragt in die Runde: »Sprechen Sie Deutsch?« Denn Hilde hilft nur Deutschen. Den Wolgadeutschen, die aus Zentralasien hierherkamen. Für sie ist Kaliningrad fast Deutschland. Hilde ist ganz gerührt, wenn sie ihre Häuser betritt: »Typisch deutsch. Sauber und gepflegt. Die Kinder sind gut erzogen, die Mädchen tragen Bänder im Haar. Auf dem weißen Tischtuch stehen Blumen, und sie haben mir Tee und Brombeeren mit Sirup angeboten. Herrlich!« Hilde hat gemerkt, daß die Männer aufs Essen verzichteten, damit genug für alle da war. Als Gegenleistung wird sie zwei Extrapakete Jakobs Kaffee dalassen. Jeden Morgen fährt sie in Saschas Lada los. Diese jährliche Reise nach Kaliningrad ist die Krönung eines anstrengenden Jahres, in dem sie ihren Koffer füllt. Im Ruhrgebiet, wo sie wohnt, hat Hilde ein Netzwerk auf die Beine gestellt. Sie sammelt, putzt, bügelt, sortiert, organisiert. Hilde kann alles gebrauchen: Kleidung für Erwachsene und für Kinder, Babywäsche, Kugelschreiber, Radiergummis, Schuhe, Spielzeug, Reisewecker, Aspirinröhrchen, Taschenbuchbibeln, Haarspangen und -klammern. Ihre letzte Errungenschaft: 14 Zahnbürsten, die der Mann einer Freundin für sie auf einem First-Class-Lufthansaflug gemopst hat. Nach einem Jahr hat Hilde alles zusammen und macht sich mit ihrem schweren Koffer und ihrem großen Herzen auf den Weg nach Kaliningrad. Nur ein einziges Mal in ihrem aufopfernden Leben hat Hilde das Gift der Eifersucht zu spüren bekommen. Als Helmut, ein Bergbauarbeiter aus dem Ruhrgebiet, die Finanzierung der Toiletten seiner alten Schule in die Hand nahm. Eine humanitäre Heldentat, die Hilde sehr gekränkt hat: 40 000 Mark für Waschbecken, Rohre, Hähne, Schrauben und Muttern aus Deutschland. Auf einmal war Hilde ihr Koffer nicht mehr schwer genug. Und aus Dankbarkeit erweisen die russischen Schulkinder ihrem Wohltäter eine ganz besondere Ehre: »Ich gehe zu Helmut!« verkünden sie, wenn sie ihre nagelneuen Pissoirs aufsuchen.

Hilde hat sich in den georgischen Pianisten des Hotels Jaïka verguckt. Im malvenfarbenen Hemd mit großem Kragen, der ausgestellten Hose und dem unechten Siegelring hat er etwas von Elvis Presley auf einem Tanztee. Die Foxtrott- und Rumbaklänge erinnern Hilde an ihren Abiturball, ihr blaues Satinkleid, ihre Anglaisen und daran, was für ein junges Ding sie damals war und was für eine Angst sie hatte, den ganzen Abend nicht aufgefordert zu werden. Jeden Abend dasselbe Ritual: Der Beau mit dem an den Schläfen pomadisierten Haar wiegt den Kopf leicht hin und her und gibt Hilde zu verstehen, daß er diese Lieder nur für sie spielt. »Es dunkelt schon in der Heide«, »Ännchen von Tharau«, »Das Wandern ist des Müllers Lust«. Die sentimentalen deutschen Balladen besingen eine paradiesische Natur, die Güte des Allmächtigen und die Sehnsucht nach der meist verlassenen Heimat. Jede Jahreszeit hat ihr eigenes Motiv: Im Mai das Vogelgezwitscher. Im Sommer die goldene Ernte. Im Herbst die Laubteppiche. Im Winter die schneebedeckten Tannen. Hilde stimmt als erste in den Refrain ein, die anderen folgen ihr: »Nun ade, du mein lieb Heimatland.« An überschwenglichen Abenden teilen sich die Tischgesellschaften in Gruppen auf und singen einen dreistimmigen Kanon.

Spätabends tauschen Hilde und die kleine Gruppe älterer Herrschaften, die sich hier jedes Jahr treffen, auf dem Treppenabsatz der dritten Etage ihre verklärten Kindheitserinnerungen aus, während von der Hoteldirektion zur Verfügung gestellte russische Schönheiten in gewisse Zimmer entschwinden. Dem Sohn des Pastors entgeht keine plötzliche Abwesenheit: »Na so was, Horst hat sich verdrückt. Ich habe ihn eben mit einer langhaarigen Roten in Zimmer Nr. 25 verschwinden sehen.« Er findet es viel spannender, den Geräuschen auf dem Flur zu horchen und den Alten auf dem Treppenabsatz zuzuhören, als im Zimmer neben seinem Vater Kant zu lesen. Hilde ist die Königin dieses abendlichen Beisammenseins zwischen den Etagen. Sie hat es sich in ihren weißen Frotteesocken gemütlich gemacht, wie zu Hause. Jeden Morgen spült sie die kleinen Likörgläser, die sie abends auf den niedrigen Tisch auf dem Treppenabsatz stellt, und läßt sie auf dem Rand der Badewanne in ihrem Zimmer trocknen. Vor der Abreise hat sie drei Flaschen Schnaps in ihrem Koffer verstaut. Jeden Abend beginnt sie die Geschichte ihres Exils von vorne. 1945 organisiert ihr Vater – »Sein Beruf tut nichts zur Sache«, befindet sie, um jeder indiskreten Frage zuvorzukommen – die Flucht der Familie mit dem Zug über Dänemark. Ein unerhörtes Privileg. Durch das Fenster sieht Hilde die Flüchtlingsströme, die zu Fuß durch die vereisten Straßen marschieren. Ist sie sich des Wohlwollens ihrer Zuhörer gewiß, wird Hilde eines Abends hinzufügen, daß ihr Vater Beamter, Parteimitglied und später bei der SS war. Die Familie siedelt sich im Ruhrgebiet an. Hilde hat immer einen feinen Unterschied gemacht: »Das Ruhrgebiet ist mein Zuhause, da steht mein Haus. Aber meine Heimat ist Ostpreußen.« Ich erfasse jetzt die Bedeutung des Wortes »Heimat«. Heimat – ein großes, ein deutsches Wort, das schlicht unübersetzbar ist. Angefüllt mit Sehnsucht und Vertrautheit, beschwört es gleichzeitig die verlorene Unschuld der Kindheit, häusliche Wärme und Mutterliebe und den Geruch der Gegend herauf. Ein Wort, das Wurzeln in sich trägt, ein verlorenes Paradies, einen geliebten, schützenden Ort, den einzigen Ort, an dem Hilde sich zu Hause und in Frieden fühlt. Das überfrachtete Wort zu gebrauchen verlangt Mut, vom Nationalsozialismus beschmutzt, ist Heimat ein Tabuwort. Ein entwertetes Wort, das man moralisch verurteilt oder mit einem spöttischen Lächeln ignoriert. Äußerst sentimental und kitschig, erzählt es von Almen und Lederhosen, blonden Zöpfen und Bauernhöfen.

Als sie kurz nach Öffnung der Grenzen zum ersten Mal nach Königsberg zurückkehrte, hatte Hilde nicht den Mut, ihr Haus zu betreten. Sie hat durch die verrosteten Gitter nur die Überreste des Gartens ihrer Mutter gesehen. Meterhohes Unkraut hatte die ehedem schöne Ordnung der Salatanpflanzung und des Blumenbeets zunichte gemacht. »Ach«, dachte Hilde, »nur gut, daß Mutti das nicht sieht.« Sobald Hilde aus dem Zug steigt, nimmt sie wieder ihren kaum abgeschliffenen ostpreußischen Akzent an. Sie ist erregt, daß »der Russe« die Luisenkirche, in der sie konfirmiert wurde, in ein Marionettentheater umfunktioniert hat. Die Kirche von Amalienau trug den Namen von Luise, der Königin von Preußen und Gattin von Friedrich Wilhelm III. Hilde erzählt von den klapprigen Karussells und den verrosteten Eisenschaukeln der traurigen Kirmes dort, wo damals der Friedhof war. Sie verachtet auch die Judittenkirche, die sich mit Ikonen geschmückt hat und unterdessen dem griechisch-orthodoxen Glauben als Gotteshaus dient. Hilde lehnt es prinzipiell ab, Königsberg Kaliningrad zu nennen. Der russische Name bleibt ihr im Halse stecken. Jeden Abend beweint sie die Erdbeeren mit Sirup ihrer Mutter, die früher noch nach etwas schmeckten! Und die Bäder im Kurischen Haff, an diesem Streifen feinen Sandes, der Kaliningrad mit dem litauischen Klaipeda, dem früheren deutschen Memel verbindet. Thomas Mann und seine Kinder verbrachten hier ihre Ferien in einer Villa zwischen den Dünen. Der Sohn des Pastors sagt mir voraus, daß Hilde als nächstes wieder vom nachmittäglichen Schlittschuhlaufen erzählen wird. Tatsächlich fährt Hilde fort: »Und auf dem vereisten Pregel konnte man den ganzen Winter über ... «

Hilde und ihre Clique lassen ihre Leib- und Magengerichte wieder auferstehen: »Ach, Kartoffelpuffer mit Apfelmus!«, eingelegter Hering in einer säuerlichen Sahnesauce, die stark nach Kuh schmeckt, Königsberger Klopse und Marzipan. Das *Ostpreußenblatt*, das monatlich erscheinende Heft, das sie in Deutschland abonniert haben, informiert über das Wetter drüben und schimpft auf die westdeutschen Politiker, die Verräter der Ostpolitik – die nichts unternommen haben, um ihr auf dem Altar der deutsch-russischen Freundschaft geopfertes Land zurückzugewinnen. Sie sind wütend darüber, daß Konrad Adenauer durch die Anbindung der BRD an den Westen den Schwerpunkt Deutschlands in Richtung Frankreich und Niederlande verschoben hat, und betrachten Deutschland noch heute in den Grenzen von 1937. Für sie ist die DDR nicht Ostdeutschland, sondern »Mitteldeutschland«. Das wirkliche Ostdeutschland erstreckt sich für sie über die 1945 verlorenen Gebiete: Pommern, Ostpreußen und Schlesien. Sie haben es Bundeskanzler Kohl noch nicht verziehen, daß er kurz nach dem Fall der Mauer ein für allemal die Oder-Neiße-Linie als Grenze anerkannt hat. Die Todesanzeigen im *Ostpreußenblatt* tragen, unter den Namen der trauernden Kinder und Enkel, ein vor Bitterkeit strotzendes Epitaph: »Sie starben weit weg von ihrer Heimat.«

Die Bombenangriffe, die in Kinderwagen und Schubkarren verstauten Kleiderbündel, die Niederkunft der Mutter auf der Flucht, die ein Leben lang geheimgehaltene Vergewaltigung der Großmutter, die Brutalität, mit der die Rotarmisten die Dörfer plünderten und ausrotteten, die Tante, die mit ihren fünf Kindern aus Ostpreußen kam und erst mal im Wohnzimmer Unterschlupf fand, all diese Geschichten nähren die Chronik vieler deutscher Familien. Über 2,5 Millionen Deutsche wurden nach 1945 vertrieben. Ihr Haß auf den brutalen roten Russen mit dem Messer zwischen den Zähnen ist immer noch sehr groß. Diese Reise in das vom kalten Krieg in die Knie gezwungene Kaliningrad kratzt zum ersten Mal an diesem Feindbild. Sergejs Freundlichkeit und Anatolis Liebenswürdigkeit wundern sie. Vor dem Hotel Jaïka verkaufen alterslose Frauen für ein paar Rubel müde Nelkensträuße, fünf Äpfel, einzelne amerikanische Zigaretten. Amalienaus Schlaglöcher sind metertief und die Villen verfallen jeden Winter weiter. Es stinkt nach billigem Benzin, Katzenurin und Desinfektionsmitteln. »Wenn wir hiergeblieben wären ...«, denken die Touristen im stillen, wenn sie das verkommene Amalienau sehen. Mir wird klar, daß Ostpreußen ein wichtiger Bestandteil der auseinandergefallenen deutschen Identität ist. Obwohl Ostpreußen seit dem Versailler Vertrag geographisch durch den Polnischen Korridor von Deutschland abgeschnitten war, haben sich seine Bewohner stets als Deutsche gefühlt. In der deutschen Geschichte haben lange Zeit, von Bismarck bis Hindenburg, Junker, Großgrundbesitzer die Politik bestimmt. »Heute sind hier Waisenhäuser oder Heime für behinderte Kinder untergebracht«, erklären die Russen vor den brüchigen neoklassizistischen Fassaden der Familienschlösser. Als würde die wohltätige Nutzung die Enteignung rechtfertigen. Der Vaterlandskult der Ostpreußenvertriebenen wird im reumütigen und vor sich selbst erschrockenen Deutschland nicht gern gesehen. Wer sein Heimweh öffentlich kundtut, muß damit rechnen, als Revanchist zu gelten. Der Bund der Vertriebenen hat im übrigen den Ruf, eine Brutstätte für Rechtsextreme mit expansionistischen Phantasien zu sein.

Alle fürchten sich vor Ostpreußen: die Polen, die mit Schrecken beobachten, daß sich Deutschland und Rußland über ihre Köpfe hinweg erneut die Hand reichen, und eine wiederholte Vernichtung fürchten. Die gespaltenen Russen: Einerseits erhoffen sie sich Vorteile und sind zu sehr auf deutsches Kapital angewiesen, als daß sie es sich leisten könnten, Spannungen aufkommen zu lassen. Andererseits fürchten sie einen deutschen Anschluß der fernen Enklave zwischen Polen und Litauen. Die Franzosen beobachten, wie sich eine Region eilig auf den Weg der Wiedereindeutschung begibt, die wirtschaftlich bereits von dem mächtigen Deutschland beherrscht wird, das den bösen Plan hegen könnte, sie den Russen abspenstig zu machen. Nach der Grenzöffnung kursierten die verrücktesten Gerüchte. Die russische Regierung hätte dem damaligen Außenminister Hans-Dietrich Genscher angeboten, das Gebiet um Kaliningrad zu einem sehr vorteilhaften Preis zurückzukaufen. Bonn dementierte, und Boris Jelzin betonte noch einmal, daß dieser Boden russisch sei und bleibe. Das war die Zeit, in der Friedrich-Wilhelm Christians, ehemaliger Chef der Deutschen Bank und gebürtiger Königsberger, sich dafür stark machte, die Gegend in eine »Freihandelszone« zu verwandeln. Marion Gräfin Dönhoff, die Gründerin der Wochenzeitung *Die Zeit* und Tochter einer alten Aristokratenfamilie aus Ostpreußen, bereiste das Land mit einer Bronzestatue von Kant im Gepäck, die für die Universität Kaliningrad bestimmt war. In einem überraschenden Plädoyer schlug die rote Gräfin die Schaffung eines Kondominiums Königsberg vor. Die Gebietshoheit könnte zum Beispiel von Rußland, Deutschland, Polen und Litauen ausgeübt werden. Wobei Deutschland, sollte diese Kombination zu viele Ängste hervorrufen, auch von Schweden ersetzt werden könnte.

Jeden Morgen starten die Touristen in Kaliningrad erneut den Versuch, zwischen den heruntergekommenen Häusern die Topographie Königsbergs wiederzufinden. Während Hilde mit ihrem Koffer verschwindet, macht sich Ellie Schmidt zu Fuß auf den Weg durch ihre Heimatstadt. Sie hat ein bißchen Angst, sich zu verlaufen. Mit 70 Jahren hat sie ihren Bungalow in einem Bonner Vorort verlassen und kommt nun zum ersten Mal seit ihrer Flucht zurück in das Land ihrer Kindheit. Sie hatte lange nach einem Begleiter gesucht, der sie auf ihrer Reise zu den Russen schützen sollte. Vor drei Monaten hat Ellie Schmidt geheiratet. Ihr Ehering besitzt noch nicht die Patina vieler Jahre. Ihr betagter Mann übernimmt die Rolle des auserwählten Ritters. Die Rückkehr nach Königsberg ist ihre Hochzeitsreise. Ellie Schmidts Beine sind in die festen Maschen lachsfarbener Stützstrümpfe gezwängt. Sie geht am Stock.

Die majestätische Hauptstadt des deutschen Ostpreußens ist nicht wiederzuerkennen. Die »Perle des Baltikums«, die im August 1944 von der britischen Luftwaffe stark bombardiert, am 10. April 1945 von der Roten Armee eingenommen wurde, lag mehr als 40 Jahre hinter dem Eisernen Vorhang. Stalin hat hier eine sozialistische Modellstadt errichtet, ein Konglomerat aus putzlappengrauen Wohnhäusern und Industrie. Die Betonblöcke der sowjetischen Stadt entstanden auf den Trümmern der reichen, kultivierten Hansestadt von früher. Die Kreuzritter des Deutschen Ordens errichteten hier eine Burg, die preußischen Könige wurden hier gekrönt und Kant hat diese Stadt nie verlassen. Von 700 Jahren Geschichte bleibt nichts mehr übrig. Königsberg wurde zerstört, niedergebrannt, bombardiert, verwüstet. Der im Imperfekt verfaßte Führer, in dem Ellie Schmidt blättert, rät, die Augen zu schließen und sich die Umgebung vor 1945 vorzustellen. In dem nichtssagenden Gebäude am Meer erkennt Ellie Schmidt das Park Hotel wieder, in dem sie ihren ersten Walzer tanzte. Majakowski hat hier einmal übernachtet, sagen die Führer. In der Diskothek, in der am Wochenende russische Jugendliche tanzen, die hellblaue Alte Börse. Im Museum der Kapitulation von Königsberg den letzten Bunker des letzten Befehlshabers der Festung Königsberg, Infanteriegeneral Otto Lasch, der den Kampf am 9. April 1945 aufgab. In dem kurzgemähten Rasen öffentlicher Parks die zerstörten deutschen Friedhöfe. Die Russen haben den Verlauf der Straßen übernommen, aber ihre Namen geändert. Deshalb trägt nun jede Straße einen Doppelnamen, untrennbar vereint sind Leninskij Prospekt und Steindamm, Gwardejskij Prospekt und Deutschordenring, der Prospekt Mira und die Hufenallee. Die Russen machten die Häuschen, die die öffentlichen Toiletten beherbergten, zu Polizeistationen. Das amüsiert Ellie Schmidt sehr. Es kommt nicht selten vor, daß Dutzende Deutsche aus einem Reisebus steigen, um vor den Augen der versteinerten Polizisten die Büros zu erstürmen. Die Patrizierhäuser im Stadtzentrum stehen nicht mehr. Übriggeblieben ist ein Theater, der Justizpalast, in dem der Rechtsanwalt Karl Liebknecht neun sozialdemokratische Beamte verteidigte, die angeklagt waren, mit den Ideen Lenins zu sympathisieren. Das Schiller-Denkmal, mit kyrillischen Buchstaben beschriftet, ist eine der wichtigsten Stationen dieser traurigen Zeitreise. Darauf bedacht, jede Spur der deutschen Vergangenheit auszulöschen, hat Breschnew das Schloß in die Luft gesprengt, »ein Zeichen Preußens, des Faschismus und des Revanchismus«. An seinem Platz thront nun ein Betonmonster, seit über 20 Jahren in Arbeit, dem die wütenden Bewohner Kaliningrads zahlreiche Spitznamen verliehen haben: »Haus der Räte«, »Geldschlucker«, »Investitionswrack«, mit dem melancholischen Humor, mit dem die Russen dem eigenen Versagen begegnen. Am 1. April hat die Oblastregierung die Datschabesitzer aufgerufen, sich hier kostenlos Baumaterial abzuholen. Die Strategen Kaliningrads träumen immer noch davon, ein großes internationales Zentrum des *business* daraus zu machen, jede Silbe des Wortes sprechen sie mit großem Respekt aus. Die Mauerstücke der gothischen Kathedrale verdanken ihr Überleben nur der Ruhestätte von Kant, der hier begraben ist, sie sind die einzigen Überbleibsel der obsessiven Russifizierung.

Auf dem Kaiser-Wilhem-Platz, der auf den Namen Hanseplatz umgetauft wurde, dann Adolf-Hitler-Platz, dann Platz der drei Marschalls (Shukow, Wassiliewski, Rokossowski), dann Platz der Sieger, steht noch die Lenin-Statue, fest auf ihrem Sockel verschraubt. Die lokale Presse polemisiert seit Jahren darüber, ob sie abgenommen werden sollte. Die Militärparaden zum 1. Mai wurden auf dieser riesigen Esplanade abgehalten. Lenin überwacht die Hungerstreiks von ethnischen Minderheiten, die Menschenansammlung der Jünger Krischnas und die demokratischen Schlachtrufe von Bauern und Lehrern. Das Gebäude, in dem früher die Gestapo untergebracht war, ist heute der Sitz der KGB, die Militärs haben das Hakenkreuz durch den roten Stern und die russische Flagge ersetzt. Die Offiziere der Roten Armee schlagen die Zeit damit tot, untätig in Grüppchen umherzuschlendern, die von einem roten Saum eingefaßte Mütze über der Stirn hochgeklappt. Sie werden immer nachlässiger und drängeln sich um die fliegenden Händler, die Haarspray, Nagellack, imitierte Chanel-T-Shirts und Abzeichen mit der Aufschrift »American Navy« verkaufen. Die Offiziere vollziehen die berauschende Initiation in den Konsumgenuß. Ellie Schmidt sucht das Schreckgespenst des Rotarmisten vergeblich. Nur die Matrosen der baltischen Flotte in blauweißen Uniformen, die mit der Verlobten im Sonntagskleid an der Hand Eis essen, zeigen noch verwehte Züge glanzvollen Auftretens.

Ellie Schmidt ist völlig durcheinander. Diese Reise, auf die sie sich so gefreut hatte, erfüllt sie mit Kummer. Vor dem Hauptbahnhof, der früher einer der größten Bahnhöfe Europas war und Berlin mit Sankt Petersburg und Riga mit Warschau verband, erhellt sich ihr Gesicht endlich. Sie erzählt, als wäre es gestern gewesen: »Hier war ich das letzte Mal am 1. November 1944. Ich brachte meine Chefin zum Zug, die nach Berlin reiste.« Sie erinnert sich, daß die elegante Frau des Grundbesitzers, für den sie als Bauernmagd arbeitete, in der Hektik über ihre Hutschachtel stolperte, von der sie sich nicht trennen wollte. Einige Monate später, im Februar 1945, herrschte ein strenger Winter. Die junge Ellie und »ihr Herr« flohen vor der Ankunft der Roten Armee. »Ich erinnere mich noch, daß ein Karren, auf dem eine Frau mit ihren drei Kindern saß, beim Überqueren der Flußmündung plötzlich vom vereisten Meer verschlungen wurde. Innerhalb von drei Minuten waren sie spurlos verschwunden. Das Eis war unter ihrem Gewicht eingebrochen. Es war furchtbar. Unser Chef schrie uns zu: ›Rennt, Mädchen, rennt so schnell ihr könnt!‹« Sie liefen mehrere Tage lang, bis nach Swinemünde.

Am nächsten Tag nimmt sich Ellie Schmidt einen Führer. Volodia begleitet sie in ihre Geburtsstadt Domnau, in einer schönen ländlichen Umgebung. Sie sieht die Störche, die Eichenalleen, die Kastanien auf den Dorfplätzen, die wie in früheren Zeiten bestellten Sonnenblumen- und Weizenfelder und die endlose Ebene, die die Flucht nach Osten ergreift und sich weit bis nach Sibirien erstreckt. Das Taxi durchquert Swetlogorsk (Rauschen), ein Tcheckov ähnliches Seebad, das im Halbschatten eines sandigen Birken- und Kiefernwaldes kauert. Auf den Verandas der apricotfarben gestrichenen Landhäuser aus Holz sitzen hier und da Männer in der Sonne, Zeitung lesend. Die vormittägliche Hitze nimmt langsam zu, läßt den Gestank von Katzenurin beißend hervortreten. Noch heute sind fromme deutsche Sprüche in das Gebälk der Fassaden eingraviert. Im Zwischengeschoß der Villen der russischen Ferienkolonien sehe ich Frauen mit breitkrempigen Hüten in der übelriechenden Kohlsuppe fürs Mittagessen rühren. Voller Stolz macht mich Ellie Schmidt mit ausgestrecktem Finger auf den Versuch der Deutschen aufmerksam, wieder ein bißchen Ordnung und Zivilisation in diese russische Einöde zu bringen: Am Wegesrand sehe ich dasselbe Triumvirat Mülltonnen wie in meinem Berliner Hinterhof – eine graue, eine gelbe und eine blaue Tonne, dort aufgereiht von einer deutschen Firma. Aber der Russe ist rebellisch. Ellie Schmidt ist entsetzt über den Berg leerer Flaschen und Küchenabfälle rund um die Mülltonnen.

Als das Auto Domnau erreicht, sieht Ellie nur noch ein großes blaues Loch im Himmel über dem Hügel, auf dem sich früher das vornehme Anwesen ihrer Herrschaften befand. Die Rote Armee hatte es sehr eilig, jede Spur des früheren deutschen und noch dazu kapitalistischen Grundbesitzers zu beseitigen, und machte es 1945 dem Erdboden gleich. Eine ukrainische Bäuerin schleudert ihre Wäsche in einen steinernen Waschtrog. »Nichts ist übriggeblieben«, sagt sie: kein einziges Möbel, kein Geschirrstück, nicht einmal die beiden Gipslöwen, die vor den unteren Stufen der Freitreppe saßen. Ellie Schmidt packt eine Handvoll Erde in die Plastiktüte eines Bonner Supermarkts: »Für meine Cousine, die für diese Reise schon zu alt ist.« Die rote Backsteinkirche wurde in einen Getreidesilo verwandelt. Ellie Schmidt schwört, daß sie nach der Rückkehr in Bonn ihrer Gemeinde, die sonntags für den Wiederaufbau der ostpreußischen Kultstätten sammelt, etwas spenden wird. Die Kolchose hat die Fabrik in Wohnungen umfunktioniert. Ein paar Schritte weiter steht das imposante Denkmal der im Kampf gegen das Dritte Reich gefallenen Soldaten der Roten Armee. Eine Statue zeigt zwei auf ihre Waffen gestützte, ausruhende Rotarmisten. Sie wachen über einem Kreisbogen aus schwarzen Marmorplatten. In jedem Dorf werden die Touristen mit ihrem in Marmor gehauenen Fehler konfrontiert.

Ellie Schmidt hat auf der anstrengenden Reise viel geweint. Jeden Abend empfand sie im Speisesaal des Hotels Jaïka die Gesellschaft der anderen als Erleichterung. Hildes Eifer hat ihr neue Kraft gegeben. Sie hat ausgiebig auf »den Russen« geschimpft, der ihr alles genommen hat. Die Gefährten aus dem Hotel Jaïka führen abends auf dem Treppenabsatz der dritten Etage immer noch ihren eigenen kleinen kalten Krieg. Ellie Schmidt ist – natürlich – klar, daß Hitler »und seine Bande« nichts als »schlimme Ganoven« waren und daß sie den Krieg ausgelöst haben. Was für ein Unglück! Aber auch die Deutschen haben sehr gelitten: Sie weiß, daß sie nicht den Mut haben wird, noch mal nach Kaliningrad zurückzukehren. Sie reist zurück nach Bonn. »Diese Reise hat nichts gebracht«, vertraut sie Hilde in einem Moment der Bestürzung an. Ellie Schmidt hat ein paar Postkarten mit dem nichtssagenden Kommentar verschickt: »Viele Grüße von einer Reise in die Vergangenheit!«

Die Zahl der Nostalgietouristen geht beständig zurück. Der Eisenbahnliebhaber aus dem Schwarzwald hat seine Zuglinie einem anderen Reisebüro überlassen. Nicht rentabel genug. Die meisten Nostalgietouristen kommen nur einmal und reisen resigniert wieder ab. Niemand träumt davon, sein Haus zurückzugewinnen, falls es wie durch ein Wunder noch stehen sollte. Das Ausmaß der inneren Auflösung Rußlands hat eine abschreckende Wirkung. Viele haben die geringfügige Senkung ihres Lebensstandards, der mit der Hilfe für die neuen Bundesländer einherging, kaum verkraftet, wer erwartet da schon, daß sie Verzicht üben, um diesen Ruinenberg wiederherzurichten. Ellie Schmidt hat sich in Deutschland ein neues Leben aufgebaut. Von dieser desillusionierenden Reise wird sie nur ein Bernsteinhalsband aus dem Baltikum zurückbehalten (»Das einzige, das man in Kaliningrad kaufen

kann.«) und eine Handvoll Erde in einer Supermarktpla-
stiktüte. Und sie wird ihre Ferien in Zukunft wieder in Österreich oder auf Mallorca verbringen. Wie früher, auf der anderen Seite Europas. Auf ihrer Seite.

Brückenkopf, Drehscheibe, Hong-Kong des Baltikums, El-
dorado … Thomas Hendel hat nicht resigniert. Er hat sich
einen anderen Traum gebastelt. Wie einen reichlich beschö-
nigenden Werbeprospekt faltet er seine großpurigen Metaphern auseinander. Sie verschweigen den wirtschaftlichen
Sumpf, in dem Kaliningrad steckt. Seine Zauberformeln lassen die neuen angelsächsischen Schlagwörter des zersplitter-
ten Sowjetischen Reiches erklingen: Deutsche Mark, Marke-
ting, *joint-venture*, *business* … Thomas Hendel hat keine
nostalgischen Anwandlungen. Er baut die Zukunft. Er ist
28 Jahre alt und hat den Krieg nicht miterlebt. Er ist der Leiter der Außenstelle der Hamburger Handelskammer, die 1994
in Kaliningrad eingerichtet wurde, in einer alten deutschen
Villa, die den Russen 50 Jahre lang als Kindergarten diente.
Die schweren gußeisernen Heizkörper stammen noch aus der
deutschen Zeit. Durch das Fenster mit Doppelverglasung sehe
ich dieselben luxuriösen Villen, die wilhelminische Architekten zur Jahrhundertwende in Straßburg bauten. Die Kranz-
gesimse, die Zierleisten, die Art-deco-Malereien aus der Zeit,
in der sich Deutschland noch von der Maas bis zur Memel
erstreckte, vom Elsaß bis nach Ostpreußen. Auf der Theke primitiver Verkaufskioske aus Blech, die an jeder Straßenecke
stehen, werden respektvoll die ersehnten Westprodukte aus
Deutschland ausgestellt: Bier, rezeptfreie Medikamente,
Sprühdosen mit Schlagsahe und in Silberpapier verpackte
Schoko-Küßchen. Inmitten der dunklen Auslage aus Kohl
und Rüben bilden Orangen, Kiwis, Bananen, Ananas und
Nektarinen, diese im früheren System verbotenen Früchte,
kleine Pfützen süßsauren Reichtums. Der Kiosk verkauft auch
ein Wochenblatt in deutscher Sprache, das in Kaliningrad
erscheint.

Thomas Hendel ist einer dieser neudeutschen Paschas, die in den Osten gezogen sind. Ein Conquistador mit wachsender Plauze und einer Lebensversicherung, die er vor seiner Abreise in Hamburg abgeschlossen hat. Er tut keinen Schritt ohne seinen roten Range Rover, der leise und geräumig über die langen schattigen Straßen Amalienaus fährt. Er besitzt einen russischen Chauffeur, hübsche und ergebene Sekretärinnen und zwei Wohnungen, eine in Kaliningrad und eine in Sankt Petersburg. Alle sechs Monate kehrt er über Finnland nach Hamburg zurück, um sein Auto mit Computermaterial vollzuladen. In Kaliningrad ist Thomas Hendel »der Deutsche«, der Allmächtige, der Steinreiche. Der, den man schon von weitem erkennt. Der, den die Mädchen hofieren und sich als Ehemann erträumen, um aus diesem dreckigen Loch herauszukommen. Er hat ein Faxgerät, eine direkte Satellitenverbindung mit Deutschland, einen Computer, einen Fotokopierer, Ikeamöbel, ein Handy und einen fröhlichen Anrufbeantworter, der mit dem Jodeln einer Tiroler Spieldose um Geduld bittet. Vor allem besitzt er das wichtigste Attribut kaufmännischer Männlichkeit: eine Visitenkarte mit seinem polychrom und plastisch gestalteten Namen, die er seinen russischen Partnern lässig mit den Fingerspitzen entgegenstreckt, denen es dann um so peinlicher ist, sich ihrerseits mit einem schmutziggrauen Stückchen Pappe ausweisen zu müssen. Wenn »der Deutsche« es nicht sieht, streichen die russischen Jungen mit der Handfläche über die Motorhaube seines Wagens. Und im Winter bewundern die alten Damen den Baumwollstoff seines Lodenmantels.

Thomas Hendel ist einer von den gewieften jungen Männern, die deutsche Unternehmen gleich nach dem Fall der Mauer in den Osten gesandt haben. In den Hotels der Hauptstädte des Ostens treffe ich sie abends, gemeinsam um einen Tisch versammelt, mit schleppendem Atem und roten Nasen, weil sie den ganzen Tag die kleinen Gläschen Wodka trinken mußten, die ihnen ihre slawischen Partner anboten. Das Glas nicht in einem Zug zu leeren, könnte ein Geschäft verderben und die Deutschen als Waschlappen abstempeln. Sie beugen sich in Hemdsärmeln über Verträge und stecken Nadeln mit bunten Köpfchen in ihre Karten, um die strategischen Zonen zu markieren, die noch erobert werden müssen. Diese neuen Siedler tragen weiße Strümpfe, einen senffarbenen Anzug, der an den Ellbogen glänzt, ein Seidenhemd, einen Trenchcoat mit Gürtel, eine Spange aus Golddublee über der Micky-Maus-Krawatte, die sie von ihren Kindern zu Weihnachten bekommen haben. Doch dieses billige Zuhälter-Outfit trügt. Schon um acht Uhr morgens ist der Frühstückssaal wie ausgestorben. Die Handelsreisenden der deutschen Wirtschaft sind überzeugte Frühaufsteher. Sie prahlen damit, daß sie sich zu helfen wissen, während die anderen Europäer immer erst erscheinen, wenn der Markt stabil, ruhig und sicher ist. Sie vertreten das altbekannte Prinzip: Wer zuerst kommt, mahlt zuerst. Er ist derjenige, der sich den besten Platz vor den Toren des Marktes ergattert und dort die Beine in den Bauch steht. Thomas Hendel zählt die Rangfolge der Handelspartner von Kaliningrad auf: die Polen an erster Stelle, gefolgt von den Litauern, den Weißrussen, den Deutschen und weit abgeschlagen die Amerikaner. Es sind die kleinen und mittleren Unternehmen, die ihr Glück hier im Osten versuchen. Osteuropa ist etwas für Pioniere. Man braucht viel Geduld, muß sich Zeit nehmen, darf sich nicht über jede Kleinigkeit aufregen, muß die fehlende Infrastruktur hinnehmen und sich irgendwie durchschlagen. Thomas Hendel beschreibt die Kunst, mit den Russen Geschäfte zu machen. Als er in den Plural wechselt, entleert sich das Wort »Russe« vom feindseligen Haß. »Wir Deutschen sind hier. Und wir bleiben hier. Auch wenn uns das ein bißchen Geld kostet, wir geben nicht auf. Wir stellen eine Vertrauensbasis her und sorgen für Kontinuität. Wir bereiten den Boden und begeben uns dann in Wartestellung. Wenn ich in Rußland zu einer Firma gehe, in der man mich nicht kennt, wird man mich nicht empfangen und bitten, noch einmal anzurufen. Die Russen muß man langsam aus ihrer Reserve locken. Wenn es zwei Jahre dauert, den ersten Vertrag zu unterzeichnen, dann ist der zweite schon innerhalb von zwei Wochen unterschriftsreif. Dann ist das Vertrauen da. Man kennt sich.« Thomas Hendel zitiert das Beispiel einer finnischen Firma, die Rußland seit zehn Jahren Wodka verkauft. Dann kam ein Konkurrent mit einem viel billigeren Angebot. Aber die Russen arbeiteten lieber weiter mit den Finnen zusammen, die sie kannten, als mit Unbekannten, die den halben Preis anboten. Die Russen haben einen sehr sentimentalen, die Deutschen einen sehr rationalen Geschäftsstil. Sie ergänzen einander vorzüglich.

Thomas Hendel spielt den Hausherrn und genießt es, sich vor mir, der Alleinreisenden, als Grandseigneur aufzuspielen. Er läßt mich von seinem Chauffeur ans andere Ende der Stadt fahren, organisiert meine Verabredungen, stellt mir seine Sekretärin zur Verfügung, empfiehlt mir lange, weiße Sandstrände zum Baden, erscheint am Abend im Hotel Jaïka mit der Fotokopie eines Dokuments, das meine Recherchen erheblich beschleunigen könnte. Ich merke, daß er sich bei jeder neuen Höflichkeitsbezeugung innerlich applaudiert. Er ist stolz auf seine gute Erziehung, mehr noch als auf seine Macht. Mit ihm ist alles möglich. Er fühlt sich im russischen Durcheinander wohl, macht Winkelzüge, verteilt in einem freundlichen Telefongespräch die entschiedensten Absagen, verliert nie die Ruhe. Er akzeptiert nicht das geringste Dankeschön. Er ist immer ein bißchen nervös, sehr in Eile, telefoniert hier (»Würden Sie mich wohl eine Sekunde entschuldigen?«) und empfängt dort (»Ich bin sofort wieder da!«). Als wir nebeneinander herlaufen, klimpert er in der Hosentasche mit seinem Schlüsselbund. Er ist im Osten zu Hause. Als Bürger der ehemaligen DDR lebte er 13 Jahre lang in Brazzaville. Sein Vater war wirtschaftlicher Berater bei der Regierung des Kongo. 1981, zurück in Ostberlin, stellt er einen Antrag, um in Paris zu studieren. Man schickt ihn nach Leningrad. Als die

Mauer fällt, sieht er seine Chance gekommen und macht sich seine russischen Erfahrungen zunutze. Die Handelskammer Hamburg freut sich: Thomas Hendel spricht Russisch, kennt die Mentalität des Ostens und die Mechanismen der Planwirtschaft. Auf diese Art wurden viele Bürger der Ex-DDR, die vor der Wiedervereinigung im Osten arbeiteten, von westdeutschen Firmen eingestellt. Thomas Hendel kann die Schwierigkeiten vor Ort besser und gelassener einschätzen und die Klippen besser umschiffen. Wenn man keine »Beziehungen« hat, dauert es in Kaliningrad Jahre, sich auch nur eine Telefonverbindung zu besorgen. Es ist eine eigene Kunst, mit der Mafia friedlich auszukommen und Licht in die Mühlen der russischen Verwaltung zu bringen, ohne darüber zu verzweifeln.

Thomas Hendel ist überzeugt, daß die Deutschen den anderen vieles voraus haben. Sie sind pünktlich, vertrauenswürdig, ihre Arbeitsmethoden sind effizient, und was sie bauen, ist stabil. Er pflegt den Mythos der deutschen Macht, die die Russen bezaubert und ihre alten Ängste vertreibt. Er glaubt, daß Russen und Deutsche einander sehr ähnlich sind und sich gegenseitig faszinieren. Eine Familienangelegenheit. Der Verwaltungsrat von Siemens erinnert ihn an das Politbüro. Rußland ist die Karikatur von Deutschland: »Sie brauchen nur die Augen zu schließen und sich die größten Mißstände Deutschlands vorzustellen – schon haben Sie Rußland!« Ganz Kaliningrad scheint auf die ehemals verjagten Deutschen zu warten. Ist die anti-deutsche Stimmung im Laufe der Zeit abgeebbt? Die Russen werden nicht müde, daran zu erinnern, daß die Handelsbeziehungen zwischen Rußland und Deutschland früher einmal blühten und daß es höchste Zeit ist, wieder an frühere Zeiten anzuknüpfen. Die Zaren hatten immer deutsche Wirtschaftsberater, und Katharina II. war eine deutsche Prinzessin. Man nennt das die »preußische Renaissance«. Im Büro der Aeroflot gibt ein vervielfältigtes Handbuch Ratschläge zum »ABC der Kunst, unsere deutschen Freunde zu empfangen«. Und die deutsche Regierung hat einen beachtlichen diplomatischen Aufwand betrieben, um seine Nachbarn im Osten zu beruhigen. Das geeinte Deutschland nimmt wieder seine natürliche alte Rolle ein, die der europäischen Mittelmacht. Es liegt in seinem Interesse, den wirtschaftlichen Aufbau des Ostens zu unterstützen, mit dem Risiko, auch als erstes Land die Folge des Zusammenbruchs zu spüren zu bekommen. Die Deutschen kennen dieses Gebiet besser als die meisten ihrer Konkurrenten. Die geographische Nähe ist ein Trumpf. Warum zwei Stunden lang mit dem Flugzeug nach Portugal oder Griechenland in unbekannte Gefilde mit fremden Sprachen fliegen, wenn man die Beziehungen zu seinem alten Nachbarn nach einer Fahrt im Nachtzug auffrischen kann? Kaliningrad hat im übrigen einen Weg gefunden, die Deutschen anzulocken, von dem es sich Zauberkraft verspricht: 1990 beschloß Moskau die Schaffung einer Freihandelszone. Steuerbefreiungen und die Möglichkeit der Kapitalrückführung sollten ausländischen Firmen einen Anreiz geben und aus der verkommenen Hafenstadt das »Hong-Kong des Baltikums« machen. Dieser Traum ist ein wenig zerbröckelt. Thomas Hendel sieht realistischer in die Zukunft und wägt die Risiken differenziert ab. Der Ukas, den Boris Jelzin zur allgemeinen Verwunderung im März 1995 ausgab, hat den Enthusiasmus etwas gebremst. Der russische Präsident wollte die Freihandelszone wieder abschaffen. »Ein Schock«, empört sich Thomas Hendel. »Alle Steuer- und Zollvergünstigungen, von denen ausländische Firmen profitierten, wurden von einem Tag auf den anderen annulliert. Innerhalb eines Monats stiegen die Preise um 100 Prozent, weil auf einmal Zollgebühren anfielen. Der Umsatz der westlichen Firmen sank drastisch ab, und viele von ihnen packten die Koffer.« Diese Art unberechenbarer Entwicklungen schreckt die Deutschen ab, die immer weniger Risiken eingehen. Anfang 1996 setzt ein neuer Aufschwung ein. Die Duma verabschiedet ein Gesetz, das die

Region in einen privilegierten Wirtschaftsraum verwandelt. Thomas Hendel ist erleichtert, aber nicht überrascht. Er weiß, wie die Russen Geschäfte und Politik machen. Er weiß, daß man um jeden Preis einen kühlen Kopf behalten muß. An einem Vertrag, der in Hamburg an einem Vormittag verhandelt wäre, feilt man hier mehrere Wochen, manchmal mehrere Monate lang. Das »Nein«, das ein Deutscher ernst nimmt, gilt hier nur als Aufforderung, sich noch ein bißchen zu gedulden. Die Angelegenheit muß neu verhandelt werden. Die Unterhändler sind in einer Wolke Zigarettenrauch eingehüllt und ereifern sich, machen Zusagen, schlagen mit der Faust auf den Tisch. Sie taxieren sich gegenseitig, schweigen und fangen um so energischer wieder bei Null an. Nach ein paar Tagen holen sie eine neue Flasche Wodka hervor. Diesmal die richtige! Sie erheben sich. Umarmen sich. Küssen sich. Das »Nein« hat sich in ein »Ja« verwandelt. Alles war wieder möglich.

Den Kaliningrader Markt zu bändigen ist freilich keine leichte Aufgabe für einen Deutschen. Thomas Hendel ist jung und belastet sich nicht mit einem schlechten Gewissen. Aber die historisch bedingte Feindseligkeit hält sich in den älteren Generationen hartnäckig, und gewisse politische Kräfte heizen die anti-deutsche Stimmung kräftig auf. Diese Parteien schwören bedrohliche Bilder herauf: Kaliningrad als Hinterhof der deutschen Wirtschaft, eine neue Kolonie. Eine Vormachtstellung, die politische Hintergedanken kaschiert? In den deutsch-russischen Beziehungen spricht man über Kaliningrad, ehemals Königsberg, nur sehr vorsichtig. Gemäß einer Entscheidung der russischen Regierung gibt es in Kaliningrad kein deutsches Generalkonsulat. Um ein Visa zu bekommen, müssen die Bewohner Kaliningrads sich an die deutsche Botschaft in Moskau wenden.

Thomas Hendel hält sich an einen strikten Verhaltenskodex: russisch sprechen, kleine Gefälligkeiten erweisen, nicht vergessen, seinen russischen Geschäftspartnern Medikamente und seiner Sekretärin ein Fläschchen Parfüm mitzubringen, wenn er aus Deutschland zurückkehrt. Ohne Geschenke läuft in der russischen Wirtschaft nichts. Vor allem muß er viel Fingerspitzengefühl beweisen, denn Deutsche werden immer noch als die historischen Feinde betrachtet: keinen schulmeisterlichen Ton anschlagen, der böse Erinnerungen weckt. Vor allem aber immer die Geschichte im Hinterkopf behalten und das Fettnäpfchen vermeiden, Königsberg statt Kaliningrad zu sagen. Die endlose Polemik um den Namen der Stadt spiegelt den zuweilen irrationalen Spagat der Bewohner Kaliningrads zwischen der deutschen Vergangenheit und der russischen Gegenwart wider. Michail Kalinin, von dem die Stadt ihren Namen hat, war eingefleischter Kommunist und die rechte Hand Stalins, dem von den Einwohnern gehaßten Präsidenten des Obersten Sowjets. Die Russen erzählen, Kalinin sei nie in die Stadt gekommen, die seinen Namen trägt, und daß seine Frau acht Jahre im Gulag war und er nicht einmal den kleinen Finger gerührt hätte, um sie da rauszuholen. Böse Erinnerungen, die man besser verdrängt. Selbst wenn der Mund Kaliningrad sagt, denkt der Kopf Königsberg. Aber Kaliningrad offiziell seinen früheren deutschen Namen wiederzugeben wäre zu symbolträchtig. Deshalb schlagen manche »Königgrad« oder »Kantgrad« vor, Lösungen, die – Vergangenheit und Gegenwart, Deutschland und Rußland, Nostalgie und *business* – die taktvolle Vereinigung in einem neuen Kompositum verheißen.

Volkers Moral

10. November 1990   Volker wachte nach einem tüchtigen Besäufnis mit einem Kopf auf, der wie in Wolle gehüllt war. Unter seinem Fenster war ein ungewohntes und penetrantes Hämmern.

Die Oderberger Straße, in der er wohnt, ist ein geschlossener Korridor, der direkt auf die Mauer stößt, ein toter Arm, gewöhnlich still und ausgestorben. Als Volker sich aus dem Fenster lehnte, glaubte er an einen bösen Traum. Tausende Menschen traten an diesem frühen Morgen in der Straße auf der Stelle. Da fielen Volker wieder die Eindrücke ein, die der Alkohol in der vergangenen Nacht ertränkt hatte: drehende Baukräne spät in der Nacht, das Stakkato der Spitzhacken, das Hurrageschrei und die Scheinwerfer. Er war sturztrunken eingeschlafen, ohne mitzubekommen, daß die Mauer am Ende seiner Straße heruntergerissen worden war. Volker stürzte wie ein Wahnsinniger die Treppe hinunter, rannte zu dem gähnenden Mund in der Mauer und brüllte:»Haut ab, haut ab, laßt meine Mauer stehen!« Die Leute schauten ihn lächelnd an. Sie rührten sich nicht von der Stelle.

Volker ging schwankend in die Wohnung zurück. »Ich bin am Ende, total am Ende. Die Oderberger Straße ist am Ende und die DDR ist am Ende.« Um die Schritte auf dem Bürgersteig zu übertönen, drehte er eine ungarische Jazz-Platte auf laut, ging dann aufs Dach, um einen Blick auf Berlin zu werfen. Die Oderberger Straße zu seinen Füßen hatte ihre Fenster mit Girlanden geschmückt. Links der Osten, ausgeblutet. Alle schienen durch die Mauer geschlüpft zu sein. Rechts der Westen, und in der Ferne das große gläserne Gebäude, in dem im Sommer Rockkonzerte stattfinden. Für Volker und seine Freunde, allesamt Maler und Graphiker, die nebenbei schrei-

ben oder Musik machen, auf dem Flohmarkt alten Krims-
krams verkaufen und ansonsten alles ein bißchen und nichts
so richtig machen, stürzt die Welt zusammen.

Die Oderberger Straße im Prenzlauer Berg ist eine dieser
Gegenden, in denen mehr diskutiert als gearbeitet wird. Man
hält sich irgendwie über Wasser. Man feiert viel. Man setzt
früh Kinder in die Welt. Dann geht die Zeit schneller rum.
Am Prenzlauer Berg lebt man abgeschirmt. Man lebt auf dem
»Kiez« in einer Parallelwelt am Rande der überwachten Ge-
sellschaft. »All das ist jetzt vorbei.« Volker sieht schwarz.
»Meine Kumpels werden verreisen wollen. Für Reisen braucht
man Geld, also geht man arbeiten und wird aggressiv. Unsere
Freundschaften werden auseinandergehen, wir werden dieses
Zugehörigkeitsgefühl, das aus der Starrheit und Repression
des Staates entstanden ist, verlieren.« Die Bresche, die sie am
Ende der Straße zum westlichen Arbeiterviertel Wedding ge-
hauen haben, wird dieser friedlichen Idylle ein Ende machen.
Dabei war das Leben in der Oderberger Straße so schön einfach. Im Juni kaufte Volker immer weiße Unterhemden im
großen Stil. Er bat einen Freund, ihm ein Motiv zu entwerfen,
das er dann für ein paar Pfennige aufdrucken ließ. Gemeinsam mit einem Freund tingelte er im August von einem Markt
zum anderen durch die baltischen Badeorte: »Das ging weg
wie warme Semmeln, man machte einen Riesengewinn. Danach mußte ich das ganze Jahr über kein Geld mehr verdie-
nen und konnte mich meinen kreativen Tätigkeiten wid-
men.«

In einem Pappkarton verwahrt Volker den ganzen kitschigen Plunder, den er den Strandkindern für teures Geld verkaufte: mit Straß besetzte Haarspangen, Abzeichen, Kämme,
Stirnbänder, Taschenspiegel, Gummibärchen und bunte Kau-
gummikugeln. »All das ist jetzt vorbei. Jetzt muß ich arbeiten
gehen und vernünftig werden.« Die Tragweite der Ereignisse
überfordert Volker: »Ich weiß nicht, was das alles bedeutet.
Ich versuche einfach, die Ruhe zu bewahren und nicht auch

in die allgemeine Hysterie zu verfallen. Aber ich weiß, daß mein Leben sich ändern wird. Ich habe Angst, daß die weniger Willensstarken sich völlig vom Westen einnehmen lassen, daß sie einknicken und die DDR ganz schnell vergessen. Wie können sie dann je wieder hier leben? Hier ist es im Vergleich zum Westen so ruhig, so eintönig und provinziell. Ich will mein Leben in kleinen Schritten ändern. Ich will nicht wie alle auf die andere Seite der Mauer stürzen. Dafür habe ich keine Zeit, ich muß mein Leben hier weiterleben.« Volker wollte sich nicht von dieser Welle erschlagen lassen.

Volker wollte nie weg. Ihn hat die Vorstellung, über Ungarn oder die Tschechoslowakei zu fliehen, nie gereizt. Im Sommer hat er die Gelegenheit verpaßt. Er kam über Ungarn aus seinem Urlaub in Bulgarien zurück, ohne zu wissen, daß die Grenzen geöffnet wurden. »Ich hatte kein Radio im Auto, und ich kann keine ungarischen Zeitungen lesen. Erst als ich in Berlin mein Radio einschaltete, wurde mir klar, daß ich die Chance meines Lebens versäumt hatte. Es hätte sechs Wochen gedauert, ein neues Visum zu bekommen. Zum ersten Mal in meinem Leben hätte ich selbst über meine Zukunft bestimmen können. Und das Schlimmste ist, daß ich nicht einmal weiß, was passiert wäre, wenn ich unterwegs schon davon erfahren hätte. Vielleicht hätte ich totale Panik bekommen und wäre gar nicht in der Lage gewesen, innerhalb weniger Stunden eine so wichtige Entscheidung zu treffen. Jetzt bin ich froh, daß ich geblieben bin.«

Für heute hat er beschlossen, nicht in den Westen rüberzugehen. Die Anwohner der Oderberger Straße sind im Schlafanzug, mit dem Mantel über den Schultern auf die Straße gegangen. Die Nachbarn am anderen, westlichen Ende der Straße lehnen sich über ihre Balkongeländer und winken: »Kommt rüber! Kommt doch rüber!« In der metallklaren Nacht haben sie die zarten Flammen ihrer Kerzen gewogen. Die Bewohner der Oderberger Straße haben sich ihre Straße zum ersten Mal von der anderen, von der Rückseite angesehen. Auf einmal schien sie die längste Straße der Welt zu sein. »Am ersten Abend wurde wirklich schön gefeiert«, schwärmt Volker, als erinnere er sich an längst vergangene Zeiten. »Aber schon jetzt läuft es in die falsche Richtung. Man sollte Tag und Nacht weiterfeiern, aber was tun sie? Sie gehen einkaufen. Diese Prozessionen von Menschen, die mit ihren Plastiktüten zurückkehren, widern mich einfach an. Jahrelang haben sie den Mund gehalten, und jetzt kloppen sie sich in der Deutschen Bank um die hundert Mark, die ihnen Westdeutschland als Willkommensgeld schenkt. Und danach stehen sie vor den Sexshops und Peepshows Schlange. Und die Westdeutschen sind sauer, weil die Eindringlinge mit ihren Autos ohne Katalysator die Luft verpesten. Und dafür bekommt diese ätzende Meute auch noch Geld! Wenn ich Westberliner wäre, wäre ich schreiend davongelaufen. Die Deutschen hatten schon immer große Revolutionäre, aber keine Revolution. Sie können denken, planen, überlegen, endlos diskutieren, warum was wieso ist, aber sie vergessen, anschließend auch zur Tat zu schreiten. Während Pastoren und Intellektuelle noch theoretisierten, war das Volk der DDR bereits auf zwei oder drei Demonstrationen marschiert und hatte sich anschließend auf die Bananen auf der anderen Seite der Mauer gestürzt, um die Gelüste zu befriedigen, die sie schon seit 40 Jahren quälten.«

Volker ist unbestechlich. Er weiß, daß dieser hysterische Ansturm auf den Westen seine Welt, seine Straße, sein Nest zerstören wird. Am Ende der Oderberger Straße hat sich das Geschehen bereits ganz um das Loch in der Mauer herum organisiert. Ein für die Grenzposten reserviertes Toilettenhäuschen wurde vor die beiden Stümpfe der Betonmauer geschoben. Die Berliner stehen auf dem Bürgersteig vor dem Büro Schlange, in dem drei Grenzsoldaten in grauer Uniform den erlösenden Stempel austeilen, der sie dazu berechtigt, auf die andere Seite zu gehen. Neben dem großen Kachelofen vergleichen die Grenzposten Zug um Zug jedes mürrisch dreinschauende Gesicht, das sich über sie beugt, mit dem überraschten Grinsen des Fotos im Personalausweis. Nach einem letzten sadistischen Zögern läßt der Stempel mit einem kurzen gedämpften Stoß den Tisch erbeben und die Kaffeelöffel auf den Untertassen klimpern. Damit der Tisch nicht schmutzig wird, haben sie ihre vor Tinte triefenden Stempelkissen auf ein paar Seiten »Neues Deutschland« gelegt. Ein Herr mit Mütze bittet einen der Grenzsoldaten, ihm eine Widmung auf ein Mauerstück zu schreiben. »Hier sind Menschen gestorben!« ruft eine Frauenstimme, zermahlen von Empörung: »Ein schöner Tag heute. Es klärt sich auf«, kommentiert ein Brite, der sich unwiderruflich hinter den unterschiedlichsten meteorologischen Betrachtungen verschanzt hat, um an diesem spektakulären Tag bloß nicht die Fassung zu verlieren. »Sie können in den nächsten sechs Monaten hinfahren, wo immer Sie wollen«, sagt einer der Grenzsoldaten und läßt seinen Stempel knallen. »Jeden Tag. Ohne das Gesetz zu verletzen. Sie müssen sich nur anstellen. Und Ihren Stempel vorzeigen.« Nach zwei Tagen ist der Gang in den Westen schon institutionalisierte Routine. Trotz der Aufregung und Ungeduld, endlich das andere Berlin zu sehen, wird nicht gedrängelt, läßt niemand Unruhe aufkommen oder mißachtet diese lächerliche Formalität einer im Aussterben begriffenen bürokratischen Welt. Der Stempel hält die Illusion einer Ordnung aufrecht – wie ein Sicherungsseil, das die Mauergänger miteinander verbindet.

Vom Küchentisch aus, auf dem Volkers Schreibmaschine steht, sieht man hinter einer langen Flucht Hinterhöfe den Spielplatz. Die Rutschbahn, der Sandkasten und das Puppentheater sind menschenleer. Die Kinder sind im Westen. Wenn es im Sommer zu heiß ist, um nach Hause zu gehen, schläft Volker manchmal unter freiem Himmel. Er schaut aus dem Fenster und sieht sich traurig die schönen Fassaden vom Beginn des Jahrhunderts an, die auf der anderen Straßenseite verkümmern. »Oh Gott, wo gehe ich bloß hin, wenn die

Westdeutschen kommen, alles renovieren und sanieren und Geranien in die Fenster stellen?« Volker fürchtet sich vor den aus dem Westen importierten Übeln. Er hat Angst vor der Immobilienspekulation im zur Hälfte leerstehenden Ostberlin. Er macht sich jetzt schon Sorgen über die Preisentwicklung. »Ich zahle für meine Zwei-Zimmer-Wohnung 30 Ostmark. Im Westen kostet so eine Wohnung wie meine mindestens 1000 Westmark im Monat. Bei uns werden alle einfachen Konsumgüter subventioniert. Ein Brot kostet 95 Pfennig. Und der Preis ist seit 40 Jahren nicht gestiegen. Für ein Bier zahle ich hier 50 Pfennig. Im Westen mußt du dafür 5 D-Mark rechnen. Westberlin leidet unter chronischem Platzmangel und ständiger Wohnungsknappheit. Die Grundstücke werden hier Gold wert sein. Die Westdeutschen werden sie sich mit ihrer D-Mark unter den Nagel reißen. Wie sollen wir diesen Schock denn verkraften? Schon deshalb muß die Mauer stehenbleiben. Die beiden Systeme funktionieren nur unabhängig voneinander.«

Seit seiner Geburt von einem schützenden Staat getragen, der jede Konkurrenz unterband, hat Volker eine vage Angst vor der der Angleichung nach unten, der Raffgier des Westens, der Arbeitslosigkeit, den mangelnden Kindergärten, der kostenpflichtigen medizinischen Versorgung, den Epidemien und Aids: »Auch die Kriminalität kommt aus dem Westen. In Ostberlin gibt es nur in Luxushotels Prostituierte. Jetzt werden unsere Mädchen die Nächte im Westen verbringen, um Devisen ranzuschaffen und dann haben wie hier auch Aids. Auf diese Weise wird die DDR zu einem phantastischen Markt für Dealer. Hier wird höchstens mal ab und zu aus Spaß ein bißchen Haschisch geraucht, mehr aber auch nicht.«

Volker gefällt sich in seiner Schwarzweißmalerei. »Früher konnte man eine Kleinanzeige in einem Viertelblättchen aufgeben, um an Devisen zu kommen: ›Suche blaue Kacheln für mein Badezimmer‹. Jeder wußte, was das bedeutete. Aber es gab keinen Tauschhandel auf der Straße wie in Polen. Jetzt müssen wir auch rumtricksen, sonst können wir uns bald gar nichts mehr leisten.«

Der Alexanderplatz, diese legendäre kahle Plattform, von Bomben zerstört, vom Wind leergefegt und ringsum von Beton umschlossen, ist menschenleer. Einige Familien kommen wie verzaubert vom farbenfrohen und menschenüberfüllten Kudamm zurück. Die große Geschäftsader des Westens hat ihre Opfer gefunden. Volker ist verbittert. »Unser Alex ist so häßlich ... Aber das ist unser Berlin!« Dieses Ostberlin, das unentwegt zwischen der anthraziten Uniform der Nachkriegsgebäude und der endlosen Nostalgie seiner stillen alten Viertel pendelt. Diese Umgebung wird sich ebenso ändern wie die Traditionen und die akzentreiche Sprache des Ostens. »Aber das ist nicht so schlimm.« Zum ersten Mal macht Volker eine Konzession an den Westen. »Ich glaube, die Sprache der Westdeutschen ist nicht so funktional und spritziger als unsere. Aber die Sprache wird ärmer, sie wird sich vereinheitlichen und immer mehr von der englischen Sprache durchsetzt. Aber das Tragische ist, daß Christa Wolf, Stefan Heym, all die Schriftsteller, die für die Demokratisierung unserer DDR gekämpft haben, über Nacht historische Monumente geworden sind. Wer wird sich noch die Stücke von Heiner Müller ansehen? Wer will noch was von den erbärmlichen Probleme des erbärmlichen Ostdeutschlands hören?«

In der Dämmerung ist Volker der Aufrechte schließlich doch noch schwach geworden. Er hat seine Jacke angezogen, sich ein indisches Tuch um den Hals geschnürt und ist würdevoll durch das Loch geschlüpft. Drei Minuten in der Schlange vor den Grenzwächtern, und schon ist er auf der Bernauer Straße, dem Ende seiner Straße, das er bislang nur von seinem Dach aus gesehen hat. Drei kurze Minuten stummer Verblüffung, um 28 Jahre Geschichte zu überspringen. Aber die Bernauer und die Oderberger Straße passen nicht mehr zusammen. Dadurch daß sie nebeneinander existieren mußten, ohne sich gegenseitig wahrzunehmen, haben sie sich schließlich vergessen und ausgeschlossen. In Volker schießt Empörung über die Sozialwohnungsbauten des gegenüberliegenden Arbeiterviertels auf. Alles wurde wieder aufgebaut. Überall ist es sauber. Aber den Lichtern des Kudamms zu folgen, kommt immer noch nicht in Frage. Volker will sich in eine Kneipe in Kreuzberg flüchten, dem alternativen Viertel von Westberlin und siamesischen Zwilling des Prenzlauer Bergs. Kreuzberg ist punkig, türkisch, desillusioniert, schrill, schrecklich »in«. Der Prenzlauer Berg ist ein altmodischer Bohemien, ein wenig naiv. Sie standen einander in hundert Meter Entfernung völlig fremd gegenüber, bis diese Novembernacht sie nun wieder verschmolzen hat.

Berauscht von orientalischen Speisen und türkischem Wein, sieht Volker aus dem Fenster. Er redet kaum noch. Sucht den Bürgersteig mit starrem Blick nach einem bekannten Gesicht ab, einem Freund von drüben, der auch den Abend hier verbringt. Er würde sich jetzt gern an etwas Vertrautes klammern. In einer Bar in der Dresdener Straße fühlt sich Volker überhaupt nicht wohl: »Hier ist es mir zu brutal, laß uns woandershin gehen!« Er braucht lange, lange Zeit, bis er sich entspannt, um das Nachdenken zu vergessen. Am frühen Morgen ist er bereit für die Rückkehr. »Beide Teile Berlins sind schön, aber sehr unterschiedlich. Es ist, als wolle man London und Lissabon oder Paris und Kopenhagen aneinanderheften, das funktioniert nicht. Jedes Berlin hat seine eigenen Stärken. 28 Jahre haben einen Keil zwischen sie getrieben. Es ist nicht mehr dieselbe Stadt wie früher. Man kann nicht die Uhr zurückstellen und so tun, als könne jetzt alles von vorne beginnen. Es wird keine neue deutsche Nation geben. Nur ein riesiges beängstigendes Deutschland. Mit Berlin hat es schon begonnen, das betrachten die Deutschen bereits wieder als europäische Hauptstadt.« Volker hat in einer Nacht die Vergnügen des Westens, den Schwindel des Exotischen kennengelernt. Er weiß sehr wohl, daß es für ihn genauso schwierig sein wird zu widerstehen wie für die Leute mit den Plastiktüten. Volker spielt nicht mehr den Helden: »Hoffentlich habe ich die Kraft, weiter in der Oderberger Straße zu wohnen. Ich will, daß die Mauer stehenbleibt. Ein unabhängiges und demokratisches Ostdeutschland wäre wirklich toll.«

Die Nachbarn aus der Oderberger Straße haben Volkers Alarmrufe vernommen. Die Berliner Stadtverwaltung plante neben dem Fußgängerdurchgang die Ausbohrung eines zweiten Durchbruchs für Autos. Dann wäre die Oderberger Straße von einem Tag auf den anderen ein häßlicher großer Boulevard geworden. Die Bewohner haben sich dagegen gewehrt. Sie haben dem Ministerpräsidenten eine Petition geschickt. Antrag angenommen: keine Durchfahrt für Autos. Um diesen Sieg zu feiern und sich die geraubte Straße ein Stück weit zurückzuerobern, rückten Volkers Freunde eines Morgens mit Leitern und Farbtöpfen an. Im ersten Schnee und vor den Augen der Grenzsoldaten begannen sie, mit breiten Farbstrichen das, was ihnen von der Mauer geblieben war, zu zerbrechen. Auf der Ostseite war es strikt verboten, die Mauer zu »verunreinigen«. Eine Freundin servierte ihnen in Tonbechern heißen Grog. Ein Grenzsoldat hockte sich auf die Knie und machte ein Foto von den »lustigen Motiven«. Volker lacht: »Es ist wirklich zu traurig. Wenn man bedenkt, daß bald die Bagger kommen, um auch noch die letzten Überreste der Mauer abzureißen, wie man einen faulen Zahn zieht.«

Sieben Jahre später Und schon ist er wieder weg. Volker ist abrupt von seinem Stuhl aufgesprungen. Er rennt von einem Zimmer ins andere, um in einer Schublade, die ich zuklappen höre, ein Amulett, ein Foto, drei Päckchen koreanische Zigaretten auszugraben ... und legt seine Ernte auf den Küchentisch. Draußen streut der zarte Frühsommerregen auf den Strudel der Vegetation im Hinterhof ein Grau. Volker ist erhitzt. Er fährt mit der Zungenspitze über seine von drei zickzackförmigen Nahtstichen verzierte Oberlippe. Serviert grünen Tee in orangenen Tassen. Holt eine Flasche Sekt aus dem Kühlschrank. Steht wieder auf. Verschwindet kurz, kommt zurück: »Und, habe ich mich verändert?«

Früher rauchte er schmale Selbstgedrehte aus stinkendem Tabak. Jetzt zieht er elegant an einem Zigarillo, den er von Zeit zu Zeit mit einem japanischen Feuerzeug neu anzündet. Früher trug er eine ausgefärbte fleckige Jeans, Marke Volksdemokratie, und eine dazu passende, am Körper klebende Jacke. Jetzt genießt er in einer elfenbeinfarbenen Hose und einem geometrisch gemusterten Hemd viel Bewegungsfreiheit. Er sieht nach wie vor aus wie ein überspannter Pfadfinder, mit seinem dreieckigen Gesicht, seinem blonden, an den Schläfen gewellten Haar und seinem frischen Teint, der an die mit geplatzten Äderchen übersäten Wangen einer alten englischen Jungfer erinnert, die an den Regen gewöhnt ist. Der Geruch nach nasser Katze und alter ranziger Dame durchdringt immer noch die mit Blumentapeten beklebten Wände des Treppenhauses. Aber die Wohnung in der Lychener Strasse, die er jetzt bewohnt, »ist etwas ganz anderes, du wirst schon sehen!«, kündigte er mir schon am Telefon an. Der Westen hat Volkers neue Welt komfortabel eingehüllt: babyblauer Teppichboden, Ikeaküche, halbmondförmige Badewanne, die die Badezimmerecke füllt, und ein Gedränge von Eau de Toilettes und Cremes auf der Ablage über dem Waschbecken.

Volker hat immer noch eine Vorliebe für gewaltige Prophezeiungen. Wenn er sich die Schickis aus dem Westen ansieht, die es seit dem Fall der Mauer in den Prenzlauer Berg zieht, kommt ihm eine ausgesprochen weitsichtige Gesetzmäßigkeit in den Sinn: »Als die Mongolen in China eingewandert sind, wurden sie Chinesen. Wenn die Wessis in den Prenzlauer Berg kommen, werden sie ein bißchen Ossis.« Der

Prenzlauer Berg wurde zum In-Viertel des geeinten Berlin. Kreuzberg geriet etwas ins Abseits. Nachtschwärmer und Partygänger eilten sehr bald nach dem Fall der Mauer herbei, um hier ihre Nachtquartiere aufzuschlagen. Hausbesetzer kamen aus Bayern und Kreuzberg und belagerten die verfallenen Häuser, und sogar die traditionelle Prügelei, bei der sich am 1. Mai Autonome und Polizeibeamte ein Stelldichein geben, hat sein Zentrum von Kreuzberg (im Westen) an den Prenzlauer Berg verlagert. Die Eindringlinge brachten ihre westlichen Maßstäbe mit in die heruntergekommenen Straßen. An jeder Ecke schossen chinesische Restaurants, italienische Delikatessengeschäfte und Ökoläden empor. Auch Falafelbuden und englische Pubs sind sehr gefragt. Die Reisebüros bieten eine ganze Palette Studienreisen nach Israel – Kibbuz-Aufenthalt inklusive – und Englischkurse in Irland an. Die Häuserwände rufen zur Revolution auf und schicken die Nazis in die Wüste. Die Oderberger Straße wurde in einen Parkplatz verwandelt. Die Fassaden sind immer noch abgeblättert und von den Einschlägen des letzten Krieges durchlöchert, aber wenn man in den Westen rüberfährt, spürt man nichts an dem Grenzstreifen, dessen Unebenheit die Autos noch lange rumpeln und die Wirbelsäulen krachen ließ. Das mit Gras bewachsene frühere Niemandsland zwischen den beiden Mauern folgt nun einer bukolischeren Aufgabe: Fahrradfahrer, Hundebesitzer und Abendspaziergänger vergnügen sich auf dem ehemaligen Wachstreifen. Einige hundert Meter weiter, in der Bernauer Straße, wurde ein Stück Mauer von den Planierraupen verschont, die es sehr eilig hatten, jede Spur der unheilvollen Teilung zu vernichten. Von einer Hecke sanft berührt und in ein schützendes Gitter gehüllt, warten ein paar Meter Mauer darauf, als historisches Denkmal zu einem Museum zu erstarren.

Volker wählt sich seine Ausgehziele gut aus, macht einen Riesenbogen um die Bars, in denen es vor »Touristen aus dem Westen« wimmelt, und bildet mit seinen Freunden aus dem

Osten eine eigene Enklave, einen Kiez im neuen Kiez. Alle Freunde, die vor dem Fall der Mauer in den Westen gegangen waren, sind nun wieder in den Prenzlauer Berg zurückgekehrt. Sie fühlten sich auf der anderen Seite zu fremd. Volker ist ein Globetrotter geworden. Er verdient sich seinen Lebensunterhalt damit, Reiseberichte für westdeutsche Zeitschriften zu verfassen. Er war im Iran, in Hong-Kong, in Island, Indien und Alaska. Er hat einen befreiten Blick auf Rußland geworfen, das ihn – weil es für ihn erreichbar war – lange Zeit nicht interessierte. Aber Westdeutschland hat er systematisch ausgespart. Er nennt es immer noch »Westdeutschland«, dieses Deutschland der Berliner, die sich nicht wirklich deutsch fühlen. »Ich war beruflich in München und Köln unterwegs«, sagt er. »Das war zum Kotzen! Und so langweilig! Dresden ist viel spannender. Das ist eine Stadt, die noch atmet, und das, obwohl sie 1945 völlig von den Bomben zerstört wurde. Und dann zeigen die Kölner auch noch mit dem Finger auf Karl-Marx-Stadt und die Sozialwohnungsbauten im Osten! Sie sollten sich lieber mal anschauen, was ihre Städtebauer aus Stuttgart gemacht haben. Ich verstehe wirklich nicht, wie sich die Westdeutschen so über Dresden aufregen können, ohne auch nur einen Gedanken daran zu verschwenden, wie häßlich Stuttgart ist! Die Nachkriegsarchitektur in Ostdeutschland war rein ideologisch. Sie verkörperte den Willen zum Wiederaufbau, den Glauben an die Zukunft. Eine Staatsarchitektur, wie in Frankreich. Sie ist häßlich, aber aufregend. Die Westdeutschen haben hübsche und komfortable kleine Häuschen gebaut. Die stehen für gar nichts. Diese Architektur ist zwar demokratisch, aber genauso langweilig! Sie verkörpert nur die Engstirnigkeit der Nachkriegsbauherren.«

Auch nach Westberlin zieht es Volker nur sehr selten. »Ich war im Westen auf ein paar Partys eingeladen. Was für ein Unterschied! Alles Vegetarier. Man ißt Nudelsalat und Vollkornbrötchen. Und man langweilt sich. In der Küche sitzt immer ein Grüppchen Intellektueller und unterhält sich über wichtige Dinge. Sie tragen schwarze T-Shirts, schwarze Leinenjacketts und eckige Designerbrillen. Sie tanzen kaum. Sie flirten kaum. Sie trinken kaum. Als ich in Rußland war, haben sich die Russen darüber gefreut, mal einem Deutschen zu begegnen, der nicht nach dem zweiten Glas Wodka Kopfschmerzen vorgab und sich verabschiedete. Ich habe nur eine Freundin aus dem Westen. Das war mir alles zu fremd, zu ideologisch. Die Mädels aus dem Westen sind entweder schamlos – sie wollen gleich mit dir ins Bett, ohne erotische Spielchen und Verführung –, oder du mußt erst drei Stunden mit ihnen diskutieren, bevor es dazu kommt! Das brachte mich auf die Palme. Das verunsichert die Männer aus dem Osten.«

Volker unterbricht seine Anklage. Alles in allem war es vielleicht doch etwas vereinfachend. Er überdenkt seine Argumentation. Er will nicht für einen jener Nostalgiker gehalten werden, die dem alten Regime hinterhertrauern. »Viele haben die schlechten Seiten der DDR schon vergessen, und das ist ungerecht. Früher hatten die Leute nur eins im Kopf: ein schönes Auto fahren und eine hübsche Tapete in ihr Wohnzimmer kleben. Mittlerweile haben sie einen Videorecorder und waren im Urlaub auf Mallorca. Jetzt kann Honecker ja wiederkommen!« Volker ist gerade von einer beunruhigenden Reise nach Nordkorea zurückgekommen. Diese letzte Bastion des Kommunismus hat ihm wieder die kleinkarierte DDR gegenwärtig gemacht. »Am Anfang habe ich mich wie ein Wessi verhalten. Es war alles so gräßlich. Wie können sie nur? protestierte ich ununterbrochen. Aber nach einer Weile mußte ich mir eingestehen, daß dieser Ekel nur ein subtiler Verteidigungsreflex war. Ich erkannte die Strukturen und Mechanismen wieder, von denen ich glaubte, ich könnte sie vergessen: die obligatorische vom Reisebüro vorgegebene Route, die jungen Pioniere mit ihren roten Halstüchern, genau wie die FDJ, die ständige Überwachung und die Mauer, noch dicker als unsere und von der anderen Seite, dem kapitalistischen Südkorea gebaut. Aber man kann den Leuten dort und den Ostdeutschen nicht sagen, daß alles, was sie bisher kannten, nichts als Mist war. Selbst wenn es größtenteils stimmt. Die Leute reagieren ganz natürlich: Sie verteidigen ihr bisheriges Leben.« Volker schaut sich traurig ein Foto von Erich Honecker an, ein adretter Papi in hellem Sommeranzug mit Strohhut auf dem Kopf, der während eines offiziellen Besuchs in Nordkorea neben Kim Il Sung posiert. Er witzelt über ihn. Noch lange Zeit begegnete ihm das gelbliche und glatte Gesicht des alten steifen Herrn auf den Seiten billiger Boulevardblätter: Erich Honecker, wie er die Kerzen auf seiner Geburtstagstorte ausbläst. Erich Honecker, wie er für die Fotografen, die ihn bis in sein chilenisches Exil verfolgen, noch einmal mit emporgestreckter Faust kommunistisch grüßt. Aber dann war Volker so mit der Wiedervereinigung beschäftigt, daß er diesen alten Herrn, der irgendwann im Exil in Chile starb, schließlich vergaß. All das ist so weit weg und so unwirklich, wirkt im Rückblick fast wie Folklore: »Wir haben mit dieser plötzlichen Nostalgie viele negative Aspekte der DDR verdrängt. Irgend jemand hat mal gesagt: ›Die DDR hat in dem Moment zu existieren begonnen, als sie von der Landkarte verschwand.‹«

Volker leuchtet ein, daß sich seine Landsleute heute, von den brutalen Veränderungen überrannt, mit unglaublicher Naivität an jede noch so mickrige ideologische Identität klammern. Er fragt sich, wie er vor sieben Jahren noch an den dritten Weg für die DDR glauben konnte: »In der DDR hatte ich nicht die geringste Chance. Wie konnte ich da bloß behaupten, ohne die DDR am Ende zu sein? Jetzt kann ich wirklich machen, was ich will. Ich habe nicht studiert. Ich habe keinen Beruf. Ich habe immer nur vor mich hingelebt und mich illegal über Wasser gehalten. Vor 1989 existierte das Wort Zukunft für mich gar nicht. In der DDR wäre ich ein kleiner Intellektueller ohne jedes Charisma geworden. Ich

hätte ein bißchen Geld verdient, ein bißchen Opposition gemacht – aber auch nur so viel, daß ich keinen Ärger bekommen hätte.« Der heutige Volker findet den von damals ziemlich moralinsauer.

Volker hat sich neulich auf einer Riesenleinwand im Tem-
podrom das Fußballspiel Deutschland gegen die Tschechische
Republik angesehen. Mit 35 Jahren war er einer der ältesten
Zuschauer. Und die Begeisterung, der Enthusiasmus, mit dem
all diese jungen Leute die deutsche Mannschaft unterstützen,
haben ihn tief beeindruckt: »Sie haben einfach nur für
Deutschland gepfiffen, so wie andere ›Viva Italia!‹ oder ›Allez,
France!‹ rufen. Das war kein ungesunder Nationalstolz. Vor
fünf Jahren wäre das noch nicht möglich gewesen. Ich fand
das sehr erfrischend. Diese deutschen Idioten, die für die
Tschechen waren und böhmisches Bier tranken, nur weil es
sich angeblich nicht gehört, weil es politisch nicht korrekt ist,
für Deutschland zu sein, machen mich richtig wütend! Ein
Land, in dem man sich schämt, seine eigene Mannschaft zu
unterstützen, ist ein krankes Land. Man stelle sich mal einen
Italiener oder einen Franzosen vor, der aus Angst, für einen
verkappten Nationalisten gehalten zu werden, die gegneri-
sche Mannschaft unterstützt!«

Volker macht eine Pause. Er hat etwas auf dem Herzen: »Ich
muß dich mal was fragen. Vor sieben Jahren hast du mir
gesagt, daß ich sehr deutsch aussehe. Das geht mir seitdem
nicht mehr aus dem Kopf.« Und das, wo ich mir seine Be-
schreibung schon so schön ausgemalt hatte: sein junger, ari-
scher, von Gymnastikübungen am baltischen Meer gestählter
Körper, sein dichtes blondes Haar und seine strahlendblauen
traurigen Augen, seine Energie, die eines nach Befehlen dür-
stenden Wehrmachtsoffiziers würdig war! Ich behalte meine
geschmacklosen Metaphern für mich und biete ihm die Be-
schreibung als isländischer Fischer oder als skandinavischer
Holzfäller an. Volker ist erleichtert: »Es ist nicht gerade ein
tolles Gefühl, deutsch zu sein. Die Deutschen sind streng, sie

wollen immer recht haben und fühlen sich ständig angegriffen. Oder sie sind unerträglich tolerant. Nach einem Urlaubstag in Tibet tauschen sie am Abend ihre Jeans schon gegen tibetanische Kleidung ein und passen sich dem neuen Volk sofort an. Sie besitzen so wenig Selbstvertrauen, daß sie als Therapie für ihren Lebensfrust ständig andere imitieren müssen.« Und trotzdem würde Volker gerne eine Erkundungsreise in die andere Hälfte Deutschlands machen. Worms, Speyer, Koblenz und Mainz, die Burgen über dem schwarzen Fluß, die Lorelei, die Schiffer und die Jungfrau mit dem tödlichen Gesang. Das ist für Volker die Quintessenz Deutschlands. Zum ersten Mal ist Volker auf seinem Stuhl sitzengeblieben. Im Geiste zeichnet er in großen Zügen die dunklen Nebelschleier dieses romantischen Deutschlands nach, dem er sich zugehörig fühlt. Volker hat neuerdings Lust, richtiger Deutscher zu werden: »Und dafür muß ich den Rhein mal gesehen haben.«

32 Mauerstücke

Dort, wo das Achteck des Leipziger Platzes früher die auffälligen Rundungen des Potsdamer Platzes umschlang, an der Stresemannstraße entlang, steht nun ein verlassener Wall aus 32 aneinandermontierten Mauerstücken mit Graffitis darauf: »Don't destroy history!«, »C'est vache de faire tomber le mur!«, »Die Freiheit habe ich nicht gefunden, vor oder hinter diesem Stein. Vielleicht ist sie davongeflogen. Kommt wieder rein. Kann sein.« Das Gerüst eines Wachturms liegt im Gras davor. Wie eine Geste der Auflehnung streckt sich ein eiserner Arm von einem hintenüber gefallenen Betontorso empor. Der Regen fällt in elektrisch geladenen Tropfen auf drei Gartenstühle und eine Bank aus Kunststoff, die zwischen Coladosen und leeren Marlboroschachteln, Obstkisten und zerknülltem Papier herumstehen, die Hinterlassenschaft von Nachtwachen unter freiem Himmel. Der Anachronismus dieses Grundstücks, das vom hektischen Bauwahn des Potsdamer Platzes verschont geblieben ist, entzückt Touristen auf der Suche nach dem Mythos Berlin.

Denn hier ist der westliche Teil Berlins noch wie früher: zügellos, chaotisch, exzentrisch. Das Berlin von »davor«. Bevor Deutschland auf die ruhmreiche Idee kommt, aus diesem exterritorialen Appendix seine vorzeigbare Hauptstadt machen zu wollen. Die 32 Mauerstücke wären schon lange verschwunden, eingestampft, zu grauem Pulver gemahlen, um als Betonbett der neuen Straßen im Osten weiterverarbeitet zu werden, hätte Erich Stanke nicht seit zehn Jahren erbittert um ihren Erhalt gekämpft. Sein Kampf blieb in Deutschland, das so sehr mit seiner Wiedervereinigung beschäftigt war, fast unbemerkt. Ab und zu brachten die Zeitungen Meldungen über den Krefelder Kaufmann. Sonst schien die kleine, etwas abstruse Mauergeschichte kein Aufsehen zu erregen.

Erich Stanke ist schwer zu erreichen. Sein Telefon ist seit Wochen abgestellt, weil er seine Rechnungen nicht mehr bezahlen kann. Aber die Multimedia-Produktionsfirma in der Stresemannstraße, für die er zeitweise arbeitet, läßt ihm Nachrichten zukommen. Ich warte auf seinen Anruf. Endlich meldet er sich. Wir treffen uns zum ersten Mal.

Ich dachte schon, er würde gar nicht mehr erscheinen. Er kommt viel zu spät, in einen weiten grauen Regenmantel gehüllt. Unterm Arm eine Aktentasche. Mit roten Ohren und außer Atem, weil er sich so beeilt hat, entschuldigt er sich tausendfach: noch eine andere Verabredung, ständiges Telefonklingeln, die U-Bahn, der Kopf völlig benebelt vor Müdigkeit. Er streckt mir eine nervöse Hand entgegen. Setzt sich. Stürzt sich – abgesehen von einem Seitenblick auf die Speisekarte – ohne Umschweife in seine Erzählung. »Eine sehr komplizierte Geschichte«, gibt er warnend zu bedenken. Er unterteilt den zu behandelnden Stoff in drei Kategorien: Juristisches, Technisches, Persönliches. Ich darf wählen. Von der dritten Option verspreche ich mir die am wenigsten trockene Einleitung. Mir bleibt keine Zeit, mir sein Gesicht gut anzusehen und eine scherzhafte Unterhaltung zu beginnen, um sanft zum Kern der Sache vorzudringen. Erich Stanke hat sich bereits kopfüber in die Kategorie »Persönliches« gestürzt.

Er sieht die Mauer zum ersten Mal zwischen den Umzugskartons einer Freundin aus Krefeld. Sie ist gerade nach Berlin umgezogen, um hier als Kindergärtnerin zu arbeiten. Er folgt ihr. Er ist 23 Jahre alt und besitzt einen BMW, den er mir ausführlich beschreibt: »Als Junge braucht man so was«, bekräftigt er, als ich ihm verzweifelt zu verstehen gebe, daß das völlig belanglos ist und er lieber mit seiner Erzählung fortfahren soll. Am Abend gehen sie Hand in Hand spazieren und stehen auf dem Mariannenplatz plötzlich vor der Mauer: »Da hörte auf einmal die Welt auf. Am Ende einer ruhigen Sackgasse.« Der »antifaschistische Schutzwall« bietet die endlose Kulisse ihrer Liebschaft. »Eine erzieherische Maßnahme für die unterentwickelten Ambitionen der Westkünstler«, urteilt Erich Stanke lakonisch. Noch heute versteht er nicht, wie die Berliner an jenem strahlenden Sommertag im August 1961 zuschauen konnten, wie die Mauer unter ihren Augen wuchs, ohne dagegen zu protestieren: »Der Wannsee war an diesem Tag überfüllt. Und die Berliner haben sich nicht vor die Mauer gestellt, um ihren Bau zu verhindern. Wenn Hertha in Berlin spielt, kommen 80 000 Leute. Auch wenn Hertha nie Meister wird. Aber als die DDR die Mauer baute, um die Stadt zu teilen, da kam kein Schwein!« Erich Stanke ist überzeugt, daß nur eine deutsche Mauer 28 Jahre stehenbleiben konnte. In Rom wären die dicken Mammas mit ihren Kochlöffeln bewaffnet herbeigerannt! Und er hätte sich ein kleines Berliner Völkchen, das die Wannseestrände verläßt und sich in Badehosen vor den Mauerbauern postiert, gewünscht.

Aus der Flut von Erinnerungen taucht plötzlich ein bestimmtes Datum auf: die Nacht vom 9. November 1989. Erich Stanke hat seinen Weg gemacht. Er bewohnt eine Sieben-Zimmer-Wohnung in der Nähe des Kurfürstendamms, fährt ein Jaguar Coupé, geht mit hübschen Mädchen aus, genießt die Berliner Nächte und schläft am Tag. An jenem Abend hat er im Cha Cha, einer Westberliner Szene-Disco, eine Gorbatschow-Party organisiert. Deutschland ist im Gorbi-Fieber. Als er in den »Tagesthemen« die Nachricht von der Öffnung der Grenzen erfährt, lehnt sich Erich Stanke über sein Balkongeländer. Der Kudamm ist noch wie ausgestorben. Er rast mit dem Jaguar zum Checkpoint Charlie und steht unverhofft dem ersten Trabanten gegenüber. Erich Stanke hat mich vergessen. Er ist weit weg und umklammert die Tischkante mit beiden Händen, als hätte er Angst, von den Wogen seiner Gedanken mitgerissen zu werden. Die Umarmungen vor der Mauer, die amerikanischen Fernsehteams, die Menschenmassen, der eisige Wind, die durchgefrorenen Kinder, an die er warmen Kakao verteilt, die 15 Krankenschwestern aus dem Osten, die er ins Cha Cha einlädt, die aber ablehnen, weil sie zur Nachtschicht zurück sein müssen. »Das war ein Kulturschock für mich. Wie kann man in so einer Nacht arbeiten? Wie kann man da wieder durch die Mauer und in den Osten zurückgehen?« Und dann endlich der Tagesanbruch. Der strahlendblaue Himmel über Berlin. Dieser berauschende Duft der Freiheit. »Wahnsinn!« skandiert er, einen nuancierteren Ausdruck findet er für dieses überwältigende Ereignis nicht.

Erich Stanke profitiert von der unbeschreiblichen Urlaubsstimmung, die nur einige Monate anhält. Noch ist ungewiß, was aus Deutschland wird. Alles ist erlaubt. Alles ist möglich. Während Reißwölfe die Stasiakten in unleserliche Papierschlangen zerschneiden, Bürgerrechtler in den evangelischen Kirchen noch hartnäckig über die Bedeutung dieser »Revolution« nachgrübeln und Unterhändler mit dem Taschenrechner in der Hand den Einigungsvertrag entwerfen, machen die skrupelloseren Investoren schon ihre erste Beute im Osten. Für Erich Stanke sind diese Abenteurer der ersten Stunde »Glücksspieler«. Er aber macht Geschäfte. 1990 gründet er eine Umzugsspedition (»Sie wollten den Osten alle verlassen und in den Westen ziehen. Das war eine einmalige Gelegenheit!«), improvisiert innerhalb von zwölf Tagen eine große Party auf dem Alexanderplatz (»Eine Stunde, bevor es losging, flitzten noch Kaninchen über die Grünflächen!«) und mietet ein Büro und ein Team Sekretärinnen in den Räumen des Ministerrats der DDR an (»...im sechsten Stock, wo die Stasigeneräle mit der direkten Telefonleitung zum Westen ihren Sitz hatten!«). »Lange Rede, kurzer Sinn!« bremst er barsch, als er merkt, daß seine Erzählung schon lange ausgeufert ist und es höchste Zeit ist, eine energische Kursänderung vorzunehmen. Meine Kraft reicht nicht, ihn zu unterbrechen und uns eine Pause zu verordnen. Ich sitze hilflos da, hänge an seinen Lippen und warte darauf, daß er endlich zum Ende kommt. Aber er reiht einen Satz an den anderen und hebt die Stimme, wenn ich vergeblich versuche, ihn zu unterbrechen,

um seinen wirren Gedanken etwas Ordung beizubringen. Auf
einmal sind wir am Ende der Geschichte angekommen. An
einem Nachmittag im Sommer 1990, ein paar Wochen vor
der Wiedervereinigung. Erich Stanke geht spazieren, im Kopf
ein großes Hirngespinst. Der noch brachliegende Potsdamer
Platz ist wieder das Zentrum eines neuen Berlin, dem eine
wunderbare Zukunft bevorsteht. Erich Stanke schmiedet
Pläne: »Wenn ich es schaffe, in den nächsten sechs Monaten
ein Grundstück zu pachten und eine Imbißbude draufzustel-
len, werde ich goldene Geschäfte machen!« Er trifft Oberstleutnant Fleck (»Fleck wie der Fleck!«), den Oberbefehlshaber
der DDR-Grenzübergangsstelle Potsdamer Platz. Sie sind sich
gleich sympathisch. Das Geschäft wird innerhalb kürzester
Zeit dingfest gemacht. Erich Stanke macht sich auf die Suche
nach neuen Jobs für 30 von der Arbeitslosigkeit bedrohte
Grenzsoldaten. Oberstleutnant Fleck überläßt ihm die Zoll-
baracken auf dem Todesstreifen zwischen dem sowjetischen
und britischen Sektor. Erich Stanke ist auf einmal Eigentümer
von 207 Schlüsseln, die zu einigen perfekt eingerichteten
Baracken gehören, und erbt als Zugabe ein Stück Hinterlandmauer. Das ist die Mauer, die die Ostberliner aus ihren Fenstern sahen. Ein langer Streifen aus nacktem Beton, markiert
von einem weißgrauen Fries, ohne Graffitis, ehedem lebens-
gefährlich mit seinem Stacheldraht, seinem Kolonnenweg,
seinen Schäferhundpatrouillen und bewaffneten Grenzschüt-
zern, Wachtürmen und Jeeps. Nicht so bunt und hübsch wie
die Mauer, die die Westberliner entlangliefen. Aber »authentisch«, schwört Erich Stanke, »sowohl durch ihren Standort
als auch durch den Fries«. Die Baupioniere der DDR-Grenz-
truppen haben es eilig, sie abzureißen. Erich Stanke kann dieses Relikt aus schon fast vergangenen Zeiten gerade noch retten. Schon in den ersten Wochen nach Öffnung der Grenze
vernichteten die ostdeutschen Grenzsoldaten die Mauer
systematisch, ohne daß es jemanden interessierte. In der kurzen Wiedervereinigungseuphorie will niemand mehr den

Beweis der zurückliegenden schmerzvollen Jahre vor Augen haben. »Die Mauer muß weg!« skandieren die befreiten Berliner. Von den 43 Kilometern, die Berlin teilten, bleiben zehn Jahre später nur ein paar vereinzelte Meter. Es erfordert detektivischen Spürsinn, sie ausfindig zu machen.

Erich Stanke erzählt von jenem anarchischen Sommer, in dem er sein Eckchen des Potsdamer Platzes wiederauferstehen ließ: »Auf meinem Grundstück mitten auf dem Todesstreifen entdeckte ich unterirdische Toilettenanlagen aus dem Jahre 1904. Die Wände waren mit wunderschönen Keramikfliesen gekachelt, die tadellos in Ordnung waren, obwohl sie in all den Jahren unter Wasser gestanden hatten. Die Schriftzüge ›Damen‹ und ›Herren‹, die Türen, alles einwandfrei.« Erich Stanke legt die Örtlichkeiten trocken, reinigt sie und eröffnet das WMF, die angesagteste Hip-Hop-Disco im Berlin nach dem Fall der Mauer. »Eine Legende. Nur ausgewähltes Publikum. Die halbe Paris-Bar war dort. Die Luft war gut, und der Lärm störte auch niemanden, weil wir keine Nachbarn hatten. Die Leute tanzten dicht gedrängt, ohne zu merken, daß sie schwitzten. Die Mädels trugen Miniröcke. Und die Schwulen kamen nach Anbruch der Nacht in Lederhöschen angerannt. Wir mußten jeden Abend Hunderte von Leuten wieder nach Hause schicken.«

Aber dieser unbeschwerte, fröhliche Sommer geht schnell vorüber. Deutschland gönnt sich die Zeit nicht, das glückliche Ereignis ausgiebig zu feiern. Das Chaos macht ihm angst. Berlin muß so schnell wie möglich wieder aufgebaut werden. Der Potsdamer Platz wird zur größten Baustelle Europas. Sony erhält das Grundstück, auf dem sich das WMF befindet, und will umgehend mit den Bauarbeiten beginnen. Die »Bedürfnisanstalten«, mit diesem schamhaften Euphemismus bezeichnet die Verwaltung Erich Stankes Klos, müssen einem U-Bahn-Eingang weichen. Die Ordnung wird wiederhergestellt, ohne Gefühlsduselei: »Im September 1998 mußte ich zu einem Prozeß vor Gericht erscheinen. Das haben sie ausgenutzt, um die Toiletten abzureißen. Als ich zurückkam, stand nichts mehr. Man hätte jede Kachel für 45 DM das Stück verkaufen können, aber ihnen fiel ja nichts Besseres ein, als ihre Bagger auf dieses historische Denkmal loszulassen. So ein Wahnsinn! Ich war drei Monate wie gelähmt!«

Auch Erich Stankes Mauerteile stören den Wiederaufbau des neuen Berlin. Der Senat möchte genau an dieser Stelle die Erschließungsstraße A errichten, die am Leipziger Platz entlang verlaufen soll. »Es wäre wünschenswert, die Mauerstücke zu bewahren, zur Erinnerung, zur Mahnung. Aber kann man im Zentrum Berlins, wo Leute wohnen, wieder Stacheldraht und einen Todesstreifen errichten? Wer will das direkt vor der Haustür? Man kann im Herzen der Stadt die Wunden schließen. Dazu haben wir uns entschieden«, verfügt der Berliner Senat. »Jeder Berliner hat ein Recht, seinen Kindern zu zeigen, unter welch schwierigen Bedingungen er die Teilung der Stadt erlebt hat«, kontert Erich Stanke. Ein erbitterter Kampf beginnt. Erich Stanke entwickelt sich zu einem verbissenen Lobbyisten in eigener Sache. Er kreuzt in der Cafeteria des Berliner Parlaments auf, spricht Abgeordnete an, die ihm ihre Unterstützung zusichern, schreibt stapelweise Briefe, trommelt auf seiner Computertastatur auf der Suche nach einer nützlichen Website. Ein Architekt ruft ihn aus São Paolo an. Er braucht ein Mauerstück für die große Ausstellung, die er über das Jahrtausend organisiert. Er hat es schon überall versucht: beim Senat, beim Deutschen Historischen Museum – nirgends gibt es noch welche. Erich Stanke gerät außer sich über diesen Engpaß: »Überall auf der Welt gibt es Mauerreste, sogar in Australien. In japanischen Büros benutzt man sie als Briefbeschwerer. In amerikanischen Wohnzimmern schmücken sie die Vitrine. Und in Berlin wird es bald keinen einzigen mehr geben.« Er reicht mir ein Foto, auf dem er bei Bundeskanzler Schröder für seine Sache wirbt. Er weiß, daß sein Kampf etwas bewirkt: »Die Leute schreiben dem Senat: ›Laßt den Jungen doch machen, statt mit Steuergeldern neue Museen zu bauen!‹« Erich Stanke hat einen Zeitungsartikel ausgeschnitten und aufbewahrt, in dem der Berliner Bürgermeister fordert, daß »die letzten Reste in die Stadtgestaltung einbezogen werden«. Aber nichts passiert. Im Senat trifft man Erich Stanke mal in diesem, mal in jenem Büro ... Planung, Finanzverwaltung, historische Denkmäler, Tiefbau ... »Niemand will die Verantwortung übernehmen«, klagt er.

Erich Stanke kramt einen Brief der Obersten Denkmalschutzbehörde aus seiner Aktentasche, in dem diese sich weigert, Stankes Mauer den Status eines historischen Denkmals zu verleihen. Die kafkaeske Begegnung mit der Berliner Verwaltung amüsiert ihn: »Wenn man so was liest, fragt man sich wirklich, wer hier spinnt, die oder ich? Das ist die Kapitulation des gesunden Menschenverstandes!« Erich Stanke ist stolz auf seine Formulierung. Er schlägt mir auf die Schulter und wirft den Kopf nach hinten. Der Brief, den er mir reicht, ist eine beeindruckende Stilübung. Die Sprache der Obersten Denkmalschutzbehörde ist gedrängt und steif. »Ich habe nachgezählt«, sagt Erich Stanke. »In vier Sätzen kommt sechsmal das Wort ›Fach‹ vor! Die Arroganz der Experten. Das ist typisch Deutschland. Im Klartext sagen die Gutachter, daß meine Hinterlandmauer nur ›nachrangige Bedeutung‹ hat, anders ausgedrückt: Sie ist des Gedenkens nicht würdig.« Erich Stanke nimmt es dem Senator für Stadtentwicklung übel, sich mehr gegen die anarchischen Auswüchse der Hundehaufen in der Hauptstadt einzusetzen als für das Gedenken der Mauer.

Der Senat glaubte, mit einem Außenseiter wie Erich Stanke schnell fertig zu werden. Doch da hatten sie die Rechnung ohne ihn gemacht. Erich Stanke hat mittlerweile über 40 Prozesse zu verbuchen. »Kammergericht, Amtsgericht, Landgericht, Verwaltungsgericht, Oberverwaltungsgericht ... « Voller Stolz zählt er die Gerichte auf, vor denen er erschienen ist.

Der Kampf gegen den Senat und Sony wird zu seinem einzigen Lebensinhalt. Ein besessener Kampf, der ihm in der Nacht den Schlaf raubt und am Tage völlig in Anspruch nimmt. Erich Stanke sieht sich als Opfer der »Bananenrepublik Deutschland«. »Der Staat ist den großen Konzernen völlig ausgeliefert«, beschwert er sich. »Die Senatoren fressen Sony und Daimler Benz doch aus der Hand, und die haben den Potsdamer Platz geplündert. Nicht juristisch, aber moralisch. Ich will beweisen, daß in einer intakten Demokratie auch ein kleiner Bürger wie ich etwas bewegen kann.« Die Resignation seiner Mitmenschen bringt ihn zur Weißglut. Er fühlt sich geschmeichelt, wenn ihn die Presse mit Don Quichotte vergleicht.

Sein Kampf wird von Heldentaten begleitet, die er gern erzählt. Erich Stanke erinnert sich an diesen Nachmittag im Herbst, an dem Künstler kamen, um die Westseite der Mauer zu verschönern. »Das ist es ja gerade«, entgegnet er Kritikern, die ihm vorwerfen, die ursprüngliche Hinterlandmauer, die keine Graffitis trug, zu verfälschen: »Auf der einen Seite sieht man die Mauer mit den Augen der Ostdeutschen und auf der anderen mit den Augen der Westdeutschen.« Im Morgengrauen des 18. Dezember 1996, kurz vor Weihnachten, schickt Sony ein Kommando Kräne, Tieflader, Preßlufthammer und Trennschleifer zur Stresemannstraße. Die Schwedin, die die Imbißbude führt, alarmiert Erich Stanke, der sofort herbeieilt. Verzweifelt kettet er sich an seine Mauer, kippt einen Kanister Diesel auf seine Kleidung, breitet die Arme aus und droht damit, sich anzuzünden. Polizeibeamte überwältigen ihn und bringen ihn in die psychiatrische Abteilung der Berliner Charité. Er wird von zwei Psychologen untersucht. Ein Passant, der den Vorfall mit der Viedeokamera gefilmt hat, ohne einzugreifen, wird der unterlassenen Hilfestellung einer gefährdeten Person beschuldigt. Als er nach ein paar Stunden wieder entlassen wird, macht sich Erich Stanke gleich wieder auf den Weg zu seiner Mauer. Zu spät. Sony hat die Abschnitte, die sich auf seinem Gelände befanden, schon abgerissen. Bleiben die 32 Mauerstücke auf dem Gelände der Stresemannstraße, das Senat und Bund zu gleichen Teilen gehört.

»Brücken, Abwasserbeseitigung, Kanalisation, Straßenbau ...« Angestrengt zählt Frieder Bühring, Chef der Hauptabteilung Tiefbau der Bauverwaltung des Berliner Senats, die lange Liste seiner Zuständigkeiten auf, während er mir schwungvoll die Hand entgegenstreckt. Seit meiner Ankunft im Tiefbauamt habe ich bereits die schlaffe Hand der Sekretärin zerquetscht, die feuchte Hand eines eingeschüchterten Angestellten gestreift und die trockene Handfläche von Wilhelm Gerke flüchtig berührt, Projektleiter der Tiefbaumaßnahmen und Koordinator weiterer Bauvorhaben für den Potsdamer/Leipziger Platz. In der Berliner Verwaltung ist es üblich, die ausgestreckten Hände systematisch zu schütteln. Irgend jemand hat gerade seinen Geburtstag gefeiert. Die mit Margarine bestrichenen Schnittchen mit trockenem Camembert und lilafarbener Wurst schwitzen unter einer Cellophanfolie. Die Petersilienröschen, die jedes einzelne zieren, steigen einem in dieser feuchten Plastikluft in die Nase. Die noch halb mit Sekt gefüllten Pappbecher wurden auf ein Regalbrett verbannt. Der Geburtstag ist vielerorts in Deutschland ein unantastbares Ritual, das so manchem Arbeitstag eine verkrampfte Partystimmung aufdrückt. Frieder Bühring ist ein wichtiger und demnach gestreßter Mann, und er ist sichtlich genervt von dieser lächerlichen Angelegenheit, die die Bauarbeiten seit Jahren verzögert: »Die 32 Mauerteile von Erich Stanke sind 1,20 breit und 3,45 hoch und stören. Sie blockieren den Bau von Privatwohnungen und Büros auf dem achteckigen Leipziger Platz und den Durchbruch der Erschließungsstraße A für Lieferanten, Müllabfuhr ... Die Erschließungsstraße A wird unterirdisch die Kanalisation, die Strom- und Telefonleitungen und die Wasserversorgung der benachbarten Gebäude des Bundesrats und des Finanzministeriums umfassen. Außerdem stören sie die Ostdeutschen, die nichts mehr von der Mauer hören wollen. Wir müssen die Mauerstücke dieses Herrn Stanke beseitigen.« »Umsetzen«, flüstert Wilhelm Gerke, alarmiert von der verbalen Unachtsamkeit seines Vorgesetzten. »Es geht ja nicht darum, diese Mauerreste zu zerstören«, präzisiert er. Und wiederholt die großspurige Weisung des Bausenators: »Es werden keine Mauerreste auf den Müll der Geschichte geworfen.« Um sich mir wirklich verständlich zu machen, führt Wilhelm Gerke aus, das sei schließlich dasselbe, als würde man den Eiffelturm abreißen und in einen Eisenhaufen verwandeln. In den Büros der Hauptabteilung Tiefbau des Berliner Senats hat man deshalb den Plan gefaßt, Erich Stankes Abschnitte der Hinterlandmauer um einige hundert Meter zu verpflanzen, nämlich auf die Wiese des Postdamer Platzes, in eine von Sony-Architekten gestaltete Grünanlage, genau an der Stelle, wo früher die inzwischen vernichtete Westmauer verlief. »Das wäre viel sinnvoller als jede zeitgenössische Skulptur, mit der man den Platz schmücken könnte«, freut sich der Bausenator. Im Techniker-Jargon heißt das »Translozierung«. Ein paar Gedenktafeln und zwei schmale Pflasterstreifen sollen den Verlauf der Westmauer vom Potsdamer Platz bis vor das Brandenburger Tor dokumentieren. Daß dieses Unternehmen Geschichte nur aus zweiter Hand darbietet, scheint die Herren der Hauptabteilung Tiefbau nicht zu kümmern. »Eine halbe Attrappe«, jubelt Wilhelm Gerke mit der erleichterten Zufriedenheit eines Beamten, der sich ein Problem durch einen Kompromiß vom Halse geschafft hat, der ihn nicht in Mißkredit bringt und ihm seine nächtliche Ruhe wiedergibt. Die Devise des Senats lautet: »Mauer ist Mauer«, und daß die Mauer durch die »Translozierung« ihrer Authentizität beraubt wird, ist dort keinen Gedanken wert.

»Wir können dieses Schandmal der Unfreiheit nicht überall stehenlassen«, erklärt Frieder Bühring. »Zumal wir in Berlin schon eine Gedenkstätte haben.« Im Senat ist man stolz auf ein paar Meter Sperranlage, die in der Bernauer Straße erhalten werden konnten. Dort war die Mauer inzwischen nur noch eine durchlöcherte Wand, so sehr war sie von Touristen, die ein Stück von ihr als Andenken mitnehmen wollten, mit Hämmern bearbeitet worden. Während man jahrelang über ihr zukünftiges Schicksal debattierte, wäre die Mauer fast eingestürzt. Schließlich faßte die deutsche Regierung den Entschluß, sie aufzupolieren. Sie bekam eine frische Betondecke, und das Gelände wurde von zwei Stahlplatten begrenzt. Die Errichtung einer Aussichtsplattform wird den Touristen einen Panoramablick auf ein Freilichtmuseum bieten, das die bedrohlichen und absurden Dimensionen dieses Ortes auch nicht annähernd berührt. Keine Spur mehr von der früheren Mauer mit ihren Graffitis und ihrem endlosen Niemandsland. Mir ist schleierhaft, wie die kommenden Generationen an einem so sterilen Ort auch nur die geringste Emotion empfinden oder das Ausmaß der Gewalt in den Jahren der Teilung abschätzen sollen. Die neue Mauer ist stabil, grau, völlig neu aufgebaut, »saniert«. Die Sanierung ist eine Tiefenreinigung, effizient und hygienisch. Als wollte man die Spuren einer unliebsamen Vergangenheit beseitigen, die sich als ansteckend erweisen könnten. Mit ihren neuen knallorangenen Dächern und ihren perfekt verputzten Fassaden sehen die alten Städte Ostdeutschlands heute manchmal aus wie Legostädte. Jede hat ihre eigene Fußgängerzone mit auf alt getrimmten Pflastersteinen, im Frühling mit Primeln bepflanzte Kübel, Boutiquen und Bistrots. Häßliche Vordächer aus weißem Kunststoff wurden wie Schröpfköpfe vor die Jugendstilhäuser gesetzt, um Platz für ein Restaurant, einen Laden oder eine Veranda zu schaffen. Die Holzfenster wurden durch billige und unverwüstliche Kunststofffenster ersetzt. Undenkbar, die Gärten über ihre Zäune wuchern zu lassen oder den Mauern ein paar Risse zu gönnen. Ostdeutsche Städte sind oft »totsaniert«.

Erich Stanke läuft vor Wut rot an, als ich ihm den Plan des

Senats eröffne: »Zur Bernauer Straße fehlen mir die Worte. Sie brauchten ganze neun Jahre, um dieses Stückchen Mauer zu verputzen. Warum haben sie es nicht gleich in Watte gepackt, wo sie doch schon mal dabei waren? Jetzt ist die Mauer eine Sehenswürdigkeit wie Disneyland. Es wird 30 Jahre dauern, bis dieses Freilichtmuseum langsam anfängt, authentisch zu wirken! Und das Schlimmste an der Sache ist, daß dieses Denkmal später auf einer Verkehrsinsel stehen wird, mitten auf der neuen vierspurigen Straße, die über dem früheren Verlauf der Mauer entstehen wird. Absurd.« Erich Stanke bewegt seine Hand wie einen Scheibenwischer vor seinem Gesicht hin und her. Ihm graut jetzt schon vor den kitschigen Festlichkeiten zum zehnjährigen Jahrestag des Mauerfalls. »Kleine wohlmeinende Kultur-Happenings. Lesungen. Die Philharmoniker werden auch ein Konzert geben.«

Im Laufe unserer Begegnungen frage ich mich, was Erich Stanke dazu bewegt, diese Kämpfe auszufechten. Das frenetische Engagement hat etwas Rätselhaftes. Er ist 1959 geboren, ist also zu jung, um den Mauerbau miterlebt zu haben. Er kommt nicht aus dem Osten. Weder er noch seine Familie waren direkte Opfer der deutschen Teilung. Und seine kleine Heimatstadt Krefeld ist weit weg von Berlin. Unsere Treffen sind immer so anstrengend, daß ich einen Stufenplan aufstelle, der ihn dazu bringen soll, seine Geschichte in verträglichen Dosen vorzutragen. An diesem frischen Vormittag im Mai treffen wir uns zu zeitiger Stunde wieder in dem italienischen Restaurant. Wir sind die ersten Gäste, umgeben vom Duft von Espresso, gesüßter Milch und Putzmitteln. Erich Stanke ist wie ausgehungert. Seine Bestellung folgt einem Slalomlauf quer über die Speisekarte: Eier, Käse, Brötchen und einen Milchkaffee und drei Portionen Butter. »Und wenn es nichts gibt, Butter muß sein!« sagte seine Mutter immer. Er legt ein Päckchen Taschentücher neben sich, um einen nicht enden wollenden Schnupfen zu bekämpfen. Er hat die ganze Nacht im Internet gesurft, um ein Projekt in die Wege zu leiten, von dem er mir unbedingt erzählen muß. Ich stoppe ihn mit der kratzbürstigen Autorität einer Lehrerin: »Nein, nein, heute die Mauer, nur die Mauer!« Er ist fügsam und beruhigt sich wieder. Als wir uns beim letzten Mal voneinander verabschiedeten, bat ich ihn, einmal über die Gründe für sein Engagement nachzudenken und seine wirren Gedanken zu ordnen. Er legt triumphierend zwölf beschriebene Blätter Papier auf den Tisch, winkelt die Beine an und jauchzt: »Darum!« Ein höllisches Puzzle. Zwölf Seiten mit Zeichnungen, Pfeilen, Sprechblasen, Rahmen, kleinen Ergänzungen und unleserlichem Fliegendreck, Kritzeleien. »Das ist nur eine Skizze«, versichert er mir, als er meinen verstörten Blick sieht. »Ich hätte es auch auf eine Seite bringen können. Dabei hätte ich genausogut 250 Gründe anführen können. Vielleicht sogar 300. Mit den Gründen dagegen habe ich angefangen.« Er zeichnet ein Trapez. Das sind die Nicht-Gründe: »Es ist absurd, stimmt. Die Mauer hat mich soviel Geld gekostet. Ich habe mich für die nächsten 30 Jahre verschuldet. Ich kann mich nicht mehr satt essen. Das Geld reicht gerade noch für Zigaretten. Ich habe kein Auto mehr. Manchmal, wenn ich die letzte U-Bahn verpaßt habe, verbringe ich die Nacht vor einer Tasse Kaffee in einer Kneipe, in der man mich kennt, weil ich nicht genug Geld für ein Taxi habe. Im Morgengrauen nehme ich dann die erste U-Bahn. An dem Tag, als ich damit gedroht habe, mich anzuzünden, um meine Mauer zu schützen, hatte meine Freundin die Nase voll und ist gegangen. Und wenn Sie glauben, es macht mir Spaß, mich vor der ganzen Welt zum Affen zu machen ... « Er setzt den Zeigefinger auf einen geschlossenen Kreis und liefert eine Erklärung ab, die von einem Schuljungen stammen könnte: »Die Mauer hat nichts mit Deutschland zu tun. Das ist ein internationales Symbol. Alle menschlichen Fehler kristallisieren sich darin. Die Mauer markiert das Ende des Jahrhunderts. Nach ihrem Fall beginnt eine neue Chance für die Menschheit. Der 9. November ist die erste deutsche Revolution ohne Blut. Die ganze Welt hat sich mit uns gefreut. Diese Mauer ist unsere Trophäe.« Obwohl Erich Stanke sich Mühe gegeben hat, seine Gedanken auf Papier festzuhalten, stürzt er sich Hals über Kopf in eine pseudo-psychologische Interpretation. Er schwärmt von der Kreativität des Gebärens, während Männer, seit sie nicht mehr im Urwald um das Überleben ihrer Familie kämpfen müssen, unter einer Identitätskrise leiden und sich in einem anderen aktiven Kampf verwirklichen müssen. Zwischendurch stellt er zum Spaß eine einfache Rechnung auf: »Wenn ich meine Mauerstücke verkaufe, bringt mir das mindestens 400 000 Mark ein.«

Erich Stanke war immer klar, daß seine letzten Mauerteile früher oder später abgerissen würden. Er hat sich die »Translozierung« oft im Geiste vorgestellt. Seine Mauerstücke stehen einfach nur auf dem Boden. Es ist kein Hexenwerk nötig, sie um ein paar Meter zu verschieben. In höchstens zwei Stunden ist die Sache erledigt. Aber an dem Tag, als die Bagger kommen, um mit der Präzision eines Goldschmieds die auf dem Senatsgelände stehenden Stücke mitzunehmen, verliert Erich Stanke völlig die Fassung. Mit fahlem, von der Erschöpfung ausgemergeltem Gesicht rennt er im Zickzack über das Grundstück und versichert sich, daß die Graffitis keinen Kratzer bekommen, wenn die Zähne der Baggerschaufel ein Stück Mauer aufheben. Alle Akteure dieses langen Duells sind gekommen, um dem Finale beizuwohnen. Wilhelm Gerke in rustikalem Parka und pastellfarbener Krawatte. Der Projektleiter profitiert von der allgemeinen Aufregung und zaubert hastig seine Automatikkamera aus der Hosentasche. Klick klick, drückt er auf den Auslöser. Er legt doch Wert darauf, ein Andenken an diese sperrigen Streitobjekte mit nach Hause zu nehmen.

Der dicke Anwalt mit balzacscher Statur, der Erich Stanke vor Gericht verteidigt hat, schreitet, in einen schrillen gelb-orange-karierten Anzug gezwängt, mit dem Watschelgang einer Schwangeren über das Grundstück. Er erleichtert sich mit ein paar entschiedenen Worten: »Wir wünschen den Richtern und den Herren vom Senat, daß sie in den nächsten Jahren auf beiden Ohren schlafen werden! Es fällt gerade den Deutschen schwer nachzudenken, wenn es um die Geschichte geht. Niemand würde auf die Idee kommen, die Chinesische Mauer zu versetzen, weil man darunter auf Bodenschätze treffen könnte.« Den Anwalt reißt eine Kaskade von Flüche mit: »Wegwerf- und Abrißgesellschaft!«, »Kulturvandalismus«, »Opferverhöhnung«. Die Mauerkünstler, die Erich Stanke unterstützt haben, bilden im Halbkreis einen Chor vor dem aufgerissenen Maul des Baggers. Zum Klang einer jaulenden Gitarre singen sie »We shall overcome«. Eine Künstlerin mit rotem Haar und Kampfstiefeln mit Keilabsatz küßt für die Fotografen ein Fries, das der Bagger gleich darauf in die Luft heben wird. In der Nacht kam gleich zweimal die Polizei, um das Lagerfeuer zu verbieten. Erich Stanke hat ein paar Stunden in einem Campingwagen geschlafen und bei seiner Mauer Wache gehalten. Seit drei Tagen lebt er nur von schwarzem Kaffee und Zigaretten. Der müde Held der Wende ist fast erleichtert, das Ende dieses vergeblichen Kampfes mitzuerleben, in den er gegen seinen Willen bei einem Spaziergang über den Potsdamer Platz verwickelt wurde.